verlag duotincta

Über die Autorin

Birgit Rabisch ist eine Hamburger Autorin. Sie hat elf Romane veröffentlicht und ca. 50 Beiträge in Anthologien. Für ihr Werk erhielt sie zahlreiche Auszeichnungen. Rabischs Dystopie »Duplik Jonas 7« (als E-Book bei duotincta) wurde mehrfach übersetzt und dramatisiert und avancierte zum Bestseller (24. Auflage 2023) und Standardwerk für den Schulunterricht zum Thema Gentechnologie.

Bei duotincta sind die Romane »Die vier Liebeszeiten« (2016), »Wir kennen uns nicht« (2016) und »Putzfrau bei den Beatles« (2018) sowie als Neuauflage »Die Schwarze Rosa« (2019) und »Unter Markenmenschen« (2020) erschienen.

www.birgitrabisch.de

Birgit Rabisch

TOD DER AUTORIN

Roman

Erste Auflage 2025
Copyright © 2025 Verlag duotincta GbR, Wackenbergstr. 65-75, 13156 Berlin
kontakt@duotincta.de
Alle Rechte vorbehalten. Die Nutzung unserer Werke für Text- und Data-Mining im Sinne von §44b UrhG behalten wir uns explizit vor.
Lektorat: Verlag duotincta/Ansgar Köb, Lohmar
Korrektorat: Carolin Radscheit, Berlin
Satz und Typographie: Verlag duotincta/Nikko Ray Cotelo, Balanga City
Einband: Jürgen Volk, Berlin
Coverabbildung: Lavinia Köb
Vignette: unter Verwendung von pixabay.com
Printed in Germany
ISBN 978-3-946086-77-2 (Print)
ISBN 978-3-946086-79-6 (E-Book)

Bücher haben **einen** Preis! In Deutschland und Österreich gilt die Buchpreisbindung, was für Dich als LeserIn viele Vorteile hat. Mehr Informationen am Ende des Buches und unter www.duotincta.de/kulturgut-buch

in Dankbarkeit gewidmet
meiner Crew auf dem Lebenstörn

Bernd
Arne
Sönke
und willkommen an Bord 2024
Jonte

I'm leaving the table
I'm out of the game
        Leonard Cohen

Einer vollständigen, direkten Lebensbeschreibung
möchte ich meine übrigen Kräfte nicht widmen.
Umgestaltet, transponiert, verteilt bin ich …
in vielen meiner Romane …
        Heinrich Mann

Wo bin ich?

Noch schlaftrunken blickt sich die Autorin um.

Fremdes Zimmer. Aber da, an der Wand, dieses große Schwarz-Weiß-Foto! Das ist mir vertraut. Wohlvertraut, wohlig vertraut. Das Wattenmeer, weichgezeichnet vom Abendlicht. Fotografieren ist Malen mit Licht, hast du immer gesagt, Giferto, und manchmal stundenlang auf den richtigen Pinsel gewartet.

Die Autorin lächelt und betrachtet die Rippeln im Watt.

Die Souvenirs der Strömungen im ewigen Strömen des Wassers, das kommt und geht, das dem Mond nachläuft und ihm wegläuft. Die Barfußspuren, die zu einem breiten Priel führen, zum Fluss im Meer, der bleibt, wenn das Meer seinen Boden für gestundete Zeit freigibt. Die Schatzkammer, ja, so hieß der Priel. Ein lockender Name. Und er versprach nicht zu viel. Dutzende Seehunde lagen an seinem Rand und schauten uns neugierig an, als wir ehrfürchtig schweigend an ihnen vorbeisegelten, weißt du noch, Giferto?

Die Autorin schließt die Augen und verweilt in der Vergangenheit, zögert den Augenblick hinaus, in dem ihre Augen wieder blicken müssen, die Gegenwart erblicken, in der die Schatzkammer längst verschlickt ist und der Mann, der das Foto gezeichnet hat, tot.

Dein Tod ist nicht nur eine verdammte Metapher wie in der postmodernen These vom *Tod des Autors*! Der ist inzwischen ja wieder quicklebendig. Kaum eine Buchvorstellung ohne Homestory beim Autor, selten Rezensionen, die nicht auf das Leben der Autorin verweisen. Dein Tod ist real und mein Leben ist schmerzlich real. Meine Blase drückt!

Zum zweiten Mal an diesem Morgen schlägt die Autorin die Augen auf.

Natürlich! Das ist mein Schlafzimmer. In meiner neuen Wohnung. Seniorengerecht, barrierefrei, mit Notruf und hinzubuchbaren Serviceleistungen. So langsam sollte ich mich daran gewöhnt haben. Ich bin nicht mehr in unserer gemeinsamen Wohnung, Giferto, in unserer Wohnung, in der wir fast ein halbes Jahrhundert gelebt haben. Dreieinhalb Zimmer im vierten Stock ohne Fahrstuhl. Altbau, Stuck, verbleite Rohre. Unsere Räume! Unser Lebensraum. Gefühlt ist er das immer noch. Aber die Zeit hat mir den Raum genommen, hat meine Gelenkknorpel aufgerieben, hat die vier Treppen, die ich als junge Frau mit Kind auf dem Arm und Einkauf im Rucksack mühelos bewältigt habe, in eine unüberwindliche Hürde verwandelt. Die Zeit ist die triumphierende Herrscherin über den Raum. Physikalisch betrachtet mag es ja so was wie die Raumzeit geben, doch für mich als sterbliches Wesen gilt immer noch: Die Zeit bestimmt den Raum, den ich einnehmen darf. The winner takes it all. Die Zeit hat mir alles genommen: unsere

Altbauwohnung, meine Gelenkigkeit, dich, Giferto. Dich hat sie mir mit sadistischer Entschleunigung genommen, hat dich Tag für Tag ein Stück weiter von mir entfernt.

Die Autorin schaut wieder auf das Foto, auf dem die Wellen der Schatzkammer das Abendlicht eines lange vergangenen Sommertages spiegeln.

War es ein unbeschwerter Sommertag? Oder haben wir uns gestritten? War der Wind günstig? Oder mussten wir mühsam gegen ihn ankreuzen? Ich weiß nichts mehr von diesem Tag, außer, dass es unser Tag war, ein Tag unseres gemeinsamen Lebens. Und jetzt gibt es nur noch mein Leben. Jetzt gibt es nur noch ...

Ruckartig richtet sich die Autorin im Bett auf.

Bloß nicht den Tag mit Jammerei über die böse, böse Vergänglichkeit beginnen. Avanti dilettanti! Aufstehen! Blase entleeren! Duschen! Anziehen! Frühstücken! Mit vollem Magen jammert es sich gehaltvoller.

Die Autorin vollführt ein paar gymnastische Übungen, um ihre Gelenke auf Betriebstemperatur zu bringen. Vor allem das rechte Knie will mindestens zwanzig Mal gebeugt und gestreckt werden, bevor es bereit ist, von ihr mit 61 Kilo Lebendgewicht belastet zu werden.

Ich stehe! Und es tut gar nicht weh.

Doch die Autorin hat sich zu früh gefreut. Bei ihren ersten Schritten Richtung Bad senden ihre Hüftgelenke heftige Schmerzimpulse Richtung Gehirn.

Fieslinge! Aber sendet ihr nur! Mein Gehirn wird einfach die Annahme verweigern. Das hat schließlich ein Wörtchen mitzureden. Hat mein freundlicher Schmerztherapeut gesagt, und der muss es ja wissen. Ignorieren Sie den Schmerz, lenken Sie sich ab, denken Sie an etwas Schönes. Und wenn das nicht mehr funktioniert, gibt es ja heute schon sehr intelligente Gelenkprothesen.

Die Autorin kichert und stöhnt abwechselnd. Intelligente Kühlschränke, intelligente Autos, intelligente Zahnbürsten, sehr intelligente Prothesen. Wenn doch die Menschheit ein bisschen intelligenter würde!

In ihrem Bad angekommen stützt sich die Autorin auf das Waschbecken und atmet tief durch. Der Hüftschmerz ebbt ab.

Geht doch! Mit Sich-Ärgern kann man sich offenbar genauso gut ablenken, wie mit diesem ewigen An-was-Schönes denken. Den Tipp sollte ich an den Schmerztherapeuten weitergeben.

Während die Autorin auf dem höhenverstellbaren Klo sitzt, das auf ihre 1,75 m Körpergröße eingestellt wurde, genießt sie den warmen Fußboden unter ihren bloßen Füßen.

Fußbodenheizung, was für ein Luxus! Dafür zahl ich aber auch für diese 40-qm-Wohnung fast das Doppelte, was wir für unsere 80-qm-Wohnung bezahlt haben, Giferto. Natürlich, die war nur so billig, weil wir so lange darin gelebt haben. Mit Balkon zur Südostseite und Holzfußböden, Hamburg-Eimsbüttel. Dafür stehen sie heutzutage Schlange und versuchen, die Vermieter zu bestechen. Du glaubst gar nicht, was für eine horrende Miete die jungen Leute berappen müssen, die jetzt in unserer Wohnung leben!

Eine Stunde später hat die Autorin ihre Morgentoilette endlich bewältigt, sitzt geduscht und in ihren Wohlfühlklamotten am kleinen Wohnzimmertisch und trinkt eine erste Tasse grünen Tee.

Ah, das tut gut! Doch mir fehlt der dazugehörige Kaffeeduft aus deiner Tasse, Giferto.

Sie prostet mit ihrer Teetasse dem Foto zu, das in einem hölzernen Rahmen am Rand des Tisches steht, eins der wenigen Fotos, die sie gemacht hat. Sie hat nicht mit Licht gemalt, hat einfach durch den Sucher geguckt und abgedrückt.

Und trotzdem ist es jetzt mein Lieblingsfoto von dir. Wie du braungebrannt und mit windzerzausten Haaren am Ruder unseres Jollenkreuzers sitzt, den Blick in die Ferne gerichtet. Ja, das bist du, Giferto! Nein, verdammt noch mal, das ist nur ein Foto. Warum sitzt du nicht mit mir am Frühstückstisch, isst dein Müsli und trinkst den Kaffee, den du dir immer mit dem alten Porzellanfilter aufgebrüht hast? Du musst auch gar nichts sagen. Nach so vielen Jahren des Zusammenlebens hat man sich nicht andauernd was zu sagen. Wir hören die Nachrichten im Radio und meist genügt ein Heben der Augenbrauen, ein kurzes Stöhnen, ein verzweifeltes Auflachen, um uns über die Weltlage zu verständigen. Aber nein, du sitzt nicht da und trinkst auch nicht deinen Kaffee. Auf ewig steuerst du unser Boot hinaus auf See und ich sitze hier und kann nicht mitfahren. Du hast dich im Elbwasser vor Neuwerk aufgelöst. Die Urnen für die Seebestattung sind umweltfreundlich und zersetzen sich schnell, hat der Schipper des kleinen Kutters gesagt, der uns hinausgefahren hat in die Elbmündung, wo du mit dem Läuten der Schiffsglocke für immer von Bord gegangen bist. Der Tod gehört zum Leben, das war deine Standardantwort, wenn ich mal wieder rumgejammert hab, dass unsere Zukunft nur noch so kurz ist und das Ende näher rückt. Haben wir nicht ein verdammt gutes Leben miteinander gehabt, hast du gefragt. Ja, das haben wir. Viel zu gut! Das dicke Ende kommt noch, das wusste ich schon in jungen Jahren. Irgendwann stirbt einer von uns beiden, der Wahrscheinlichkeit nach zuerst du als der Ältere, habe ich geklagt, und dann? Dann kannst du die Erinnerung an unser Leben genießen, war deine schlichte Antwort, gefolgt von der Mahnung, über der Erinnerung niemals die Gegenwart zu vergessen. Ja, ja, origineller Vorschlag, pflücke den Tag im Hier und Jetzt, habe ich gespottet, aber etwas Besseres ist mir auch nicht eingefallen. Bis heute nicht.

Die Autorin prostet dem Foto noch einmal zu, auch wenn ihre Teetasse längst leer ist. Sie zögert, doch dann kann sie es nicht länger für sich behalten.

Ich habe ein neues Projekt, Giferto!

Sie wartet einen Moment, als könne sie eine Antwort erhalten, bevor sie ihre stumme Ansprache fortsetzt.

Das müsste dir doch gefallen? Wie oft hast du mich unerträglich genannt, wenn ich ein Manuskript abgeschlossen hatte, aber keine neue Idee in Sicht war. Ehrlich, ich fand mich auch unerträglich. Immer dasselbe Muster: Manuskript fertig, hin zum Verlag, endlich geschafft. Freude! Euphorie! Und zack: Ab in den Keller. Was jetzt? Was Neues anfangen? Mir fällt nichts mehr ein. Alles schon gesagt, gedacht, geschrieben. Warum noch eine Variation hinzufügen? Warum ich? Wer bin ich denn? Warum überhaupt schreiben, den Bücherberg vergrößern? Sowieso alles Schall und Rauch im Angesicht der Ewigkeit und der Weite des Kosmos. Ad infinitum. Nein, zum Glück nicht bis ins Unendliche, sondern für Wochen, Monate, manchmal Jahre. Und siehe! Wenn du glaubst, es geht nicht mehr, kommt von irgendwo eine Idee her. Ein Gedanke, ein Bild, eine Szene, ein Konflikt, ein erster Satz. Was auch immer, nur kein Lichtlein. Das hat nichts mit göttlicher Eingebung zu tun, ist nur eine Entladung der neuronalen Gewitter im Gehirn. Die lässt mich innehalten: Moment mal! Da ist was. Was ist da? In den meisten Fällen gefolgt von Ernüchterung. Ach nee, da ist nichts. Aber irgendwann gefolgt von: Da könnte was sein. Vielleicht lohnt es sich, das mal näher zu beleuchten? Oft lohnt es sich nicht, aber einmal dann doch. Trara! Tusch! Ich arbeite an einem neuen Manuskript. Mein Seelenfrieden ist gerettet und du, Giferto, und unsere beiden Kinder müssen keine auf ihr Unvermögen fixierte, depressive, verstimmte, von Selbstzweifeln zerrissene Frau mehr ertragen. Jetzt nehme ich wieder Anteil am Leben der anderen, bin wieder ein mehrdimensionaler Mensch. Und ja, ich schreibe. Das auch. Klar. Doch das Schreiben ist beileibe nicht alles.

Giferto: Aber ohne Schreiben ist alles nichts.

Autorin: Grins nicht so unverschämt! Außerdem kannst du gar nicht mit mir reden. Du bist nur ein schwarz-weißes Abbild. Du bist tot. Schon vergessen?

Giferto *ignoriert souverän ihren Einwand*: Magst du über dein neues Projekt reden?

Autorin: Nein, mag ich nicht. Noch nicht.

Giferto: Schade. Aber ich bin mir sicher, ich habe es nur ihm zu verdanken, dass ich mit dir sprechen kann.

Autorin: Jetzt lass mich erstmal in Ruhe mein Müsli essen. Soll ich hungrig diesen verdammten Tag pflücken?
Giferto: Dann lass es dir schmecken, mon amour. Der braungebrannte Schipper am Ruder blickt wieder in die Ferne. Die Autorin verzehrt gedankenverloren ihr Müsli und blickt aus dem Fenster. Im Vogelhäuschen auf dem Balkon fressen sich Dompfaffen satt.
Ich hab's ja nicht so mit den Pfaffen, aber die Dompfaffen liebe ich. Der Anblick ihrer leuchtend roten Bäuche tupft Farbe in meinen Alltag. Das genieße ich jetzt mal, ohne daran zu denken, dass schon so viele Insekten ausgestorben sind und deshalb auch die Vögel Hunger leiden. *Meine* Dompfaffen werden satt. Hier. Jetzt. Idylle im stillen Winkel. Und wenn draußen die Welt zugrunde geht, meine Dompfaffen haben genug zu fressen. Was willst du, Moral? Erst kommt das Fressen, dann kommst du! Ich soll mich einfach mal wieder aufraffen und was tun zur Rettung der Welt? Meine Hüfte! Meine Knie! Billige Ausreden? Andere in meinem Alter ...
Ruhe da oben!
Liebe Stimmen, könnt ihr euch bitte mal einigen? Immer diese widersprüchlichen Gefühle, diese ewigen Zweifel. Immer unsicher, hin und hergerissen, hü und hott. Man kann es so sehen, man kann es auch anders sehen. Grauenhaft!
Giferto: Man kann es auch positiv sehen, mon amour. Beste Voraussetzungen für dein Leben als Schriftstellerin. So konntest du dich in deine Figuren hineinversetzen, konntest die vielen höchst unterschiedlichen Charaktere gestalten, die deine Romane bevölkern.

Autorin: Vielleicht. Vielleicht habe ich mich aber auch ausgelagert, habe mir viele Existenzen geschaffen, die sich in vielen Welten herumgetrieben haben. Ich habe mir ein Multiversum geschaffen. Nur wer geistert jetzt dort herum? Bin ich jetzt, was ich geschrieben habe?

Giferto: Die Frage kommt dir nicht von Ungefähr in den Sinn, oder? Könnte sie eventuell etwas mit deinem neuen Schreibprojekt zu tun haben?

Autorin *ertappt*: Du kennst mich einfach zu gut.

Giferto: Dann lass dich nicht von der Arbeit abhalten.

Die Autorin steht auf, räumt das Frühstücksgeschirr ab und setzt sich an ihren Schreibtisch, der schräg vor der Balkontür steht.

Also ran! Wie weit war ich denn gestern mit der Gästeliste gekommen?

Der PC ist schnell hochgefahren und mit ein paar Klicks hat sie die Datei *Dinner 70.docx* aufgerufen.

Wie jedes literarische Projekt bereitet es erstmal nur Kopfzerbrechen. Dabei schien die Idee anfangs so einfach zu realisieren: Ich organisiere im festlichen Rahmen eines Dinners zu meinem 70sten Geburtstag ein Treffen der Hauptfiguren meiner elf Romane, lasse sie gemäß ihrem jeweiligen Charakter mit mir und miteinander reden und am Ende weiß ich nicht nur mehr über sie und ihre Welt, sondern auch mehr über mich selbst und mein Leben. Sie werden mir schon vor Augen führen, was für eine Figur ich bin, denn ich habe sie schließlich geschaffen und sie kennen mich besser als alle anderen.

Ja, mach nur einen Plan ... Da grinst er schon, der im Detail steckende Teufel und fragt mich: Wen willst du denn konkret einladen? Nur die Hauptfiguren oder auch wichtige Nebenfiguren? Und erinnerst du dich überhaupt noch an alle? Du weißt bei einigen schon gar nicht mehr, wie sie heißen? Oh, là là, da musst du die Nase wohl erstmal wieder in deine Bücher stecken. Bevor du die Damen und Herren auftreten lassen kannst, musst du sie wohl erst wieder kennenlernen. Und in welchem Alter werden sie aufeinandertreffen? Viele hast du in deinen Romanen über einen langen Zeitraum begleitet. Kommen sie als diejenigen, die sie auf Seite eins waren, oder als die um Jahre Gereiften von der letzten Seite? An welcher Stelle ihrer Entwicklung befinden sie sich? Und schließlich: Wo soll die ganze Mischpoke zusammentreffen?

Puh! Wie immer hat der Detail-Teufel recht. Da liegen sie vor mir, die Mühen der Ebene. Aber ich lasse mich nicht abschrecken! Also: packen wir's an! Wen soll ich zu meinem *Dinner 70* einladen?

Eine Stunde lang grübelt die Autorin nach, verheddert sich in Theoriediskussionen und Definitionen.

Was unterscheidet überhaupt eine Protagonistin von einer Antagonistin, was eine von mehreren Hauptfiguren von einer wichtigen Nebenfigur? Ach, Blödsinn! Ich bin die Gastgeberin und entscheide nach meinen Wünschen, wen ich auf diesem Dinner sehen möchte. Ich lade zu einer privaten Feier ja auch keine todlangweilige Tante ein, nur weil sie eine Tante ist. Ich lade ein, wen ich will. Basta!

Eifrig fängt die Autorin an, die Gästeliste zu erstellen, muss aber, wenig überraschend, feststellen, dass einige Figuren ihrer frühen Romane nur noch Schemen in ihrer Erinnerung sind. Andere stehen ihr deutlich vor Augen.

Die Figuren meiner späten Romane sind mir natürlich noch präsent. Aber alle sollen die gleiche Chance auf einen lebendigen Auftritt haben. Da bleibt mir wohl nichts übrig, als wenigstens noch einmal kurz in meine Romane hineinzulesen.

Die Autorin steht auf und geht an ihr Bücherregal. Das Kurz-in-die-Romane-Hineinlesen dauert drei Tage. Sie blättert in ihren Romanen, liest sich fest, reißt sich wieder los, macht sich Notizen zu ihren Romanfiguren, nimmt eine Figur in die Liste auf, streicht sie wieder, überlegt es sich, nimmt sie doch auf, streicht eine andere, bis die Gästeliste für ihr *Dinner 70* endlich fertig ist. Stolz betrachtet sie das Ergebnis.

Ganz schön viele Emanationen meines Autorinnenlebens! Gut, meines langen Autorinnenlebens. Das Personal von immerhin elf Romanen. Obwohl ... was sind schon elf Romane? Vielschreiber wie Balzac, Walser, Simenon haben in ihrem Leben das Zigfache zu Papier gebracht. Die bräuchten den Spiegelsaal in Versailles für ein Dinner mit all ihren Figuren. Für mein *Dinner 70* würde notfalls der Aufenthaltsraum hier in der Senioren-Wohnanlage reichen. Aber ich will einen großzügigen Raum, mit großen Fenstern, Stuck an hohen Decken, Parkettboden, Säulen, Nischen, alles, was das Herz begehrt. Meine Figuren sollen sich in dem Raum wohlfühlen. Und zum Glück muss ich ihn nicht mieten, sondern nur kreieren und im Geist schön ausschmücken. Es hat schon seine Vorteile, wenn man fiktive Gestalten unterbringen und verköstigen muss.

Die Autorin kichert und steht auf, streckt sich, geht ein paar Schritte, macht ein paar Lockerungsübungen für die

Schulter, setzt sich an ihren Schreibtisch und betrachtet wieder ihre Gästeliste.

27 Personen. Und jetzt? Wie sie verteilen? Alle an einer langen Tafel? Nein, so kommen bestimmt keine guten Gespräche zustande. Jeweils zu viert an einem Tisch. Geht nicht ganz auf. Egal. Sechs Vierertische und ein Dreiertisch. Wer mit wem? Auslosen? Oder dürfen sie sich die Plätze selbst aussuchen? Nein! Dann hocken nur wieder die beieinander, die sich kennen, und die Figuren eines Romans finden sich alle an einem Tisch wieder. So nicht. Ich werde sie mithilfe von Tischkarten verteilen, und zwar möglichst wild gemischt. Sie werden sich mit Tischgenossen abgeben müssen, von denen sie nicht wissen, wie sie ticken, Tischgenossinnen, mit denen sie keine gemeinsame Geschichte verbindet oder die sie richtig scheußlich finden. Und so werden sie hoffentlich auch mir noch unbekannte Seiten von sich zeigen. Ach ja, ich freu mich schon auf die Bande!

Die Autorin geht zu ihrem Wohnzimmertisch hinüber, setzt sich vor das Foto ihres Mannes und fixiert seine Augen:

Was hältst du von meinem Projekt?

Giferto: Puh, da hast du dir was vorgenommen! Glaubst du im Ernst, die kommen wirklich alle? Einfach so, auf die Einladung einer ihnen Unbekannten?

Autorin *empört*: Wieso nicht? Wenn ich sie irgendwo versammeln will, bleibt ihnen keine Wahl. Ich bin schließlich ihre Schöpferin! Du hast dir in deinen Romanen doch auch nicht von deinen Figuren auf der Nase herumtanzen lassen.

Giferto: Natürlich nicht. Aber ich habe sie auch nicht wie Marionetten an meinen Fäden rumhampeln lassen. Wenn sie kein Eigenleben entwickelten, mich nicht überraschen konnten, hatte ich keine Lust, so viel meiner kostbaren Lebenszeit mit ihnen zu verbringen.

Autorin *schluckt*: Kostbare Lebenszeit. Wie kostbar, haben wir von euch, ihr geliebten Toten, gelernt.

Giferto: Schau mich nicht so vorwurfsvoll an. Und lass dich bloß nicht wieder in den großen Jammer fallen. Ran an dein Projekt! Ich finde das spannend.

Autorin: Wirklich? Das sagst du nur, damit ich mit irgendwas beschäftigt bin.

Giferto: Habe ich dich jemals mit Kritik verschont, wenn es um deine Literatur ging? Oder du mich?

Autorin: Definitiv nicht.

Giferto: Na, also. Kopf hoch! Weitermachen!

Autorin: Hast du dich mit Herbert Marcuse abgesprochen?

Giferto: Versteh ich nicht.

Autorin: Ach komm! Berlin, Dorotheenstädtischer Friedhof. Dämmert's? Du fandest doch seinen Grabstein so toll – mit seiner Mahnung an uns noch auf Erden Weilende: *weitermachen!*

Giferto: Ach ja, der gute Herbert! Ein unruhiger Geist! Aber recht hat er. Wir Toten wissen, was wirklich wichtig ist. Also befolge gefälligst unseren Rat. Ich werde dich jedenfalls tatkräftig unterstützen.

Gestärkt macht sich die Autorin an die weitere Planung für ihr *Dinner 70* und es bereitet ihr zunehmendes Vergnügen.

Ein exzellentes 7-Gänge-Menü muss es sein. Mit Tafelmusik von den Beatles, live gespielt von *meinen* Beatles. Wenn das kein Anreiz ist! Ich glaube, da wird niemand widerstehen können. Halt! Oh, doch! Schwester Martha, Rosa und Emma, diese um neunzehnhundert geborenen Frauen, dürften von den Beatles sogar dann abgeschreckt werden, wenn zu meinem *Dinner 70* die echten Beatles spielen würden und nicht nur die sich John, Paul, George und Ringo nennenden alten Herren einer deutschen Beatles-Coverband aus meinem letzten Roman. Schwierig! Ach, auf den Einladungskarten der alten Damen kündige ich einfach an: *Gepflegte Tafelmusik.* Die werden kommen, schon allein, um mal wieder unter Menschen zu sein. Ich weiß doch inzwischen selbst, wie das ist: Als alter Mensch hat man mehr Freundinnen und Freunde unter den Toten als unter den Lebenden. Wenn dann am Abend meine Beatles aufspielen, werden sich Martha, Rosa und Emma schon in ihr Schicksal fügen. In ihrer Generation würde es keine Frau wagen, sich zu beschweren. Das gehört sich einfach nicht. Obwohl ... bei Schwester Martha bin ich mir gar nicht so sicher. Die trug zu ihrer Zeit als Oberschwester im Altenheim ja nicht von ungefähr den Spitznamen *Oberdrache*. Na, umso besser! Konflikte sind Gold für jeden Roman. Wer will schon etwas über ein Dinner lesen, bei dem alle genüsslich speisen, angenehm konversieren und zufrieden nach Hause gehen? Dann sollen sie lieber mit Torten schmeißen. Slapstick? Nein, das soll es natürlich nicht werden. Ich sehe unter meinen Figuren aber auch keine Tortenschmeißer. Auch eine Waffenkontrolle am Eingang kann ich mir sparen. Mit Waffennarren, Actionhelden oder Superhelden wollte ich nicht mal fiktiv etwas zu tun haben. Auch Fabelwesen werden nicht auf Einhörnern einreiten, keine Aliens uns ausrotten wollen, keine Zauberer die Welt in Ordnung bringen. Meine Figuren sind so unauslotbar wie wir Menschen es sind, nie zu Ende zu erzählen und immer nur ansatzweise zu erahnen. Ich bin gespannt auf die Begegnungen, denn auch wenn ich sie erschaffen habe, war ich damals nicht die, die ich heute bin, viele Jahre und Erfahrungen später. Ich kenne sie nur noch bruchstückhaft, so wie ich mein früheres Ich nur noch bruchstückhaft kenne.

Die Autorin lehnt sich erschöpft zurück.

Anstrengend, so eine große Feier zu planen. Jetzt ein Powernapping. Grauenvolles Wort. Sage keiner, ich würde mich nicht nach wissenschaftlichen Erkenntnissen zur effektiven Nutzung meiner Arbeitskraft richten. Nur wenige Minuten Schlaf und ich bin wieder fit!

Der Schlaf begnügt sich aber nicht mit wenigen Minuten, sondern raubt der Autorin eine Dreiviertelstunde ihrer aktiven Lebenszeit. Offenbar ist das Konzept Powernapping zur Effizienzsteigerung nur bedingt auf Seniorinnen anwendbar. Auch das Konzept Nickerchen wäre eine Verharmlosung. Schon eher handelt es sich wohl um einen der zunehmenden Einbrüche von Lebensmüdigkeit. Als die Autorin endlich erwacht, ist sie durchaus nicht erfrischt und mit der geistigen Klarheit gesegnet, die ihr Projekt erfordert. Dafür erscheint ihr Gifertos Gestalt mit der Klarheit einer mittäglichen Fata Morgana über dem heißen Wüstensand.

Giferto: Erzwinge nichts, mon chou!

Die Autorin streckt ihrem Mann die Zunge raus, beherzigt aber seinen Rat.
Dann gehe ich eben erstmal einkaufen. Das muss ja schließlich auch gemacht werden. Was brauche ich denn? Die Autorin schaut in ihren Kühlschrank und in die ergonomisch angebrachten Hängeschränke ihrer kleinen Einbauküche, bedauert zum tausendsten Mal den Verlust ihrer wunderbar chaotischen großen Familienküche, reißt sich zusammen und notiert auf einem Zettel, was fehlt: Joghurt, Bananen, Brot, Gemüse, Eier. Also zum Discounter, der nur ein paar Häuser weiter ist, und danach zum Bio-Markt, zu dem sie aber mindestens zwanzig Minuten braucht. Sie schultert ihren Rucksack.
Noch muss ich nicht so einen albernen Hackenporsche hinter mir herziehen. Aber ich darf meinen Rucksack auch nicht wieder überladen, nur weil ich ihn nicht mehr vier Stockwerke hochschleppen muss. Merke: Jeden Tag rechtzeitig nur das kaufen, was man braucht, und möglichst nichts vergessen, damit man nicht noch mal loslaufen muss. Im Alter muss man genauso gut organisiert sein wie in der Zeit, in der man Kinder großzieht. Die Erfahrungen kommen mir jetzt zugute. So, und nun auf in den Kampf, Torera! Auch die Zeit jetzt wird genauso schnell vorbeigehen, wie die Zeit mit den Kindern vorbeigegangen ist. Schwupps, hast du nicht gesehen, kommt dir dein Sohn im ersten Anzug entgegen. Und schwapps, schon musst du den Einkaufsdienst dieses *Servicewohnens im Alter* in Anspruch nehmen und nicht nur die Fensterputzer kommen lassen. Nein, noch nicht! Das Mantra der späten Jahre: Noch nicht. Ein anderes: Noch. Noch kann

ich einkaufen gehen. Noch kann ich schreiben. Noch lebe ich.

So und so ähnlich und manchmal auch anders vergehen zehn Tage mit den Vorbereitungen auf das große Ereignis, die die Autorin ihren alltäglichen Mühen abtrotzt, vergehen mit unzähligen Zwiesprachen mit Giferto, mit Anfällen von Kleinmut und mit Energieschüben aus aufploppenden Erinnerungen, aber dann endlich ist er da, der große Tag!

Dinner 70

Aperitif

Nach einem Besuch beim Friseur und in ihrem Lieblingskleid, in dem Giferto sie so gern gesehen hat, betritt die Autorin den noch leeren Festsaal.

Ah, ganz so, wie ich ihn mir erträumt habe!

Der Saal ist groß, ohne wie eine Halle zu wirken, hell, aber nicht grell erleuchtet. Durch hohe Fenster blickt die Autorin auf einen großzügig verwilderten Park, den sie in der Abenddämmerung aber nur erahnen kann. Die Wände sind in warmen Farben gestrichen, dekoriert mit Selbstporträts ihrer Lieblingsmalerinnen Frida Kahlo und Paula Modersohn-Becker. Über den Saal verteilt stehen sieben festlich gedeckte runde Tische und an der Längsseite gegenüber den Fenstern befindet sich eine kleine Bühne, auf der schon die Instrumente aufgebaut sind. Aus dem Küchenbereich kommt der Oberkellner auf die Autorin zu, begrüßt sie, weist mit einer ausholenden Geste in den Raum und fragt, ob alles zu ihrer Zufriedenheit sei.

Ja, das ist es!

Die Autorin betrachtet den Mann, mit dem sie in den letzten Tagen vieles abgesprochen hat, nicht zuletzt die Menüfolge und die alternativen Angebote für alle möglichen Ernährungsformen, von glutenfrei bis vegan.

Ein idealtypischer Wiener Kaffeehauskellner. Höflich, zuvorkommend, mit einem kleinen Schalk im Nacken, sehr selbstbewusst, in der richtigen Dosierung charmant bis grantig. Tatsächlich kommt er aus Kroatien und von seinem autoritären Gehabe gegenüber dem ihm unterstellten Personal bekomme ich zum Glück nichts mit. Sei's drum, ich kann mich nicht auch noch um das Binnenklima zwischen dem fiktiven gastronomischen Personal kümmern. Heute will ich einfach nur mit meinen Figuren feiern!

Nur ein Wermutstropfen trübt die Vorfreude der Autorin. Zwei der Eingeladenen haben heute Morgen kurzfristig abgesagt.

Brütet Benjamin wirklich eine Grippe aus? Vielleicht. Vielleicht auch nicht. Aber diese blöde Cornelia! Ohne Begründung abgesagt. Noch nicht mal eine Anstandslüge bin ich ihr wert!

Giferto: Wundert dich das?

Autorin: Oh! Du bist auch hier? Du gehörst doch gar nicht zu meinen Figuren.

Giferto: Nein?

Autorin *lacht*: Na ja. Auf jeden Fall habe ich mit dir hier nicht gerechnet.

Giferto: Wo immer du bist, da will auch ich hingehen.

Autorin: Rührend! Der Bibelvers endet aber mit *Nur der Tod wird mich und dich scheiden*, wenn ich mich recht erinnere, und nicht mit *Auch der Tod wird uns nicht scheiden*.

Giferto: Seit wann richten wir beide uns nach der Bibel?

Nur weil ich tot bin, verlasse ich dich nicht. Kommt überhaupt nicht infrage.

Autorin: Na, Gott sei Dank. Dann werde ich für dich eins der beiden überzähligen Gedecke ...

Giferto: Nein, danke, mon amour! Ich bin als Schemen anwesend, den nur du siehst, und als Stimme, die nur du hörst. Und weder Schemen noch Stimmen brauchen leibliche Speisen.

Autorin *misstrauisch*: Kann es sein, dass du mir die Regie für mein *Dinner 70* aus der Hand nehmen willst?

Giferto: Blödsinn. Ich gebe dir nur Denkanstöße. Nehmen wir zum Beispiel Cornelias Absage. Dir liegt doch nicht wirklich an ihr, oder?

Autorin: Na jaaaa ...

Giferto: Klingt nicht sehr überzeugend.

Autorin: Okay, ich gebe zu, ich werde sie nicht allzu sehr vermissen. Diesem Typ der eitlen, oberflächlichen Blondine, die alles tut, was der Zeitgeist von ihr verlangt, konnte ich noch nie was abgewinnen. Und ich fürchte, die ist mir sowieso arg klischeehaft geraten.

Giferto: Offenbar hat sie sich aber ganz anders weiterentwickelt, seit sie nicht mehr unter deiner Knute steht. Sonst hätte sie dich jetzt nicht so cool abblitzen lassen.

Autorin *grummelt*: Das geht ja schon gut los mit der Eigenmächtigkeit meiner Figuren.

Giferto: Du willst dich doch von ihnen überraschen lassen.

Autorin: Aber gar nicht erst zu kommen ... So geht's ja nun auch nicht! Wahrscheinlich bin ich zu weich, zu nachgiebig, nicht durchsetzungsfähig genug ...

Giferto: Versuch gar nicht erst, ihnen deinen Willen aufzwingen. Dann rächen sie sich, agieren hölzern, mutieren zu einem blassen Abklatsch deiner Fantasien. Willst du das? Die Autorin schüttelt energisch den Kopf. Der Oberkellner schaut sie verwirrt an. Sie räuspert sich und teilt ihm mit, dass nur fünfundzwanzig Personen kommen werden. An Tisch 7 bleibe deshalb eine einzelne Person übrig, was natürlich nicht gehe. Der Oberkellner schlägt vor, die überzählige Dame am Tisch 4 zu platzieren, der sei auch für fünf Personen groß genug. Sei das recht? Ja? Er winkt, erteilt einer herbeigeeilten Kellnerin die Anweisung, den Stuhl und das Gedeck umzuplatzieren und informiert die Autorin:

Die Herren von der Band, die Sie engagiert haben, sind übrigens schon da. Sie haben bereits ihre Instrumente gestimmt und sind noch mal nach nebenan in die Bar gegangen.

Die Autorin kichert in sich hinein.

Engagiert haben ... der ist gut! Meine Eimsbütteler Beatles sind richtig heiß darauf, mal wieder vor Publikum zu spielen. Aber hoffentlich übernehmen sie sich nicht. Vor allem John nach seinem letzten Herzinfarkt. Und kann George trotz seiner Demenz noch Gitarre spielen? Pauls Hüft-OP ist ja gut verlaufen. Der kann locker weiter den *Forever young*-Typen geben. Und Ringo? Der sitzt zwar seit seiner Jugendzeit im Rollstuhl, aber zurzeit ist er der Gesündeste der Eimsbütteler *Fab four*. Ach, ich freu mich schon auf meine Alt-68er! Sie sind mir nah. Nicht nur, weil sie meinem letzten Roman *Putzfrau bei den Beatles* entstammen und so noch frisch in meinem Gedächtnis aufbewahrt sind, sondern nah sind sie mir auch vom Lebensalter und ihren Erfahrungen. Auch wenn sie Männer sind und ich eine Frau, auch wenn sie ihr Leben lang Musik gemacht haben und ich Literatur, auch wenn ihre Lebenswege mit meinem nur wenig Gemeinsamkeit haben, – it's my generation, Baby! Die Generation, deren Hauptlebensspanne in die Zeit nach dem Zweiten Weltkrieg und vor die Trumpisierung der Welt fällt, in die Zeit zwischen der Abkehr vom Nationalismus und der Rückkehr zum Nationalismus. Wir sind die Nachkriegsgeneration – und hoffentlich nicht auch die Vorkriegsgeneration.

Die Fortführung ihrer düsteren Gedanken wird durch die Beatles gestoppt, die plaudernd und lachend aus der Bar auf sie zukommen. Auf den letzten Metern, bevor sie sie erreicht haben, verstummen die vier und schauen sie erwartungsvoll an. Der Autorin bleibt vor Lampenfieber die Spucke weg wie sonst nur vor Buchpremieren.

Meine erste Begegnung mit Menschen, die mein Gehirn geschaffen hat! Menschen, die inzwischen ganz unabhängig von mir in anderen Gehirnen existieren. Menschen, die Leserinnen sich anverwandelt, die Leser nach ihren Erfahrungen und Bedürfnissen umgestaltet haben. Vielleicht so sehr, dass ich sie kaum wiedererkenne?

Doch Paul nimmt der Autorin ihre Befangenheit, indem er ihr lächelnd die Hand hinstreckt:

Du bist sicherlich ...?

Autorin: Ja, ich bin die Gastgeberin. Äh, herzlich willkommen! Ich freue mich wirklich sehr, dass ihr gekommen seid.

John *grinst sie an*: Klar sind wir gekommen. Man hat

nicht so oft die Gelegenheit, seine Schöpferin kennenzulernen.

Äh, was antworte ich John jetzt? Dass mir aber auch nie was Schlagfertiges auf der Zunge liegt in solchen Situationen! Da sitze ich doch lieber an meinem PC und feile an den Dialogen. Spontan fällt mir partout nichts Pfiffiges ein. Worte, wo seid ihr?

In ihrer Not wendet sich die Autorin verlegen lächelnd an George. Der hält ihr einen großen Blumenstrauß unmittelbar vor die Nase:

Herzlichen Glückwunsch zum Geburtstag! Aus unserem Garten. Habe ich gepflückt ... heute Morgen ... frisch gepflückt.

Autorin: Oh, die sind wunderschön. Danke! Und wie die duften!

Schon steht eine Kellnerin mit einer Vase neben der Autorin, nimmt ihr die Blumen ab, arrangiert sie und stellt sie auf einen der Tische. George strahlt wie kein Honigkuchenpferd. Er ist sichtlich stolz auf die Blütenpracht, die er mitgebracht hat. Die Autorin freut sich über seine Freude noch mehr als über den Blumenstrauß.

Das war eine richtig gute Idee von mir, für George einen großen Garten zum Rumpütschern hinter der Villa einzuplanen, die ich den Beatles als Altersruhesitz gegönnt habe. Besonders liebt er ja seinen Kräutergarten.

Beim Wort *Kräutergarten* blitzt in der Autorin die Erinnerung an ein Telefongespräch mit einem ihrer jungen Verleger auf.

Irgendwie kamen wir auf die Szene in *Putzfrau bei den Beatles* zu sprechen, in der George in den Garten geht und sich um seine Kräuter kümmert. Der Verleger ging selbstverständlich davon aus, dass es sich bei den Kräutern um Hanfpflanzen oder ähnlich Berauschendes handelte. Als ich dem Dreißigjährigen erklärte, ich hätte an Petersilie, Dill und Schnittlauch gedacht, fragte er verblüfft: »Wieso das denn? Das sind doch 68er!« Als wären wir damals alle dauerbekifft rumgelaufen! Aber so will es das 68er-Klischee. Dabei war die Drogenszene eben nur eine Szene in der äußerst vielfältigen Bewegung. Die war Diversity pur, lange bevor das Wort zum Begriff wurde. Diese Verlegerfrage ist ein schönes Beispiel dafür, wie ein Text auf die Welterfahrung seines Lesers trifft, der daraus seinen ganz eigenen Text erzeugt. Meine Intention als Autorin war eine ganz andere. Ich habe George seinen Kräutergarten angedichtet, damit er etwas hat, womit er sich trotz seiner beginnenden Demenz beschäftigen kann.

Die Autorin lächelt George noch einmal zu, bevor sie sich Ringo in seinem roten Rollstuhl zuwendet und ihn herzlich begrüßt.

Komisch, ihm gegenüber habe ich nicht das geringste Schuldgefühl, obwohl ich ihm gelähmte Beine zugemutet habe. Als Kind konnte er noch an Krücken gehen, aber ab der Pubertät war er auf einen Rollstuhl angewiesen. Ringo ist sein Leben mit einer Vitalität und Lebensfreude angegangen, dass ich höchstens neidisch sein kann. Er kann mir dankbar sein, dass ich ihn nach einem realen Vorbild gestaltet habe, nach meiner besten Freundin, die im Rollstuhl die halbe Welt bereist hat, eine engagierte Lehrerin war, sich für die Rechte Behinderter eingesetzt hat, nicht nur hier in Deutschland, sondern auch in Indien, die politisch aktiv war und ist und einen weltweiten Freundeskreis hegt und pflegt. Nein, Ringo kann sich wirklich nicht beklagen. Nach so einem Menschen geformt zu werden, danach würde sich manch andere Romanfigur alle zehn Finger ablecken! Problematisch ist höchstens, dass er literarisch eine fast zu positive Figur ist. Aber das ist mein Problem und nicht seins. Ich freue mich jedenfalls vorbehaltlos auf ihn heute Abend. Vor ihm muss ich mich nicht in Acht nehmen, er wird keine Attacken gegen mich reiten, in ihm lauern keine Abgründe. Oder doch? Gilt auch für ihn: Deine Figur, das rätselhafte Wesen?

Im Moment verhält sich Ringo ganz so, wie die Autorin es von ihm erwartet. Nach seiner Gratulation lobt er sie dafür, dass sie die Feier in einem ebenerdigen Saal stattfinden lässt, der keine Eingangsschwellen hat:

Und an einen Behindertenparkplatz für meinen Kleinbus hast du auch gedacht! Sogar einen, der breit genug ist, dass ich meine Rampe problemlos ausklappen kann.

Autorin: An ein rolligerechtes Klo selbstverständlich auch.

Ringo: Perfekt.

Perfekt ist die Autorin gerne. Doch kurz darauf macht ihr Ringos prüfender Blick in Richtung Bühne klar:

In diesem Leben wird es wohl nichts mehr mit mir und der Perfektion. Die Bühne hat einen Zugang über drei Stufen!

Bevor sich die Autorin bei Ringo entschuldigen kann, winkt der generös ab:

No problem.

Wirklich? Oder meint er das indische *No problem*? Das hat er mir mal übersetzt als: *Es handelt sich hier um ein un-*

lösbares Problem, das man am besten so lange als keines bezeichnet, bis das Gegenüber selbst eine Lösung gefunden hat.

Aber zur Erleichterung der Autorin hat Ringo an der linken Seite der Bühne eine Rampe entdeckt, die schmal, aber für seinen schnittigen Rollstuhl nicht zu schmal ist. Mit kräftigen Armschwüngen rollt er hinauf und bugsiert sich hinter das Schlagzeug. Mit einem Trommelwirbel ruft er die anderen Beatles, ihm auf die Bühne zu folgen. Die vier Oldies spielen sich mit jungenhaftem Gelächter auf ihren Instrumenten ein, bevor sie in eine Improvisation übergehen, in der immer wieder Versionen von Beatles-Titeln anklingen.

Wie abgesprochen. Bravo! Ihr Konzert sollen sie ja erst nach dem Dinner geben. Jetzt brauche ich sie nur für die Begrüßungsphase zur musikalischen Untermalung, während die Gäste nach und nach eintrudeln. Hey, nach und nach! Das ist mein Plan. Nicht alle auf einmal. Das artet ja jetzt schon in Stress aus!

Während die Autorin ins Schwitzen kommt, sind die Kellner das pulkartige Eintreffen der Gäste zum Glück gewöhnt. Routiniert verteilen sie Champagner und Aperitifs und Amuse-Gueules. Aus dem Pulk bilden sich Grüppchen und aus den Grüppchen lösen sich immer wieder einige Gäste, um die Autorin zu begrüßen und ihr zu gratulieren. Alle reagieren erstaunlich locker auf die Begegnung mit ihrer Schöpferin; da ist nichts zu spüren von existenziellem Schauder.

Dafür habe ich in meiner göttlichen literarischen Weisheit gesorgt. Ich habe auch bisher nie viel Zeit mit transzendentalen Fragen verplempert und werde das auch meinen

Figuren nicht zumuten. Schon morgen haben sie die Begegnung mit mir vergessen oder erinnern sie als Traum. So können sie ihre Leben unbeeinflusst von mir weiterleben, ihre diversen Leben in diversen Köpfen von Menschen, die ihnen lesend begegnet sind, und auf die ich sowieso keinen Einfluss habe.

Die Begrüßungszeremonie verläuft weiter harmonisch und ohne Störungen. Aber eine Überraschung wartet auf die Autorin.

Wer ist denn die alte Frau neben Rena? Oma Anna? Die habe ich gar nicht eingeladen! Ich habe mich doch bei den Figuren aus meinem Roman *Die vier Liebeszeiten* bewusst auf die beiden Hauptpersonen Rena und Hauke beschränkt. Das war eine wohlüberlegte Entscheidung. Wieso kreuzt jetzt trotzdem auch Oma Anna hier auf?

Doch da nähert sich Rena schon der Autorin und lächelt ihr nach Begrüßung und Gratulation zu wie einer Komplizin:

Weißt du, ich habe mich wahnsinnig auf ein Wiedersehen mit Oma Anna gefreut und ich war mir absolut sicher, dass du nichts dagegen hättest, wenn ich sie mitbringe. Im Gegenteil, ich wusste, du wirst hocherfreut sein.

Ganz schön dreist! Wozu habe ich mir tausend Gedanken gemacht, wen ich einlade und wen nicht? Aber Rena hat recht. Und wie sie recht hat! Ich freue mich. Ich freue mich wie ein kleines Kind über ein unverhofftes Geschenk. Und ich hätte wirklich voraussehen müssen, dass Rena die Gelegenheit beim Schopf ergreifen würde, ihre heiß geliebte Oma Anna wiederzusehen. Wie alt war sie, als ich Oma Anna sterben ließ? Zwölf, dreizehn Jahre, wenn ich mich recht erinnere. Jedenfalls war sie noch ein Kind, als dieser Verlust den Boden unter ihren Füßen ins Wanken brachte. Oma Anna war der feste Grund gewesen, auf dem Rena stand. Erschüttert musste sie viel zu früh lernen, dem Leben allein zu widerstehen.

Die Autorin erwidert Renas komplizinnenhaftes Lächeln und begrüßt Oma Anna so herzlich wie die von ihr nach reiflicher Überlegung eingeladenen Gäste. Sie winkt eine Kellnerin herbei, die Rena und Oma Anna Champagner einschenkt, und überlässt die beiden Frauen ihrer angeregten Plauderei.

Warum habe ich Oma Anna eigentlich nicht eingeladen? Klar, sie ist im Romangeschehen von *Die vier Liebeszeiten* nur eine Nebenfigur. Aber für Rena war sie in ihrer Kindheit die Hauptfigur, ganz so, wie meine Großmutter es für mich war. Wir beide wurden von unseren Großmüttern großgezogen. Also: Hauptfigur hin, Nebenfigur her ... tolle Idee von Rena, Oma Anna mitzubringen! Regeln brauchen ihre Ausnahmen. Wie oft vergesse ich das in meinem Schreibballtag. Und wenn ich's mir recht überlege: Renas Eigenmächtigkeit sollte für mich sogar ein doppelter Grund zur Freude sein. Wir sind erst beim Aperitif zu meinem *Dinner 70* und schon lerne ich etwas von einer meiner Figuren. Das entspricht doch ganz meiner geheimen Agenda hinter der Feierei.

Beschwingt gibt die Autorin dem Oberkellner ein Zeichen und bittet ihn, für Oma Anna ein Gedeck direkt neben Renas auf Tisch 3 zu stellen. Danach begrüßt sie die letzten Gäste, belauscht aber zwischendurch Rena und Oma Anna, die immer noch in ihrer Nähe stehen.

Rena: Ich bin dir so dankbar für alles, was du für mich getan hast, wirklich! Als Kind nimmt man das ja so ganz selbstverständlich hin, all die Liebe, die Fürsorge ...

Aus den Augenwinkeln beobachtet die Autorin, wie die alte Frau ihren sorgfältig hochgebundenen Dutt auf herausgefallene Strähnen kontrolliert, wie es auch ihre Großmutter machte, wenn sie verlegen war.

Rena: Was du im Kopf hast, das kann dir keiner nehmen. Dieser Satz von dir, der war so wichtig für mein ganzes weiteres Leben! Wenn du nicht dafür gesorgt hättest, dass ich aufs Gymnasium gehen kann ...

Oma Anna: Ach, mien Deern, ich bin man bloß froh, dass dir das gut gehn tut.

Oma Anna und Rena schauen sich so liebevoll an, dass die Autorin ihren Blick schnell abwendet.

Bloß nicht diesen Moment stören! Doch ein bisschen könnte ich von der Liebe zwischen Rena und Oma Anna schmarotzen. Wenn die beiden glücklich sind, färbt das auch auf mich ab. Und selbst wenn mein *Dinner 70* keine meiner hochgesteckten Erwartungen erfüllen sollte, ist nicht allein dieser Moment jetzt den ganzen Aufwand wert?

Endlich reißt sich die Autorin von Rena und Oma Anna los und besinnt sich wieder auf ihre Pflichten als Gastgeberin.

Ich werde aber keine Rede halten, auch keine kurze. Den Teufel werde ich tun!

Sie bittet alle Gäste, sich zu ihren Plätzen zu begeben und kündigt an, dass sie nach und nach zu allen sechs Tischen kommen wird, um ein wenig mit ihnen allen zu plaudern.

Plaudern ist gut. Das hört sich locker und informell an. Wer kann schon was gegen Plaudern haben? Dabei will ich sie hemmungslos ausnutzen, will sie zu Spiegeln für mein eigenes Leben machen. Und sie sollen mir etwas erzählen über die Zeit, in der ich gelebt habe. Und darüber, was vor meiner Zeit war. Und was nach meiner Zeit sein wird. Und über das Leben, die Liebe, den Tod und den *Sinn vons Janze*. Ich will sie zum Mittel meiner Erkenntnis machen, aber hat nicht schon Kant gesagt, der Mensch soll nie Mittel sein, sondern nur Zweck?

Giferto: Jetzt krieg dich mal wieder ein! Das gilt ja wohl kaum für fiktive Menschen. Du planst hier kein Verbrechen gegen die Menschlichkeit, sondern nur ein literarisches Experiment. Eine Autobiografie in 26 Romanfiguren, wenn ich dich richtig verstanden habe.

Die Autorin atmet erleichtert durch. Sie ist ihrem Mann dankbar, dass er sich genau zum richtigen Zeitpunkt wieder materialisiert. Auch als Toter hat er nicht das Gespür dafür verloren, wenn sie sich mal wieder in unsinnige Selbstzweifel verstrickt. Sie braucht es, dass er sie erdet. Aber widersprechen muss sie ihm doch:

Ich will keine Autobiografie schreiben, sondern eine Autofiktion oder eine Autorfiktion, nein, eine Autorinnenfiktion ... Ach, diese literaturtheoretische Korinthenkackerei!

Giferto: Vergiss es! Es wird sowieso autobiografisch gelesen. Das weißt du doch.

Autorin: Ich will aber die Privatsphäre der Menschen nicht verletzen, mit denen ich mein Leben geteilt habe oder noch teile. Möchtest du etwa, dass wildfremde Leute denken, sie würden dich kennen, nur weil sie meine Beschreibung von einer Figur namens Giferto kennen?

Giferto: Aber, mon amour, ich bin doch nur deshalb mein Leben lang so lieb zu dir gewesen, damit deine Leserinnen von mir träumen.

Autorin: Sehr witzig!

Giferto: Vielleicht solltest du dich statt dieser unfruchtbaren Debatte jetzt lieber mal um deine Gäste kümmern? Die sitzen schon an ihren Plätzen und warten auf den ersten Gang. Bestimmt haben die meisten seit dem Frühstück nichts gegessen, damit heute Abend mehr reinpasst. Und deine Beatles klimpern auch schon recht ermattet herum.

Autorin: Okay, okay.

Beim zweiten Okay ist Giferto verschwunden. Die Autorin strafft sich und signalisiert den Beatles, dass es Zeit ist für den Begrüßungssong, damit danach endlich das große Fressen beginnen kann. John nickt ihr zu, hebt die Hand und ruft Paul, Ringo und George zu:

Here we go!

Tisch 1

Jonas, Lena, Ringo, Martha

Kürbissuppe mit Kokosmilch, Ingwer und Kardamom

Die Autorin setzt sich an den ersten Tisch, an dem schon ihre Gäste Jonas, Lena und Martha Platz genommen haben. Die Beatles rocken los und John singt aus voller Kehle *Come together*!

Warum habe ich mir den Song eigentlich gewünscht? Ich glaub, nur wegen des Titels. Der passt wunderbar für den heutigen Abend.

Den restlichen Text versteht die Autorin zwar akustisch, doch sie begreift den Sinn nicht. Nur die Zeile *One thing I can tell you is you got to be free* scheint ihr verständlich.

Obwohl: Was bedeutet frei sein? Eine dieser Fragen, auf die es so viele Antworten gibt, dass es keine gibt. Stopp! Jetzt bloß nicht über Unlösbares nachdenken. Habe ich nicht irgendwo gelesen, John Lennon höchstselbst habe den Text dieses Songs als *sinnlos* bezeichnet? Tja, trotzdem gibt es jede Menge Interpretationen, denn was weiß der Autor schon von seinem Text. Ist jetzt aber auch egal. Hauptsache die Musik sorgt für einen schwungvollen Auftakt. Und das tut sie! Meine Beatles legen sich wirklich voll ins Zeug, John singt wie sein Vorbild zu seinen besten Zeiten, klatscht zwischendurch in die Hände und wow ... jetzt hängt er sogar noch ein improvisiertes Gitarrensolo an. Aber Vorsicht, John! Achte bei aller Spielfreude darauf, dich nicht völlig zu verausgaben. Du neigst dazu, deine Kräfte zu überschätzen. Wenn ich nicht mit hundertprozentiger Sicherheit wüsste, dass du heute keinen Herzinfarkt erleiden wirst, würde ich mir Sorgen um dich machen. Aber du wirst nicht sterben. Was immer bei meinem *Dinner 70* auch geschehen mag, alle meine Gäste werden diesen Saal am Ende lebendig und nicht in wesentlich schlechterem Gesundheitszustand als bei ihrem Eintreffen wieder verlassen. Das garantiere ich. Für mich selbst kann ich natürlich keine Garantie abgeben. Mitten im Leben sind wir bekanntlich vom Tod umfangen. Dieses eherne Prinzip kann ich als allmächtige Autorin zwar für meine aus dem Wort gezeugten Romanfiguren außer Kraft setzen, aber für mich selbst als Mensch aus Fleisch und Blut nicht.

Die Autorin reißt sich von ihren wenig erbaulichen Vanitas-Gedanken los und konzentriert sich wieder auf den Auftritt ihrer Beatles, die nach den letzten Akkorden von *Come together* begeisterten Beifall ernten.

John *enthusiasmiert*: Nach dem Essen werden wir euch richtig einheizen!

Sich selbst haben sie offensichtlich schon eingeheizt, denn alle vier sind verschwitzt, als sie sich zu ihren Plätzen an verschiedenen Tischen begeben.

Jetzt sind sie nicht mehr meine Beatles, sondern nur noch einzelne ältere Herren, die in ihrer Jugend mal an ihrem Gymnasium zusammen in einer Schülerband gespielt haben.

Auf den Tisch 1 rollt Ringo zu. Die Autorin spendet ihm noch einmal Beifall, während er seinen Rollstuhl an den Platz mit seinem Namenskärtchen rangiert. Auch zwei der anderen Gäste am Tisch begrüßen ihn mit Applaus: die feministische Bestsellerautorin Lena Löpersen und Jonas Helcken, ein junger Mann aus einer nahen Zukunft. Nur die unbeugsame Greisin Schwester Martha wendet sich mit angewidertem Gesicht von Ringo ab und giftet die Autorin an:

Is ja wirklich nett von Ihnen, uns alle einzuladen, und für den schönen Saal hier ham Sie wohl auch ganz schön was springen lassen, alles vom Feinsten, aber was soll das mit dieser Affenmusik? Das is die reinste Zumutung is das!

Habe ich's doch gewusst, dass der alte Oberdrachen munter drauflos meckern wird. Am besten, gar nicht darauf eingehen.

Schwester Martha *insistiert*: Als Tafelmusik spielt man was Klassisches!

Die Autorin schweigt und senkt den Blick.

Fremdschämen nennt man das wohl, was ich jetzt empfinde. Am liebsten würde ich mich bei Ringo für Schwester Marthas *Affenmusik* entschuldigen. Ihr Tonfall! Der erinnert mich prompt an meinen Vater, der mir mit derselben tiefen Verachtung diesen Ausdruck entgegenschleuderte, wenn ich es wagte, den *Beatclub* im Fernsehen anzuschalten.

Die Autorin müsste sich jetzt freuen, dass ihr Projekt sich vielversprechend anlässt. Schließlich will sie ja durch ihre Romanfiguren Erinnerungen heraufbeschwören. Stattdessen ist sie Jonas dankbar, der es ihr abnimmt, auf Schwester Martha zu reagieren und sie so von der Erinnerung an ihren Vater ablenkt:

Was wollen Sie eigentlich? Die Beatles sind doch Klassik pur. *Zu Ringo gewandt*: Ich bin ein großer Fan. Und ihr hört euch voll an wie die Beatles!

Ringo *deutet ein Lächeln und eine Verbeugung an*: Das Kompliment habe ich seit bestimmt vierzig Jahren nicht mehr gehört.

Ringo will noch mehr sagen, will dem jungen Mann erzählen, wie das damals war, als er selbst ein junger Mann war, doch jetzt wird die Kürbissuppe serviert und duftet herbstlich und ein wenig orientalisch. Die Autorin wünscht allen einen guten Appetit.

Lena *schnuppert an der Suppe*: Hmmh! Riecht gut!

Ringo *schnuppert auch*: Riecht indisch. Ist da Kardamom dran?

Die Autorin nickt.

Schwester Martha: Viel zu heiß! *pustet auf ihren Löffel, probiert vorsichtig, verzieht das Gesicht* Schmeckt komisch.

Ringo: Das ist das Kardamom.

Schwester Martha: Kenn ich nich.

Sie schiebt die Suppenschale von sich.

Lena *spöttisch*: Wat de Buer nich kennt, dat freet he nich.

Schwester Martha: Unverschämtheit! Ich stamme nicht aus einer Bauernfamilie!

Uijuijui! Die zoffen sich ja schon! Ich wollte sie doch erstmal ganz friedlich ihre Suppe schlürfen lassen und sie miteinander bekannt machen. Ein bisschen freundlicher Small Talk zum Einstieg. Doch da habe ich die Rechnung ohne Schwester Martha gemacht. Alte Giftspritze! Aber so wollte ich sie ja haben. In ihrer Zeit als Oberschwester im Altenheim hat sie auch ohne Gift dafür gesorgt, dass die Quengeligen, ewig Klingelnden, sich nicht zu lange ihres Lebens erfreuten. Munddusche, voll aufgedreht in die Luftröhre, da hat doch damals niemand nachgefragt. Oberschwester Martha hat ihr Tun nie Gewissensbisse bereitet. Sie fand es selbstverständlich, dass sie nicht nur über die ihr unterstellten Schwestern herrschte, sondern auch über die von ihr abhängigen Alten. Wer nicht spurte oder dem lieben Gott nur die Zeit stahl, dem half sie auf den Weg zu ihm. Denn sein ist das Reich und die Kraft und die Herrlichkeit in Ewigkeit. Amen. Schwester Martha war mit sich im Reinen. Blöd nur, dass sie selbst auch alt wurde und irgendwann neunundachtzig war und partout nicht ins Altersheim wollte. Und dann schicken die ihr vom Roten Kreuz so ein blutjunges Ding als Pflegerin ins Haus, mit ner lila Strähne im Haar! Was kann man von so einer schon erwarten!

Die Autorin lächelt in sich hinein.

Voilà, das ist sie, wie sie leibt und lebt: Schwester Martha, meine allererste Romanfigur!

Sie betrachtet die uralte Frau liebevoll, was die offenbar irritiert, denn sie sagt nichts mehr und löffelt artig ihre Suppe aus.

Wie hat ausgerechnet Schwester Martha es geschafft, meine Erste zu werden? Ach ja, der Grund war höchst profan.

Ein großer Verlag hatte einen Krimi-Wettbewerb ausgeschrieben und als Gewinn lockte eine beträchtliche Geldsumme und ein Verlagsvertrag. Ich hatte zu dem Zeitpunkt einige Gedichte geschrieben und sie in meiner Frauenschreibgruppe endlos besprochen und überarbeitet. Aber einen Krimi schreiben? Außer ein paar Agatha Christies hatte ich noch nicht mal welche gelesen. Beste Voraussetzung, um als Gewinnerin aus dem Wettbewerb hervorzugehen, dachte ich. Unbeleckt von den Stereotypien des Genres würde ich einen gesellschaftlich relevanten Krimi schreiben, einen Krimi ganz ohne Kommissar oder Detektiv, ohne Gangster und Pistolen. Gesagt, getan, mit jugendlichem Elan! Über das Milieu, in dem der Krimi spielen sollte, musste ich nicht lange nachdenken. Ich jobbte zu der Zeit für das Deutsche Rote Kreuz als Hauspflegerin, um mir mein Studium zu finanzieren. Dabei betreute ich auch eine Neunzigjährige, die allein in einer Vier-Zimmer-Wohnung im fünften Stock eines imposanten Altbaus aus der Gründerzeit hauste. Hauste ist das treffende Wort, denn als ich das erste Mal in ihre Wohnung kam, hatte sie Kohlen in der Badewanne gelagert, feuchte Wäsche über die ganze Wohnung verteilt und die Küche glich unter der Schicht von Fettablagerungen und den auf dem Tisch platzierten ausgelatschten Filzpantoffeln eher einem Kunstwerk von Beuys als einem Funktionsraum. Ich machte mich unverdrossen ans Werk und brachte die Wohnung auf Hochglanz, kaufte ein, sorgte für regelmäßige Essenslieferungen, verband das *offene Bein* der Zuckerkranken und vor allem: Ich nahm mir Zeit, ihren Tiraden über die Ungerechtigkeit der Welt und die Bosheit der Menschen zu lauschen. Ausnahmslos alle hatten sie schlecht behandelt: ihre Eltern, ihr Mann, ihre Kinder, ihre Nachbarn, ihre Ärzte, der Postbote … nur ich, ich war ein Engel. Das war ich aber nicht lange.

Bald schon beschuldigte sie mich, ihr einen ihrer monströsen rosa *Schlüpfer* geklaut zu haben (»Der war noch ungeflickt!«), ihre Klobürste vertauscht zu haben (»Meine war nicht so zerdrückt!«) und schließlich war sie überzeugt, ich hätte es auf ihr Erbe abgesehen.

Das Milieu für meinen Krimi war gefunden; und aus dem Vorbild der Neunzigjährigen schälte sich zwanglos meine Hauptfigur heraus. Schwester Martha nahm in meinem Kopf Gestalt an. Auch die Idee für den Plot drängte sich mir geradezu auf: Die alte ehemalige Oberschwester, die offensichtlich *verwirrt* und paranoid ist, verdächtigt die junge Pflegerin, die ihr das Rote Kreuz schickt, dass diese sie bestimmt umbringen und sich ihr Vermögen unter den Nagel reißen will! Aber das darf Schwester Martha niemandem erzählen, sie weiß ja, was dann geschieht. Man wird sie als geistig verwirrt ins Altersheim stecken und dann wird sie womöglich zum Opfer einer Oberschwester werden, wie sie selbst eine war. Auf keinen Fall geht sie da hin! Also beobachtet sie ihre Pflegerin mit Argusaugen und ist auf der Hut. Verhält die sich nicht äußerst merkwürdig?

Schwester Marthas Ängste wurden in mir schnell lebendig. Jetzt fehlte mir nur noch die Pflegerin. Warum in die Ferne schweifen ... natürlich konnte ich auf meine Erfahrungen zugreifen, und so erblickte mein erstes Alter Ego das Licht meiner fiktiven Welten. Ich nannte Schwester Marthas Pflegerin Anke, verpasste ihr eine lila Haarsträhne und einen undurchschaubaren Charakter. Undurchschaubar war wichtig, denn bald schon sollten Zweifel aufkommen, ob hier nicht eine eiskalte junge Frau die Situation ausnutzte. Wer würde Schwester Marthas Verfolgungsängste und Anschuldigungen ernst nehmen? Ich gesellte als Nebenfiguren einen zwielichtigen Großneffen und eine nervige Nachbarin hinzu und dann dirigierte ich meine Menagerie bis ans bittere Ende, an dem eine Leiche vor dem imposanten Gründerzeit-Altbau liegt.

Als ich das handschriftliche Manuskript nach diversen Überarbeitungen endlich halbwegs fehlerfrei (Tipp-Ex sei Dank!) in meine Olympia getippt hatte, war mein Job bei der alten Dame schon beendet. Sie starb ganz profan nach einem Sturz in ihrer Wohnung: Oberschenkelhalsbruch, gelungene Operation, aber die Liegezeit danach gab ihr den Rest. Ein medizinischer Klassiker, wie ich heute weiß. Als junge Frau, die einen Krimi schrieb, der die Situation alter Menschen thematisierte, wusste ich das nicht. Ich schickte eine Kopie meines Typoskripts voller Hoffnung zu dem Krimi-Wettbewerb. Als Titel hatte ich nach endlosen Überlegungen *Tödliche Pflege* gewählt. Tödlich für wen? Das war hier die Frage und diese Zweideutigkeit gefiel mir.

Wenige Tage nach dem Ende der Einreichungsfrist beging ich den Fehler, mir meinen Text erneut durchzulesen, um mich an meinem vollendeten Werk zu erfreuen. Oh weh! Diese Stelle war ja schrecklich langatmig und jene viel zu umständlich formuliert! Zu meinem Entsetzen musste ich erkennen, dass die geforderte Mindestseitenzahl von dreihundert Normseiten mich zu unnötigen Ausschmückungen verführt hatte, die dem Text einen betulichen Charakter gaben. Nicht gut. Gar nicht gut. Erst recht nicht bei einem Krimi. Wieso merkte ich das erst jetzt, wo es zu spät war? Meine Hoffnungen schwanden mit jeder Seite, die ich las. Nur mit einzelnen Szenen war ich zufrieden.

Frustriert packte ich das Typoskript in die berühmtberüchtigte Schublade, wo es wohl unbeachtet vergilben würde. Doch schon kurz darauf nahte in Hamburg der Literatrubel, ein von der Kulturbehörde gefördertes Literaturfestival. Und da konnte man sich doch tatsächlich um die Teilnahme an einer Lesung aus unveröffentlichten Krimis bewerben. Das war ja wie für mich gemacht! Ich schickte eine der wenigen Szenen aus *Tödliche Pflege* ein, die Gnade vor meinen Augen gefunden hatten, und das Glück war mir hold – ich wurde eingeladen. Sogar ein Honorar von 50 DM für die Lesung sollte ich erhalten. Mein erstes Autorenhonorar! Ich war unglaublich stolz und fühlte mich schon fast als Schriftstellerin. Der Abend der Lesung kam. Ich erinnere mich nicht mehr, wo sie stattfand, weiß auch nicht mehr, wer die anderen Lesenden waren, nur an einen erinnere ich mich sehr gut. Neben mir saß der berühmte Krimiautor Hansjörg Martin und fragte mich, in welchem Verlag meine Krimis denn erschienen. Er müsse gestehen, mein Name sei ihm so spontan nicht geläufig. Kleinlaut musste ich zugeben, dass ich noch gar keinen Krimi veröffentlicht hatte und außerdem bestimmt gleich vor Lampenfieber kein einziges Wort herausbringen würde. Er lächelte mir aufmunternd zu und verriet mir flüsternd einen alten Schauspielertrick. Ich solle mir das Publikum als eine Versammlung von Kohlköpfen vorstellen. Wer hätte schon Angst vor Gemüse? Wir mussten beide lachen. Ich beherzigte seinen Rat und brachte meine erste Lesung ohne Probleme hinter mich. Aus Richtung der Kohlköpfe kam sogar Applaus. Nach der Veranstaltung wollte ich hochbefriedigt nach Hause gehen, doch Hansjörg Martin hielt mich auf:

»Ich kenne übrigens Ihre Schwester Martha.«
»Sie kennen sie? ... Äh ... Ich verstehe nicht.«
»Tja, so eine Frau vergisst man nicht so leicht.« Ich war völlig verwirrt, bis er mich mit verschmitztem Lächeln aufklärte. Er sei in der Jury des Krimi-Wettbewerbs und habe mein Manuskript mit Vergnügen gelesen. An meinen Namen habe er sich nicht erinnert, aber Schwester Martha, ja die habe er eben bei meiner Lesung gleich wiedererkannt. Eine tolle Figur! Und ein wirklich interessanter Plot. Wenn ich nur meine Szenen noch etwas straffen würde ... Der alte Profi legte mit sicherem Gespür den Finger in die Wunde. Trotz dieser Schwächen kam *Tödliche Pflege* schließlich unter die ersten drei des Wettbewerbs. Verlegt wurde allerdings nur der Preisträger. Es dauerte noch zehn Jahre, bis sich der Werkkreis *Literatur der Arbeitswelt* für den von mir stark gekürzten und vielfach überarbeiteten Krimi erwärmte und ihn unter dem nicht sehr originellen Titel *Bis der Mord sie scheidet...* in einem Verlag herausbrachte, der ansonsten Sachbücher veröffentlichte, vorwiegend zu Gewerkschaftsthemen.

Schwester Martha ist keine Berühmtheit im kriminellen Milieu geworden. In meiner Erinnerung ist sie aber nie verblasst und auch heute Abend beeindruckt sie mich mit ihrer bühnenreifen Präsenz. Äußerlich ähnelt sie Agatha Christies unvergesslicher Miss Marple, verkörpert von Margaret Rutherford, doch in ihrem Charakter sind die beiden Frauen grundverschieden. Nicht nur, dass Schwester Martha eine ewige Nörgeltante ist, ich spüre auch das Bösartige in ihr. Mit Ringo unterhält sie sich aber gerade ganz friedlich. Wie hat er denn das schafft? Stimmt, für männliche Schmeicheleien ist sie ja sehr empfänglich; das habe ich vergessen. Hat Ringo sie mit Komplimenten umgarnt? Oder ist es sein pädagogischer Eros, von dem in seinen Jahrzehnten als Lehrer nur noch ein feines Gespür für den Umgang mit renitenten Menschen übriggeblieben ist, seien sie jung oder alt?

Während die Autorin den Rest ihrer Kürbissuppe auslöffelt, lauscht sie aufmerksam auf das Gespräch zwischen Schwester Martha und Ringo.

Erstaunlich! Er schafft es sogar, *diese unerzogene Jugend von heute* vor Schwester Martha so in Schutz zu nehmen, dass sie nicht gleich an die Decke geht und ihn zum komplett Ahnungslosen erklärt. War vielleicht keine ganz schlechte Idee von mir, meine erste Romanfigur Schwester Martha mit Ringo aus meinem letzten Roman an einen Tisch zu setzen. Bei der Planung habe ich allerdings weniger an die beiden als vielmehr an mich gedacht. Zwischen ihnen liegt so viel meiner verflossenen Zeit. Will ich nicht eigentlich darüber was erfahren? Stattdessen lenken sie meine Aufmerksamkeit ganz auf sich. Na, vielleicht auch gut. Erste Erkenntnis: Zwischen Schwester Martha und Ringo liegen Welten. Ringo ist mit seinen siebzig Jahren nur knapp zwanzig Jahre jünger als Schwester Martha, doch er lebt ganz in der Gegenwart, während sie sich in wilhelminischen Zeiten heimisch fühlt. In ihrem inneren Kalender gibt es noch den Sedantag und Kaisers Geburtstag, während für Ringo, auch wenn er weder schwul noch Frau ist, der Christopher Street Day und der Internationale Frauentag Bezugspunkte im Jahreslauf sind. Oh, jetzt haben sie das Thema Handys am Wickel!

Schwester Martha: Die jungen Leute heute, die sind doch alle bekloppt, sind die! Die ganze Zeit starrn sie auf diese Dinger.

Ringo: Sicher, manche übertreiben es, aber das Handy bietet auch segensreiche Möglichkeiten.

Er holt sein iPhone aus der Hosentasche, ruft eine Karte von Indien auf und zeigt sie Schwester Martha.

Ringo: Schauen Sie, hier: Das ist eine Karte mit behindertengerechten Übernachtungsmöglichkeiten. Wenn ich da drauftippe, öffnet sich ein Fenster mit Adresse, Foto, Beschreibung und User- ... äh, Nutzerkommentaren. Das ist sehr praktisch für einen Rollifahrer wie mich. Und auf *Google maps* ...

Schwester Martha: Ich weiß nich, was das soll immer mit diesem Gugel. Und was wollen Sie überhaupt in Indien? Da is alles schmutzig und beklaut wird man auch. Gibt's in Deutschland etwa nicht genug schöne Ecken?

Ringo: Oh ja! Ich bin auch in Deutschland viel herumgereist ...

Schwester Martha: Das viele Reisen is gar nicht gut für das Klima. Ham sie im Fernsehen gesagt.

Ringo: Das stimmt allerdings. Sie interessieren sich für den Umweltschutz?

Schwester Martha: Ach was! Umweltschützer! Das sind doch alles Spinner.

Ringo: Sie sind nie gereist?

Schwester Martha: Nein, wozu? Hätt' ich mir ja auch gar nicht leisten können. Und heutzutage, da gondeln selbst Versehrte wie Sie um die ganze Welt. Also das hätte es bei ...

Die Autorin hält entsetzt die Luft an.

Nein! Nein, das sagt Schwester Martha nicht! Er ist nicht wieder da! Bei mir wird er sich jedenfalls nicht reindrängeln. Das kann ich auch Ringo nicht zumuten. Sein Bemühen, auf andere Menschen zuzugehen, und seine Toleranz gegenüber den absonderlichsten Absonderungen aus menschlichen Mündern geht sehr weit. Aber ich will ihn heute nicht an seine Grenze führen. Er, der mit seinem roten Rollstuhl als junger Mann zu den aktivsten Aktivisten der *Krüppelbewegung* gehörte und verdientermaßen stolz darauf ist, dazu beigetragen zu haben, dass heute ein viel aufgeschlosseneres Klima für die Rechte von Behinderten herrscht, er muss sich nicht länger mit einer Ewiggestrigen auseinandersetzen. Kommt nicht infrage! Schwester Martha wird ihren Satz nicht vollenden, wird nicht von sich geben, was es bei wem damals nicht gegeben hätte. Da gebe ich einfach mal die autoritäre Autorin.

Sie schaut Schwester Martha so warnend an, dass die sich plötzlich fühlt, als wäre sie dem strafenden Blick ihrer Mutter ausgesetzt. Sie bricht ihren Satz ab, räuspert sich, rührt mit dem Löffel in der leeren Suppenschale. Die Chance nutzt Jonas, der junge Mann aus der Zukunft, um mit Ringo ins Gespräch zu kommen:

Darf ich fragen, ob es ein Unfall war, der Sie an den Rollstuhl gefesselt hat?

Oh, oh, *an den Rollstuhl gefesselt,* das ist ein Sprachbild, das Ringo am liebsten aus dem Reservoir der deutschen Redewendungen tilgen würde. Trägt er etwa Fesseln? Er braucht einen Rollstuhl, das reicht doch, oder? Aber das scheint auch in der Zukunft noch nicht bei jedem angekommen zu sein. Ringo beschwert sich aber nicht.

Ringo: Nein, kein Unfall. Spina bifida. Das ist ...
Jonas: Offenes Rückgrat. Ein Fehler in der Embryonalentwicklung. Ich weiß. Ich studiere Medizin.
Ringo: Könnte man da in Ihrer Zeit was gegen machen?
Jonas: Natürlich! Wir können die offene Stelle mit gezüchteten Nervenzellen aus reprogrammierten Stammzellen überbrücken.
Ringo schluckt. Wäre er später geboren worden, hätte er kein Leben im Rollstuhl führen müssen. Ihm wäre eine Menge erspart geblieben. Doch er verweilt nicht lange bei diesem Gedanken. Er freut sich für seine Leidensgenossen in der Zukunft, die nicht mehr leiden müssen, die ihre Beine bewegen können, die durch ihr Leben gehen. Faszinierende Aussicht! Nein, er bedauert sich nicht, und schon gar nicht bedauert er das Leben, das er geführt hat. Ein Leben, das nicht immer einfach war, aber welches Leben ist das schon? Es war sein Leben und es war gut.

Ringo: Dann werden die rasanten Fortschritte in der Gentechnologie in der Zukunft zum Segen für die Menschen werden?

Jonas' Miene verfinstert sich:

Zum Segen ... und zum Fluch. Wenn ihr nicht verdammt aufpasst!

Ringo sieht ihm zum ersten Mal aufmerksam ins Gesicht und erst jetzt bemerkt er, dass Jonas einäugig ist. Die animierte Augenplastik in der linken Augenhöhle wirkt bei oberflächlicher Betrachtung täuschend echt.

Ringo: Zum Fluch? Wie meinen Sie das?

Jonas: Haben Sie meinen Zwillingsbruder gesehen?

Ringo: Ja. Sie sind ja vorhin zusammen gekommen. Er sitzt doch ... Moment mal ...
Ringo schaut sich im Saal um, bis er am Tisch 5 das Ebenbild des jungen Mannes entdeckt.
Jonas: Hier und heute und für euch ist er mein Zwillingsbruder. Zu meiner Zeit ist er mein Duplik.
Ringo: Ihr was?
Jonas: Mein Ersatzteillager.
Ringo schaut seinen Gesprächspartner entsetzt an. Wovon redet der? Aber dann dämmert es ihm. Duplik. Duplikat. Klon? Er hat mal ein Buch über Klone gelesen, von diesem Typen, na, wie heißt der noch? Später hat der sogar den Literaturnobelpreis gekriegt. Kazuo Ishiguro, richtig. In dessen Roman wurden Klone in einem Internat gehalten und mussten ihren Originalen ihre Organe zur Verfügung stellen. Ist Jonas' Zwilling etwa so ein Klon?
Jonas lächelt müde und zeigt auf sein rechtes Auge:
Das ist von ihm.
Ringo kämpft seine aufsteigende Übelkeit nieder und schaut zum Tisch 5, mitten ins Gesicht von diesem Jonas 7. Der winkt ihm auch noch zu! Nein, er winkt wohl seinem Bruder zu, dem richtigen Jonas oder wie nennt man das? Ist Jonas 7 der falsche Jonas? Ringo ist völlig konfus, erst recht, als er erkennt, dass Jonas 7 tatsächlich auch einäugig ist. Nur hat er ein starres Glasauge in der linken Augenhöhle und keine animierte High-Tech-Augenplastik.
Ringo: Ihr ... Ihr Bruder hat Ihnen ein Auge gespendet?
Jonas: Gespendet? Oh nein! Ihm wurden beide Augen herausgenommen, um sie mir einzupflanzen. So war er blind und ich wieder sehend.

Ringo: Aber Sie haben doch beide ... ich meine ... er hat ein Auge und Sie haben ein Auge ...
Ringo rudert mit seinen Armen in der Luft herum, als könnte er dadurch selbst besser verstehen, was er Jonas verständlich zu machen sucht. Doch der antwortet ihm ganz ruhig:
Ich habe meinem Bruder später ein Auge zurückgegeben. Das ist eine lange Geschichte.
Ringo: Eine lange und, wie mir scheint, grausame Geschichte! In einer grausamen Zukunft!
Ringo wendet sich der Autorin zu und betrachtet sie vorwurfsvoll. Warum hat sie für Jonas und seinen Bruder diese Zukunftswelt erschaffen?
Ach Ringo!
Die Autorin sagt nichts, doch innerlich versucht sie, sich vor ihm zu rechtfertigen.
Am liebsten hätte ich meine literarische Welt nur mit Gutmenschen wie dir bevölkert. Aber das wäre nicht sehr realistisch, oder? Du hättest 1978 nach der Geburt von Louise Brown, dem ersten sogenannten Retortenbaby, den Wissenschaftlern geglaubt, als sie versicherten, sie würden die im Reagenzglas gezeugten Embryonen nur dazu verwenden, unfruchtbaren Paaren zum Wunschkind zu verhelfen. Ich habe es nicht geglaubt. Ich habe recht behalten und das stimmt mich keineswegs froh. Ich wusste, aus dem Embryo würde ein Gegenstand werden, ein Forschungsobjekt. Endlich war das werdende Menschlein nicht mehr geschützt von diesem störenden Mutterleib, endlich hatte man Zugriff auf den Menschen von Beginn an. Was würde sich daraus entwickeln? Je mehr ich mich mit dieser Frage

beschäftigte, umso düsterer wurden meine Fantasien über die Zukunft. In ihnen tauchten verpflichtende Gen-Check-ups auf, Leihmutterschaften und Klone. All das habe ich schließlich zu meiner Dystopie *Duplik Jonas 7* verdichtet. Doch die Verlage, denen ich das Manuskript schickte, fanden schon die Vorstellung von geklonten Menschen abwegig und sahen in einem Ersatzteillager für Organe eine abstruse Fantasie. Also packte ich das Manuskript in meine Schublade für gescheiterte Projekte, an die ich einen Zettel geklebt hatte mit Samuel Becketts aufmunternden Worten: *Ever tried. Ever failed. No matter. Try again. Fail again. Fail better.*

Nach ein paar Jahren *No matter* unternahm ich einen *Fail-better*-Versuch, überarbeitete das Manuskript und schickte es an Jugendbuchverlage. Fail again and again and again and ... Eines Tages kam ein Brief. Die Lektorin eines kleinen Verlages teilte mir mit, sie sei begeistert von *Duplik Jonas 7* und auch der Verleger könne sich für das Manuskript erwärmen. Ich bedankte mich bei Herrn Beckett, klebte die Ecken des Zettels mit seinem klugen Rat, die sich im Laufe meines *Try again* gelöst hatten, wieder fest an die Schublade, und dann ging es Schlag auf Schlag: *Duplik Jonas 7* wurde veröffentlicht, mit einem Literaturpreis ausgezeichnet und erschien just in dem Jahr als Taschenbuch, als das Klonschaf Dolly geboren wurde. Volltreffer! Denn: Ein Schaf ist ein Säugetier. Der Mensch ist ein Säugetier. Seitdem wusste also jeder: Bald wird man auch Menschen klonen. Die Medien stürzten sich auf das Thema und mein Buch, das bei einem *Try again* weniger in der Schublade vergilbt wäre, wurde zum Bestseller. Immer neue Auflagen wurden gedruckt, es wurde in andere Sprachen übersetzt, in Theatern aufgeführt, in Lehrbücher aufgenommen und zum Unterrichtsstoff an vielen Schulen. Ach ja!

Die Autorin lächelt versonnen, sonnt sich in der Erinnerung an ihren Erfolg.

Einmal ein Glanz sein. Ich habe es geschafft, wovon *Das kunstseidene Mädchen* nur geträumt hat. Einmal. Natürlich nur einmal. Mit keinem Buch danach habe ich wieder eine so hohe Auflage erreicht. Aber selbst damals konnte ich auf die notorische Frage bei Schullesungen *Können Sie vom Schreiben leben?* nur milde lächelnd den Taschenrechner zücken und vorrechnen, dass ich mit meinem Honorar von sechs Prozent des Ladenverkaufspreises von 6,95 DM bei einer jährlichen Auflage von circa zehntausend Exemplaren weniger verdiente als eine Reinigungskraft.

Die Autorin verweilt nicht gern beim Thema Geld, lieber denkt sie an die vielen Schullesungen, die sie kreuz und quer durch die Republik geführt haben. Und an die vielen E-Mails oder die Anfragen via Facebook von jungen schulpflichtigen Menschen, die sie heute noch beständig erreichen mit der Bitte, doch mal eben mitzuteilen, was sie mit ihrem Roman *Duplik Jonas 7* habe sagen wollen. Ganz dringend bräuchten sie auch eine kapitelweise Interpretation, eine Charakterisierung der Hauptfiguren und eine Inhaltsangabe sowieso. Und natürlich war immer schon am nächsten Tag das Referat/die Klausur/die Hausaufgabe fällig.

Bewundernswerte Chuzpe! Meistens habe ich mich redlich bemüht, mit einigen Hintergrundinformationen zu

helfen, ohne für die mit meinem Buch Gepiesackten die Schulaufgaben zu erledigen. Sie taten mir leid. Am liebsten hätte ich mich bei ihnen dafür entschuldigt, dass man sie mit einem so schwierigen Stoff plagte. Meine Dupliks als Pflichtlektüre. Der Gedanke löste bei mir Unbehagen aus. Richtig schräg wurde es, als sie später sogar zum Prüfungsstoff wurden. Beim Durchlesen der Aufgaben fragte ich mich, ob ich wohl die Mindestpunktzahl erreichen würde. Noch gruseliger war die Vorstellung, ich müsste eine Interpretation meines Buches schreiben!
Der Autorin läuft es kalt den Rücken runter. Doch plötzlich wird sie gewahr, dass Ringo sie entsetzt anschaut.
Mensch, bin ich abgedriftet! Während ich über *Duplik Jonas 7* als Buch nachdenke, graut Ringo immer noch vor der Welt, die ich erschaffen habe. Diese Welt, in der ein Mensch nicht seines Bruders Hüter ist, sondern sein Ersatzteillager.
Ringo: Wie konntest du!
Autorin: Um zu verhindern, dass die tatsächliche Welt so wird, natürlich. Als junge Schriftstellerin durfte ich ja wohl noch so naiv sein, an die Veränderbarkeit der Welt durch Literatur zu glauben.
Ringo holt tief Luft, um zu antworten, doch jetzt mischt sich Lena ein. In der leicht herablassenden Art, die ihr selbst nicht bewusst ist, glaubt die alte, einsame, feministische Bestsellerautorin Ringo belehren zu müssen:
Jonas stammt aus einer Dystopie. Das ist nun mal per definitionem eine negative Zukunftsdarstellung.
Ringo: Danke für den Hinweis!
Er zuckt nicht mal mit der Wimper. Bewundernswert.

Ringo *zur Autorin*: Ehrlich, mich gruselt's, wenn ich so was nur lese. Aber sich wie du eine solche Welt in allen Details auszumalen ...
Autorin: Das hat mir sogar richtig Spaß gemacht.
Wieder trifft sie Ringos entsetzter Blick.
Da endet offenbar sein Stoizismus. Er hält mich für kaltherzig. Wie kann ich mich verteidigen?
Autorin: Na ja, Spaß ist vielleicht das falsche Wort. Aber ich habe es schon genossen, die Mechanismen bloßzulegen, mit denen eine Gesellschaft sich über ihre Grausamkeiten hinwegtäuscht. Und dabei spielt gerade die Sprache eine zentrale Rolle. In meiner Zukunftswelt werden zum Beispiel aus natürlichen Schwangerschaften wilde Schwangerschaften und Jonas hat eben keinen Zwillingsbruder, sondern einen Duplik, und der ist ein Gesunderhaltungsmittel für den Menschen, ein *zweckgebundenes Wesen*, während das Wesen des Menschen die Freiheit ist, und das lernt man ja schon in der Schule im Fach Ethik und fragt folglich so wenig nach den Gefühlen eines Dupliks wie nach den Gefühlen der Tiere, die man schlachtet. Es ist doch selbstverständlich, dass man alles zur Erhaltung seiner Gesundheit tut und erst recht der seiner Kinder, und wer das Geld hat, der unterhält eben einen Duplik in einem der Horte, die beruhigenderweise den strengen Anforderungen des *Gesetzes zur humanen Duplikhaltung* unterliegen ...
Jetzt habe ich mich glatt in die Figurenrede eines Befürworters der Duplikhaltung reingesteigert, in die Gedanken von Jonas' Vater. Hoffentlich ist bei Ringo mein spöttischer Unterton angekommen?
Ringo: Schon klar. Du willst entlarven. Und das ist dir

auch gelungen.

Autorin: Aber?

Ringo *gequält*: Mussten es ausgerechnet die Augen sein? Die Vorstellung, einem anderen das Augenlicht zu rauben, um selbst wieder sehen zu können, finde ich so besonders schrecklich!

Jonas: Wir Dupliks sind doch Augentiere. Was bin ich ohne Augen denn noch!

Alle am Tisch blicken den jungen Mann aus der Zukunft verständnislos an.

Jonas *mit sanfter Stimme*: Das hat mein Bruder gedacht, nachdem man ihm seine Augen explantiert hatte.

Explantiert! Warum sagt er nicht geraubt, gestohlen, herausgerissen? Nein, herausgerissen hat man sie natürlich nicht. Man hat sie sehr sorgfältig aus ihren Höhlen geholt; sie sollten ja funktionsfähig bleiben, sollten den Menschen Jonas Helcken wieder zu einem Sehenden machen. Dass danach sein Duplik als Blinder aus der Narkose erwachte – das war natürlich nicht schön, war eine Wertminderung des Dupliks, aber unvermeidbar, letztlich der höhere Sinn der kostspieligen Duplikhaltung.

Die Autorin stoppt ihren Gedankenstrom, den sie wieder ungehemmt auf dem Flussbett aus zynischem Kalkül hat fließen lassen. Die Zukunftswelt, in die er mündet, hat sie in allen Schrecken durchdacht, gefühlt, erlitten. Doch Ringo hat die furchtbare Nachricht gerade erst empfangen. Ihm geht das Schicksal des ihm unbekannten Dupliks in einer fernen Zukunft nahe:

Der Ärmste! Unfassbar! *zu Jonas* Aber später ... sagten Sie nicht, Sie hätten ihm später ein Auge zurückgegeben?

Wie war das möglich? Und wie war das für ihn, als er wieder sehen konnte?

Jonas *sanft*: Das sollten Sie besser ihn fragen. Ja, bitte sprechen Sie mit ihm! Das wird ihm guttun. Ich fürchte, er fühlt sich hier sehr fremd. Nach dem Dinner *wendet sich an die Autorin* ... nach dem Dinner haben Sie doch bestimmt nichts dagegen, wenn wir die strenge Tischordnung aufgeben?

Autorin *hebt die Hände*: Im Gegenteil! Nach dem Dinner wünsche ich mir die große Durchmischung.

Sie will noch etwas hinzufügen über ihre wohlüberlegte *Dinner 70*-Ablaufplanung, doch Schwester Martha platzt dazwischen:

Augen rein, Augen raus! Wer soll n das verstehen? Das Ganze is einfach nur n Ding aussem Dollhaus! So was hätts bei ...

Die Autorin hält den Atem an.

Schon wieder! Ich kann ihr doch nicht jedes Mal das Wort abschneiden.

Schwester Martha: ... Kaiser Wilhelm nicht gegeben!

Die Autorin atmet aus.

Ach, den meint sie! Noch mal davongekommen. Aber interessant, wie meine innere Autokorrektur den Satzanfang unweigerlich mit dem Menschheitsverbrecher par excellence ergänzt. Sie wurde eindeutig in den fünfziger Jahren des 20. Jahrhunderts programmiert. Zu oft hat das Kind, das ich war, diese Sentenz, meist verdruckst und zur Seite gesprochen, manchmal aber auch offensiv-aggressiv, zu hören bekommen. Doch wie steht es mit Schwester Marthas Helden? Auch der hat keinerlei Verehrung verdient.

Der Kaiser hat so viele Menschenleben auf dem Gewissen, dass ich ihr den Spruch eigentlich auch nicht hätte durchgehen lassen dürfen. Aber nein, wohin versteige ich mich? Zensur meiner Romanfiguren! Das wollte ich doch nie. Ich schwöre hier und jetzt: Ich werde nie wieder rückfällig werden. Auch nicht auf die Gefahr hin, jemand könnte die Stimme einer meiner Romanfiguren für meine halten. Na, die Gefahr ist bei Schwester Martha wohl nicht allzu groß. Die kann man wohl kaum mit mir verwechseln.

Die Autorin verspürt plötzlich einen Unwillen, sich noch länger mit Schwester Martha und toten Kaisern zu beschäftigen.

Viel zu viel Zeit habe ich der alten Schachtel schon geschenkt. Raus aus der wilhelminischen Epoche mit Tschingderassabum! Höchste Zeit, meiner Zeit Zeit zu widmen. Ein Prachtexemplar meiner Generation sitzt ja hier am Tisch: Lena, die Alt-68erin. Lena, die Schriftstellerin. Lena, die Feministin. Lena, die späte Mutter. Ihre Stimme ließe sich natürlich leicht mit meiner verwechseln, auch wenn sie mir ferner ist als manch andere. Aber auf jeder Lesung kommt unweigerlich die Frage nach dem Autobiografischen in meiner Literatur auf. Immer beharre ich darauf, meine Romane sollten als Romane verstanden werden. Doch das Bedürfnis, genau Bescheid zu wissen über die jeweiligen autobiografischen Anteile, ist anscheinend unausrottbar. Was soll ich antworten? Natürlich wildere ich hemmungslos in meinem eigenen Leben, wenn es dort für meine Literatur etwas zu holen gibt. Aber nur dann! Und immer passe ich das Erlebte den Erfordernissen des Romans an, nie umgekehrt. Ob mir jemand glaubt? Wahrscheinlich nicht. Dabei ist es die lautere Wahrheit. Ich bin nicht wie Lena, Lena Löpersen™, die mit ihrer Selbstbespiegelungsliteratur einen Bestseller nach dem anderen geschrieben hat. Lena schwamm im Strom der Zeit, glitt auf einer immer höher auflaufenden Welle durch die 70er Jahre, emporgetragen von den vielen Frauen, die sich wie sie fragten: Nur Kinder, Küche, Kirche? Da geht doch noch was anderes! Mit Lenas lebendigen Schilderungen konnten sie sich identifizieren: wie Lena immer das Nachsehen hatte gegenüber ihrem Bruder, wie sie sich ihre Bildung erkämpfen musste, wie sie endlich aufbrach aus ihrem autoritären Elternhaus, wie sie sich übergriffiger Männer erwehren musste, wie sie im Beruf benachteiligt wurde, wie sie die Solidarität mit anderen Frauen genoss, wie sie gegen das Patriarchat kämpfte, ihre Sexualität entdeckte, den klitoralen Orgasmus, die freie Liebe in allen Spielarten. All das kannten, wollten oder fantasierten ihre Leserinnen auch. Als Lena sich gerade noch rechtzeitig, bevor die biologische Uhr zu lange getickt hatte, entschied, ein Kind zu bekommen, fieberten ihre Leserinnen wieder mit ihr. Das Kind wurde per Samenspende gezeugt, damit Lena es allein erziehen konnte, ohne den störenden Einfluss eines Mannes, und die Leserinnen durchlebten mit Lena die Womanpower ihrer Schwangerschaft und die sanfte Geburt einer wunderschönen Tochter.

Cut.

Das Wunderbare in Lenas Büchern wurde in ihrem Leben zu einer schwärenden Wunde. Wuchs ihre Romantochter zu einem freien, wilden, emanzipierten Mädchen heran, war ihre reale Tochter Ariane ein verschlossenes

Kind, klug, aber unsicher, ein Kind, das seine Mutter nicht an sich heranließ. Wurde Lena von ihrer Romantochter abgöttisch geliebt, wurde sie von Ariane in der Pubertät regelrecht abgewiesen. Ein fremder Mensch lebte in Lenas Villa. Als dieser fremde Mensch zu einer jungen Frau herangewachsen war, musste sich Lena Vorwürfe anhören, die zielgenau in ihre Wunde trafen: Sie habe Ariane vernachlässigt, ihr ihren Vater vorenthalten, sie in ihren Büchern bloßgestellt, sie zum Gespött ihrer Klassenkameraden gemacht.

Die Autorin mustert Lena diskret. Auch sie hat anscheinend genug von Schwester Martha und ist in ein Gespräch mit Ringo und Jonas vertieft.

Sie wirkt so entspannt und gelöst! Das habe ich ihr in meinem Roman *Wir kennen uns nicht* selten gegönnt. Eine verbitterte Frau ist sie dort, im Alter vereinsamt und nah daran, ihrem Leben ein vorzeitiges Ende zu setzen. Ihre Geliebten und Liebhaberinnen sind tot oder haben andere lieb, ihre Leserinnen lesen andere Bücher, ihre Tochter will nichts von ihr wissen. Das Letzte schmerzt sie am meisten. Doch heute scheint Lenas Depression wie weggeblasen. Ob es am Wiedersehen mit ihrer Tochter liegt? Beim Empfang habe ich sie mit Ariane Champagner trinken sehen und die beiden haben gelacht. Herzlich gelacht, nicht verkrampft, nichts künstlich überspielend. Und jetzt ... sieh an, sieh an ... so vertieft ist Lena wohl doch nicht in das Gespräch mit Jonas und Ringo, denn sie schaut immer mal wieder hinüber zu dem Tisch, an dem Ariane sitzt. Da! Jetzt treffen sich ihre Blicke! Und beide lächeln. The mother and child reunion is only a moment away. Will ich das? Ist mein mit den Jahren zunehmender Hang zur Harmonie etwa gerade dabei, Mutter und Tochter zu genau der Art von Happy End zu verhelfen, die ich ihnen in meinem Roman wohlweislich verwehrt habe? Happy End = Trivialroman? Ernsthafte Literatur muss schlecht ausgehen? Pah! Die Literatur muss wild und frei sein. Sie lässt sich nicht in ein Gehege aus lächerlichen Kategorien sperren.

Giferto: Sprach die unerschrockene Kämpferin für eine schrankenlose Literatur. Bravo! Bravissimo!

Die Autorin ist nur kurz verwirrt, dass ihr Mann sich so plötzlich einmischt und wie deutlich sie seine Stimme hört, doch dann gibt sie ihm Paroli:

Als Toter ist deine Ironie ja noch ätzender als zu deinen Lebzeiten. Habe ich das verdient?

Giferto: Ach, mon amour! Ich will nur sanft daran erinnern, dass du dieses Dinner zu deinem Vergnügen veranstaltest. Du bist hier die Gesetzgeberin. Du bist frei, zu schreiben, wie es dir beliebt.

Autorin: Touché! Also dann sagen wir: Es beliebt mir, dass sich Lena und ihre Tochter Ariane heute Abend noch in die Arme fallen.

Giferto: Gut.

Autorin: Nein, überhaupt nicht gut! Das ist overdone, das ist Zuckerguss, das ist Hollywood. Das will ich nicht.

Giferto: Doch. Ich verwette meinen Kopf, dass es zum großen Mutter-und-Tochter-Happy End kommen wird.

Autorin: Deinen Kopf? Kein großer Einsatz für einen Toten.

Giferto: Oh, auch als Toter läuft man nicht gern kopflos herum. Das gilt als unhöflich.

Autorin: Endlich mal eine verlässliche Information über jenseitige Gepflogenheiten.
Die Autorin könnte ihr Geplänkel mit Giferto noch endlos weiterführen, wie sie es so oft lustvoll gemacht hat. Doch jetzt möchte sie ernsthaft wissen: Warum bist du dir so sicher?
Giferto: Weil es in deinem Leben die *Leerstelle Mutter* gibt, die nie von einer *mother and child reunion* gefüllt wurde. Also wirst du heute ein glückliches Ende auf Lena und Ariane projizieren.
Autorin: Küchenpsychologie! *überlegen lächelnd* Und was wird aus deiner Wette, wenn ich die beiden keinen Weg zueinander finden lasse, nur um dir eins auszuwischen?
Giferto: So unfair bist du nicht.
Die Stimme ihres Mannes verstummt so plötzlich, wie sie erklungen war, doch sie hat Zweifel gesät, die an der Autorin nagen.
Benutze ich meine Literatur als Projektionsfläche für eigene Konflikte? Auch! Welcher Autor tut das nicht? Welche Autorin ist ein unbeschriebenes Blatt, das beschriebene Blätter produziert? Heißt es nicht immer: Literatur braucht einen Glutkern, eine innere Dringlichkeit, einen unwiderstehlichen Antrieb, sonst ist sie nur Oberfläche und Kunsthandwerk? Was ist bei mir dieser Glutkern? Was liefert mir seit Jahrzehnten die Energie für mein Schreiben?
Vielleicht ... vielleicht erschreibe ich mir meine Existenzberechtigung. Vielleicht brauche ich all die fiktiven Figuren, damit sie meinen Platz in der Welt verankern. Vielleicht. Mit Sicherheit kann ich sagen: Ich bin mir meines

Platzes auf der Welt nie sicher gewesen, ja nicht einmal meines Rechtes, einen Platz zu beanspruchen, ihn einzunehmen, auszufüllen. Aber wenn ich schreibe, wenn ich mich in den Köpfen meiner Figuren bewege, bin ich seltsamerweise ganz bei mir selbst, hinterfrage meine Existenz nicht, bin einfach. Ich schreibe, also darf ich sein.

Lena: Ich schreibe, also darf ich sein?

Ertappt schlägt sich die Autorin auf den Mund: Oh, habe ich laut gedacht? Wie peinlich!

Lena *lächelnd*: Gar nicht peinlich. *vertraulich* Ich empfinde das genauso, weißt du. Wir Frauen haben doch von Kindheit an erlebt, dass wir nur das zweite Geschlecht sind, das abgeleitete Geschlecht, das Geschlecht, das seine Existenzberechtigung aus dem Dasein für den Vater, den Mann, den Sohn bezieht. Insofern hat das Schreiben für Autorinnen durchaus einen emanzipativen ...

Autorin: Danke für die Vorlesung. Ich habe Simone de Beauvoir auch gelesen.

Lena *pikiert*: Und? Hat die Beauvoir etwa nicht recht?

Autorin: Natürlich hat sie recht. Jedenfalls für die Zeit damals. Okay, auch noch für unsere Generation. Aber heute wachsen Mädchen bei uns schon ganz anders auf.

Lena *spöttisch*: Aha. Soso. Weißt du, was ich erst vor ein paar Tagen im Supermarkt gesehen habe? Pyjamas für Kinder. Was könnte es Harmloseres geben, nicht wahr?

Die Autorin nickt nur, weil Lena wohl kaum eine Antwort auf ihre rhetorische Frage erwartet. Die fährt auch gleich mit erhobener Stimme fort:

Dann schauen wir uns die Pyjamas doch mal genauer an: Da gab es die für Jungen. Die waren blau und trugen den

Aufdruck *Be your own superhero*. Und die für Mädchen waren rosa und verkündeten *Daddy is my superhero*.
Lena schaut die Autorin triumphierend an und setzt sofort nach:
Gendermarketing nennt sich das. Hört sich modern an, oh ja! Sind aber nur die muffigen Rollenklischees aus der Mottenkiste des Patriarchats! Und weißt du was? Viele ach so hippe Eltern ziehen ihren Kindern diese flauschigen Schlafanzüge an und merken gar nicht, dass sie sie in Korsetts sperren!
Die Autorin nickt wie ein Wackeldackel und bewundert aufrichtig Lenas feministischen Zorn.
Sie kann sich noch über Kinderpyjamas aufregen. Großartig! Warum ist mein Empörungspotenzial so schwach geworden, so ermüdet, abgenutzt von Verbrechen an Frauen in viel zu vielen Teilen der Welt? Frauen werden genital verstümmelt, ihnen wird Säure ins Gesicht geschüttet, sie werden gesteinigt und was der Grausamkeiten mehr sind. Das raubt mir glatt die Energie, mich über die Auswüchse des Gendermarketings hierzulande aufzuregen. Aber Lenas Zorn tut gut. Sie hat Öl ausgegossen und da ist tatsächlich noch Feuer in mir, das aufflackern kann:
Dieser verdammte Backlash nach 68! Alles kommt zurück: Nicht nur die überkommenen Geschlechterrollen, sondern auch die autoritäre Erziehung, der Nationalstolz ...
Ringo *beugt sich über den Tisch*: Nationalstolz? Das ist leider eine Untertreibung. In Deutschland laufen wieder Neonazis frei herum!

Lena: Und die meisten Hühner hocken noch immer oder schon wieder in Käfigen.

Was war das jetzt? Trockener Humor? Sarkasmus? Eine scharfe Zunge hat Lena jedenfalls und das schätze ich, auch wenn mir ihre selbstgerechte Art manchmal echt auf den Keks geht.

Autorin: Neonazis? Käfighühner? Zurück zu uns Frauen! Und da gibt's auch Positives, finde ich. Inzwischen ist hier eine Generation herangewachsen ... da sind die Frauen doch deutlich selbstbewusster, ergreifen ihre Chancen, stellen Forderungen und lassen sich nicht mehr alles bieten.

Lena: In der Tat! Heutzutage entdecken ganz junge Frauen den Feminismus wieder und bekennen sich stolz dazu. *seufzt* Aber wie lange bin ich als altmodische Feministin verspottet worden! Nicht zuletzt von meiner eigenen Tochter.

Lena schaut scheu zum Tisch 4, um vielleicht noch einmal einen Blick ihrer Tochter zu erhaschen. Doch die ist in ein lebhaftes Gespräch vertieft und gerade nicht an ihrer Mutter interessiert.

Im Moment nicht! Aber da werde ich schon noch was dran drehen. Das Dinner fängt ja gerade erst an. Kommt Zeit, kommt Reunion. Oder auch nicht. Lena sollte sich jetzt lieber mal auf ihr Gespräch mit Ringo konzentrieren.

Ringo: Die Renaissance des Feminismus verdanken wir nicht zuletzt einem gewissen *Grab them by the pussy*-Präsidenten.

Lena: Oh ja, Dialektik is still working. Trumps #mefirst-Getwittere stellen die Frauen ihre #metoo-Tweets entgegen.

An ihren verständnislosen Mienen erkennt die Autorin, dass sowohl Schwester Martha als auch Jonas dem Gespräch nicht mehr folgen können. Bei Schwester Martha, die aus der Vor-Internet-Zeit stammt, wundert mich das nicht, aber auch Jonas, der Mann aus der Zukunft, kennt offenbar weder Hashtags noch Tweets. Welche Kommunikationsformen mögen seinen Alltag prägen? Und ist auch seine Welt noch geteilt in Rosa und Blau? Gibt es in der Zukunft eine gendergerechte Sprache, die praktikabel und elegant ist?

Die Autorin wendet sich Jonas zu, um ihm diese Fragen zu stellen, doch da wird schon der nächste Gang serviert.

Zu spät! Jetzt muss ich mich an den nächsten Tisch setzen, so dass ich am Ende des Dinners mit all meinen Romanfiguren wenigstens ein paar Worte gewechselt haben werde. Das ist die Spielregel, die ich mir selbst gesetzt habe, und diese Einschränkung meiner sonst allzu frei flottierenden Fantasie gedenke ich penibel einzuhalten!

Die Autorin steht auf und wünscht Schwester Martha, Jonas, Ringo und Lena weiter anregende Gespräche und guten Appetit, bevor sie zum Tisch 2 hinübergeht.

Tisch 2

Anke, Emma, John, Rosa

Ziegenkäse mit Roter Bete und Pistazienkrokant

Wie von Zauberhand sind auch Stuhl und Gedeck der Autorin zum Tisch 2 hinübergewandert.

Ach, auf diesen Tisch freue ich mich besonders! Nein, ehrlicherweise müsste ich zugeben, dass ich mich auf eine Person an diesem Tisch besonders freue. Ist das ungerecht? Müsste ich mich nicht auf alle meine Romanfiguren gleich freuen?

Giferto: Mach dich nicht lächerlich! Das fragst du dich jetzt nicht im Ernst, oder? Du bist doch deinen Romanfiguren nichts schuldig, schon gar keine gleiche Zuneigung.

Autorin *senkt den Kopf*: Stimmt.

Giferto *grollt*: Das ist nur wieder dein blöder Fimmel, es allen recht machen zu wollen.

Autorin: Ist gut jetzt! Ich habe versagt. Willst du mir das sagen?

Giferto *stöhnt*: Frauen! Hört das denn nie auf! Ich hatte gehofft, wenigstens nach meinem Tod von deinen völlig unmotivierten Selbstanklagen verschont zu bleiben.

Autorin: Tja, da wirst du wohl bis nach meinem Tod warten müssen.

Giferto: Komm bald, mon amour! Dann machen wir es uns hier so richtig gemütlich.
Autorin: Wo hier? Wir glauben doch an kein Jenseits.
Giferto: Merde, ich vergaß.
Die Autorin schüttelt Giferto aus ihrem Kopf.
Ich muss mich wieder auf meine Gäste konzentrieren! Ob allen an diesem Tisch die Kombination aus Ziegenkäse und Roter Bete schmecken wird? Was wird Rosa dazu sagen? Natürlich ist es Rosa, auf die ich mich am meisten freue. Rosa, meine geliebte herzensgute Oma.
Für den Moment vergisst die Autorin die dunkle Seite ihrer Großmutter. Befriedigt stellt sie fest, dass die um 1900 Geborene die Vorspeise offenbar mit Genuss isst, obwohl Rote Bete zu ihrer Jugendzeit ein Armeleuteessen war.
Hat Oma mir nicht mal von einem Nachbarskind erzählt, dessen Mutter nicht stillen konnte und das sie dann mit Ziegenmilch durchgefüttert hat? Doch, doch, das hat sie mir erzählt. Milch von den drei Ziegen, die auf dem Bauernhof ihrer Eltern in Pommern herumsprangen. Und sie hat mir auch gleich einen ihrer lebenspraktischen Ratschläge mitgegeben: Niemals pure Milch an einen Säugling verfüttern, das verträgt der nicht. Immer mit Haferschleim verdünnen! Sicher hat sie mir auch gesagt, in welchem Verhältnis. Das weiß ich nicht mehr, aber ihren Rat habe ich nicht vergessen, obwohl ich ihn nie beherzigen musste. Ich konnte meine Kinder stillen und selbst, wenn ich es nicht gekonnt hätte, hätte ich sie nicht mit Ziegenmilch hochpäppeln müssen. Es gab ja längst künstliche Säuglingsmilch, nach wissenschaftlichen Erkenntnissen zusammengesetzt, da brauchte es das überlieferte Wissen von Frauen wie ihr nicht mehr.

Die Autorin strahlt ihre Großmutter an. Rosa legt ihre Gabel beiseite:
Na, mien Deern?
Autorin: Ach, Oma! Ich freu mich wahnsinnig, dass du da bist.
Rosa: Nu aber! Wie werd ich nicht kommen, wenn mien Lütten mich einlädt?
Autorin: Deine 70jährige Lütte!
Rosa: Da kannst du hundert wern, für mich bist und bleibst du mien Lütten.
Jetzt bloß nicht in Rührseligkeit verfallen. Obwohl: Warum sollte ich das Glück, sie wiederzusehen, nicht wenigstens einen Augenblick genießen? Das ist mein Geburtstagsgeschenk an mich selbst. Die Bilder aus der Vergangenheit werden sich schnell genug in den Vordergrund drängeln. Ach, schon geschehen! Da liegt sie vollkommen bewegungslos auf dem alten Sofa mit den ausgeleierten Federn, auf dem ich als Kind so gern herumgehopst bin, und ich sitze daneben, eine dreiundzwanzigjährige Studentin, hochschwanger. Meine Oma ist nicht mehr meine Oma, denn die ist immer in Bewegung gewesen. Eine Fremde liegt da. Die erste Tote, die ich sehe, die ich anfasse, meine erste fleischliche Begegnung mit dem Tod, den ich bisher nur als ein philosophisch herausforderndes Phänomen wahrgenommen habe. Und jetzt kommt auch Opa Karl ins Bild, der mir fassungslos erzählt, Oma und er hätten wie jeden Abend in ihren Ohrensesseln vor dem Fernseher gesessen und seien wie immer eingeschlafen, aber als er sie habe wecken wollen, damit sie ins Bett gehen könnten, sei sie nicht mehr aufgewacht. Einfach nicht mehr aufgewacht,

obwohl er sie doch richtig kräftig geschüttelt habe! Das erzählt er mir – und er erzählt es mir bis an sein Lebensende unendlich oft in immer den gleichen Worten. Und immer ist seine Fassungslosigkeit wie neu.

Das Bild ihrer toten Großmutter auf dem Sofa verbleicht langsam im Kopf der Autorin; die lebendige Oma, die ihr gegenübersitzt, gewinnt an Farbe.

Ich habe ja lange überlegt, in welchem Alter ich Rosa bei meinem Dinner 70 wiedersehen wollte. Als die alte Frau, die mir so nah ist? Oder als die junge Frau, die ich nie kennengelernt habe? Es war die junge Frau, über die ich meinen Roman *Die Schwarze Rosa* geschrieben habe; nur sie hat das Recht, mit mir hier am Tisch sitzen. Sie hat das Recht, doch das nützt ihr nichts. Ich habe mir die Freiheit genommen, in der alten Rosa noch einmal der Frau zu begegnen, die mich geliebt hat, von der ich ganz ohne die *Schwarze Pädagogik* der 50er Jahre großgezogen worden bin, ja, deren Erziehung fast antiautoritär war, wobei sie weder von der einen Theorie noch von der anderen je gehört hatte. Ich wollte einmal noch der Frau begegnen, die immer bedingungslos hinter mir gestanden hat, getreu ihrem Motto: Right or wrong, mien Lütten! Für mich als Kind war sie die Quelle von Stullen, Kakao, kachelofenwarmen Bratäpfeln, Steckrübeneintopf, Rhabarbersaft, Quittenmus, eingeweckten Kirschen und Kürbis aus dem Kleingarten und sonntags von Puffer und Pflaumenkuchen, an Festtagen mit Sahne! Und sie war die Quelle von aufmunternden Blicken (aber nicht von Zärtlichkeiten), praktischen Ratschlägen (Neue Schuhe nicht am Wandertag anziehen!), medizinischer Versorgung, nein Umsorgung (Jetzt trinkst du den heißen Fliederbeersaft und dann ab ins Bett und schwitzen!), selbstgestrickten Socken, selbstgenähten Kleidern, selbstgeschlachtetem Fleisch (Lohn für ihre Aushilfe beim Schlachter), selbstgemolkener Milch (Lohn für ihre Aushilfe beim Bauern), selbstgesammelten Eiern (von Hühnern auf dem Hinterhof), selbstgesammelten Kräutern für Tees und als Medizin, aber auch von Ratschlägen wie: Hilf dir selbst, sonst hilft dir keiner. Die Welt will betrogen werden. Überlass die Politik den Lauen! Die schwimmen in dieser morastigen Brühe immer obenauf. Eine Frau muss ihren Mann stehen! Jungs wollen immer nur das Eine. Vertrauen ist gut, Kontrolle ist besser.

Die Autorin, überflutet von Kindheitserinnerungen, sieht sich als mageres Mädchen im Schürzenkleid in der Küche sitzen und Hausaufgaben machen, während ihre Großmutter das Geschirr in der Schüssel der ausgezogenen Küchentischschublade abwäscht.

Habe ich noch meine Zöpfe? Nein, die hat Oma mir selbst abgeschnitten, nachdem ich ihr vorgejammert habe, die Jungs würden daran ziehen. Das ist zwar nur einmal passiert, aber so kam ich endlich zu einem modernen Bubikopf. Es ist Nachmittag. Opa macht noch seinen Mittagsschlaf in der Stube, dem einzigen Zimmer außer der Küche. Er muss Kraft tanken für die langen Abende in der Kneipe, wo er Bier und Korn trinkt und beim Skatspielen mal einen Schinken gewinnt, mal den Großteil seiner Rente oder Omas Ehering verspielt. Oma versteckt ihr Haushaltsgeld und auch ihr mühsam verdientes Zubrot von Bäckern, Bauern, Schlachtern vor ihm an ständig wechselnden Orten. In der Kaffeekanne ist das Geld schon lange nicht mehr sicher.

Für mich dagegen ist Opa ein gutmütiger alter Seebär, der mich gern in Seemannsgarn einwickelt, mich morgens mit dem Ruf *Reise, Reise, auf Seemanns Weise* weckt, danach in die Küche geht, in der Oma schon den Bollerofen angefeuert hat, um sich vor einer Spiegelscherbe über dem Ausguss zu rasieren, der zum Frühstück echten Bohnenkaffee trinkt, während Oma und ich uns mit Muckefuck begnügen müssen, der lustige Geselle, der immer was zu erzählen hat, und mir zuzwinkert, wenn Oma entnervt die Augen zur Küchendecke hebt. Ich weiß, sie hat Angst, dass ich seine Geschichten für bare Münze nehme, dabei weiß ich sehr wohl, dass er seine Glatze nicht bekommen hat, weil seine Koje so klein war, dass ihm die Haare vom Kopf gescheuert wurden, dass er nie bei Orkan das Kap Horn umrundet hat und auch kein berüchtigter Freibeuter der Meere war, sondern Heizer auf einem kleinen Frachtschiff. Aber ich lasse mich von seinen Geschichten gerne in Welten entführen, die so weit, spannend und abenteuerlich sind wie mein Alltag in der norddeutschen Kleinstadt geregelt und vorhersehbar.

Vielleicht hat er meine Liebe zur unermesslichen Welt der Fiktion geweckt? Oder waren es die Märchen der Gebrüder Grimm, die Oma mir erzählte oder später die *guten Schneider-Bücher*, die ich zu Weihnachten und zum Geburtstag geschenkt bekam? Für die hat mir der Tischler, der zusammen mit der Sekretärin an Wochenenden manchmal aus Hamburg anreiste, sogar ein Regal gebaut. Der Tischler und die Sekretärin. Wie haben sich jetzt bloß meine Eltern in meine Gedanken geschmuggelt? Die waren in meiner Kindheit doch höchstens sporadisch anwesend.

Die übrige Zeit mussten sie ihrem Anteil am Wirtschaftswunder hinterherjagen. Ohne mich als Hemmschuh. Den hatten sie in der Einzimmerwohnung meiner Großeltern abgestellt. Sie wollten ihren Traum leben und sie würden ihn leben in einem großen gelb geklinkerten Haus mit Einbauküche und einer Garage für die immer PS-stärkeren Autos, mit einem gepflegten Garten mit einem Goldfischteich, der von fröhlichen Gartenzwergen gesäumt wurde. Und sehr viel später würden sie sogar noch den ersehnten Sohn bekommen.

Die Autorin verzieht das Gesicht.

Mit dem Tischler und der Sekretärin will ich meine Zeit nicht verschwenden, jetzt, wo mir meine schmerzlich vermisste Oma gegenübersitzt. Ihr will ich zuhören!

Rosa: Weißt du, mien Deern, ich bin man bloß froh, dass du so alt geworden bist.

Autorin: Ich wäre gern wieder jünger.

Rosa: Sei man dankbar, dass du siebzig wern gedurft hast. Wie oft hab ich Angst um dich gehabt, das glaub man.

Autorin: Angst um mich?

Rosa *fasst an ihren Dutt*: Du warst ja man bloß son schmales Hemd, das konnte jeder Windstoß wegpusten. Und du warst so ... du hast dir alles immer viel zu sehr zu Herzen genommen. Viel zu zart ... viel zu schwach für diese Welt. Die Welt, die kennt kein Erbarmen mit den Schwachen. Ich weiß, wovon ich rede.

Autorin: Ach Oma! Du und dein Sozialdarwinismus.

Rosa: Nee, nee, da kannst du noch so viel mit Fremdwörtern um dich werfen, die ich nicht versteh. Du bist ne gebildete Madam und ich hab nur Volksschule, aber eins weiß ich wohl: Die Menschen, das sind Raubtiere, und Raubtiere, die riechen die Schwäche.

Autorin *verärgert*: Wie du siehst, bin ich bisher sehr gut durchs Leben gekommen.

Rosa: Gott sei's getrommelt und gepfiffen! Aber nu mal ehrlich: Musstest du zwei Kriege überstehen? Bist vertrieben worden von Haus und Hof? Warst aufm Flüchtlingstreck im Winter? Hast gehungert und gefroren?

Autorin: Nein, ich ...

Rosa: Und dann die Bombardierungen. Die Leichen lagen herum. Der Gestank! ... *in sich versunken* Dein Sohn ist nicht von Granaten zerfetzt worden.

Autorin: Hör auf! Das alles will ich mir nicht mal vorstellen.

Rosa: Ich sag's ja, mien Deern: viel zu zart besaitet.

Autorin: Mir ist schon klar, dass ich verdammtes Schwein gehabt habe mit der Zeit, in der ich lebe, und der Weltgegend, in der ich geboren wurde.

Rosa: Na, das kannst du laut sagen! Das Leben hat dich in Watte gepackt ... zum Glück hat's dich in Watte gepackt! War immer mein Herzenswunsch. Du sollst das mal besser haben. Und du hast das besser gehabt.

Rosas runzliges Gesicht strahlt, strahlt Wärme aus und Wohlwollen. Zu gern würde die Autorin aufstehen und hingehen zu ihr, der Oma-Mama, würde sie umarmen und herzen.

Unmöglich! Wir haben uns nie umarmt. Es würde sie nur verstören. Körperkontakt gehört sich nur mit Säuglingen, danach nicht mehr; so habe ich es von ihr gelernt. Seltsam – ich habe sie als Kind trotzdem nicht als abweisend oder kalt empfunden. Der Wärmestrom aus ihrem Inneren drang auch ohne Berührungen verlässlich durch zu mir. Harte Schale, weicher Kern. Ist es das, was ich gespürt habe? Aber wie kann ich von einem weichen Kern sprechen, wenn ich an das denke, was ich erst erfahren habe, als sie und mein Großvater gestorben waren? Zuerst war ich nur verblüfft, als ich in einem nachgelassenen Schuhkarton einen vergilbten Zeitungsausschnitt aus der Weltbühne vom 27.12.1927 fand. Autor: Carl von Ossietzky. Überschrift: *Der Femeprozeß*. Darin ging es um einen Paul Schulz, der als Hauptverantwortlicher für viele Fememorde angeklagt war.

»Warum hat Oma einen Artikel über einen Paul Schulz bis zum Ende ihres Lebens aufbewahrt?«, fragte ich meine Mutter und meine Mutter antwortete:

»Mit dem war sie mal verlobt.«

So habe ich die Szene in *Die Schwarze Rosa* dargestellt und im Roman wurde dieser Satz zum Ausgangspunkt meiner Recherche über das Leben meiner Großmutter. So schön zugespitzt hat es sich natürlich nicht ereignet. Die Wirklichkeit war, wie meistens, zäher und langatmiger. Hier mal eine Andeutung meiner Mutter über *Omas Vorleben*, wofür ich mich, selbst noch jung und mit meinem Vorleben schwer beschäftigt, kaum interessierte, da mal ein Hinweis auf Omas Bruder, den *berüchtigten Erich*, die erst mit jahrelanger Verspätung in mir zündeten. Die Wirklichkeit höhlte mit Stetigkeit den Stein der Abwehr in meinem Herzen, der mit der Vergangenheit meiner Vorvorderen nichts zu tun haben wollte. Die deutsche Vergangenheit war ein nicht fassbares Monster, nicht zu bewältigen, sondern mich überwältigend. Mir gelang es erst nach jahrelanger Beschäftigung mit den Opfern des Monsters diesem selbst ins Gesicht zu sehen. Wer hat dieses Monster gezeugt? Was hat es groß gemacht? Und immer größer und brutaler und hemmungsloser? Vor dem Nationalsozialismus war die Weimarer Republik und davor das Kaiserreich und davor ... Ich vertiefte mich in die deutsche Geschichte und erst sie führte mich zurück zu der Frage: Wie war das in meiner Familie? Das war der dramaturgisch glanzlose Ausgangspunkt meiner Recherche. Was ich über meine Großmutter herausfand, erschütterte mich, verschüttete die liebe Oma, die in meiner Erinnerung lebte. Sie wurde begraben unter dem Geröll von Fakten über die junge Rosa während der Weimarer Republik. Nach dieser Frau fahndete ich und stieß dabei auf die *Schwarze Reichswehr*. Was um Himmels willen war das? Niemand aus meinem Bekanntenkreis hatte je davon gehört. Nach einer ersten Recherche verstand ich immerhin so viel: Im Versailler Vertrag bestimmten die siegreichen Alliierten, das deutsche Heer dürfe in Zukunft nicht mehr als einhunderttausend Mann unter Waffen haben. Prompt stellte man zusätzlich eine illegale Truppe auf, streng geheim natürlich. Das war sie, die *Schwarze Reichswehr*, das illegitime Kind der Reichswehr, von der Obersten Heeresleitung nach Kräften unterstützt, aber ihr offiziell völlig unbekannt. Diese im Verborgenen operierende Truppe wurde organisiert und befehligt von ... genau, hier kommt er endlich ins mörderische Spiel: Oberleutnant Paul Schulz. Und noch einen stöberte ich auf: den *berüchtigten Erich*, Erich Klapproth, Rosas ältesten Bruder, meinen Großonkel. Berüchtigt war er als bewährtes Mitglied im *Kommando zur besonderen Verwendung*, das der Oberleutnant aus ihm ergebenen Männern zusammengestellt hatte. Die besondere Verwendung war: Mord. Mord an vermeintlichen Verrätern in den eigenen Reihen, damals bekannt und gefürchtet als *Fememord*. Erich ging dieser Tätigkeit eifrig, zuverlässig und höchst erfolgreich nach. Und Rosa? Rosa deckte ihn und versteckte ihn. Rosa verliebte sich in den schneidigen Oberleutnant Schulz. Rosa wurde zur *Schwarzen Rosa*.

Meine liebe Oma – die Geliebte eines Mannes, der Morde anordnete, und die Unterstützerin eines Bruders, der diese Morde ausführte? Wie konnte das sein? Was hat sie dazu gebracht? Ihr konnte ich diese Fragen nicht mehr stellen; es blieb mir nur der indirekte Weg über die Beschäftigung mit der Zeit der Weimarer Republik, aber auch mit der Zeit davor, mit Rosas Kindheit im Kaiserreich. Dabei interessierten mich vor allem Zeugnisse des Alltagslebens, des Erlebens der sogenannten einfachen Leute. Denn einfache Leute waren Rosas Eltern, arme Weber im Harz, die mit ihren acht Kindern nach einem vergeblichen Streik fast verhungerten, sich daraufhin als Neusiedler zur *Germanisierung* Posens anwerben ließen, dort einen kleinen Bauernhof zu bescheidener Blüte brachten, bevor sie ihn 1920 wieder aufgeben mussten. Ihr Unglück: Posen war im Versailler Vertrag Polen zugesprochen worden. Aus war es mit der Germanisierung! Rosas Eltern wurden vertrieben und konnten von Glück sagen, dass sie eine leerstehende Kneipe in der Nähe von Stettin als Pächter übernehmen konnten. Sie sprachen aber nur von Pech, die ehemaligen

Weber, die ehemaligen Bauern, die sich jetzt als Wirtsleute mühsam über Wasser hielten.

Die Autorin sieht aus den Fenstern des Festsaals in die Dämmerung, in der die Pracht des üppig blühenden Gartens langsam verblasst. Vor ihrem inneren Auge gewinnt Rosa an Kontur, die einundzwanzigjährige Rosa, die jetzt in dieser Kneipe auftaucht. Im Roman hat sie sich über viele Seiten vom Röschen in der Weberstube, über Rosa, die lernbegierige Bauerntochter mit der polnischen Herzensfreundin, zu der jungen Frau entwickelt, die jetzt im *vermaledeiten Pommern-Eck* die Gäste bedient, all die Bauern, Knechte, Seeleute, Handwerker, Arbeitslosen. Wie sie die verräucherte Luft hasst! Das Arbeiten in der Nacht und das Schlafen am Tag. Die Männer mit ihrer Großtuerei im nüchternen und ihrem Jammern im besoffenen Zustand. Das vollgekotzte Klo, die verdreckte Schankstube am Morgen. Die ewige Anmache. Wie sie ihr das Schürzenband aufziehen, auf ihren Hintern klapsen, unter brüllendem Gelächter ihre weiblichen Formen in die Luft zeichnen. Und dann steht an ihrem einundzwanzigsten Geburtstag der schneidige Oberleutnant a. D. Paul Schulz im Schankraum, der seit seinem sechzehnten Lebensjahr im Kampf für Deutschland steht und auch jetzt nach dem verlorenen Krieg nicht aufgibt. Rosas Bruder Erich hat ihn mitgebracht, seinen Vorgesetzten, unter dessen Führung er gegen die polnischen Banden kämpft, die sich auch noch Oberschlesien unter den Nagel reißen wollen. »Allet streng jeheim«, flüstert Erich und lacht. Rosa ist begeistert. Dieser Oberleutnant Schulz – das ist ein Mann von einem anderen Kaliber als die Stammgäste im Pommern-Eck! Ein Mann aus echtem Schrot und Korn und doch höflich, zuvorkommend, klug. Ein Mann, der weiß, woher ihr Elend kommt, ja das Elend ganz Deutschlands. Bei einem Restaurantbesuch in Stettin, zu dem er Rosa einlädt, erklärt er es ihr bei Wein und Kerzenschein: Die Novemberverbrecher sind schuld, die mit ihrer Revolution dem deutschen Heer den Dolch in den Rücken gestoßen haben und die jetzt die Reichsregierung bilden. Diese Bande muss mit einem Aufstand der anständig gebliebenen nationalen Kräfte hinweggefegt werden!

»Verstehen Sie, Fräulein Rosa?«

Rosa versteht.

Die Autorin sieht sie eifrig nicken an dem Tisch mit der weißen Decke, den Blumen und der Kerze in der Mitte und dem eilfertigen Kellner, der höflich nach ihren Wünschen fragt. Wie anders ist es hier als im Pommern-Eck! Und wie angenehm, einmal selbst bedient zu werden. Und als der fesche Oberleutnant sie einlädt, ihn doch einmal in Berlin zu besuchen, sagt sie nicht nein.

War es so? Hat sich das Kennenlernen von Rosa Klapproth und Paul Schulz so abgespielt? Ich weiß es nicht. Ich weiß nicht, ob Rosa und Paul Schulz sich im Pommern-Eck kennengelernt haben. Ich weiß nur, dass Rosas Eltern nach ihrer Vertreibung aus Posen eine Kneipe in Greifenhagen bei Stettin betrieben haben und dass Rosa irgendwann diesen Oberleutnant Paul Schulz kennengelernt hat. Aber wie Rosa damals gedacht, wie sie gefühlt, wie sie konkret gehandelt hat – all das ist nur durch meinen Versuch, mich in Rosa einzufühlen, in meinen Roman gekommen.

Giferto: Du hast dich in die Helfershelferin von Mördern eingefühlt.

Autorin *erschreckt*: Was? So weit ist es ja noch gar nicht! Das kommt erst in der zweiten Hälfte des Romans.

Giferto: Aber diesem Zauber des Anfangs entströmt schon der spätere Leichengeruch.

Autorin: Findest du? Dann ist er mir ja geglückt.

Giferto: Literarisch vielleicht. Aber macht dir deine Einfühlung keine Bauchschmerzen? Kann leicht auch mal als Rechtfertigung missverstanden werden.

Autorin: Kann es und wird es. Aber es hilft nichts: Ich muss mich in meine Figuren einfühlen, sonst sind sie Pappkameraden. Und ich muss in ihre Abgründe hinabtauchen, muss die Welt ganz aus ihrer Sicht betrachten. Auch aus der Sicht eines Fememörders wie Erich Klapproth oder einer so gruseligen Gestalt wie diesem Paul Schulz.

Giferto: Den man heute als Rechtsterroristen bezeichnen würde.

Autorin: Damals war er für viele ein Held. Die Reichswehr hat ihm einen untadeligen Charakter vom Scheitel bis zur Sohle bescheinigt, hat ihn sogar einen prächtigen Menschen genannt. Dieser prächtige Mensch hat aus dem Hinterhalt morden lassen, hat erdolchen, erschießen und im Wald verscharren lassen. Und Rosa hat ihm sein Leibgericht Königsberger Klopse gekocht, um ihn für seine schwere Arbeit zu stärken.

Giferto: Sie hat ihn geliebt.

Autorin: Das war ja das Grauenhafte! Dass ich diese Liebe fühlen musste, um meinen Roman über sie schreiben zu können.

Die Autorin schüttelt es vor Ekel, doch gleich darauf richtet sie sich trotzig auf:
Wir können das Grauen nur mindern, wenn wir die verstehen, die es in die Welt bringen.
Giferto: Und? Kannst du Rosa verstehen?
Die Autorin schweigt.
Giferto *unerbittlich*: Nach den vielen Stunden, in denen du versucht hast, in ihre Seele hineinzukriechen – kannst du sie verstehen?
Autorin: Ich ... ich ...
Giferto: Frag sie jetzt! Dafür sitzt sie ja hier mit dir am Tisch. Und lächelt dich die ganze Zeit an.
Autorin *denkt lange nach*: Das wäre sinnlos. Sie ist nur eine Romanfigur. Auch heute Abend ist sie nur meine Romanfigur. Aus ihrem Mund kämen meine Antworten. Nein, sie kann mir jetzt nicht helfen, sie zu verstehen; sie kann mir nur helfen, mich zu verstehen.
Giferto: Näher, als du ihr zu der Zeit gekommen bist, als du *Die Schwarze Rosa* geschrieben hast, wirst du ihr wohl nicht mehr kommen.
Autorin: Ja, dieser Zwiespalt wird bleiben, fürchte ich. Ich kann die beiden Frauen nicht zur Deckung bringen: meine liebevolle Oma und die junge Frau, die Mörder unterstützt hat.
Die Autorin wendet sich wieder ihrer Großmutter zu, die sie immer noch anstrahlt, deren Gesicht immer noch die reinste Freude darüber ausdrückt, dass es ihrer Lütten im Leben gut ergangen ist.
Das ist die Frau, die ich kenne und liebe und die ich unbedingt wiedersehen wollte. Deshalb habe ich heute Abend

meine liebe Oma eingeladen und nicht die Schwarze Rosa.

Giferto: Du hast dir deine Oma nicht nur einmal eingeladen. Sie sitzt auch noch in anderen Verkörperungen hier.

Autorin: Was?

Giferto: Eine sitzt sogar direkt neben Rosa.

Autorin *skeptisch*: Emma? Das stimmt aber nur zum Teil. Die hat mit meiner Oma nur das Mütterliche gemein, das Sorgende, Beschützende. Und, ja okay, sie kümmert sich auch um ihre Enkelin, für die die Mutter keine Zeit hat. Aber da hören die Parallelen auch schon auf.

Giferto: Nicht ganz. Emma stammt auch aus sogenannten einfachen Verhältnissen.

Autorin: Aber Emma heiratet hinauf in eine höhere Schicht und so verläuft ihr Leben in ganz anderen Bahnen als Rosas.

Giferto *hartnäckig*: Auch Emma unterstützt einen Mann, durch dessen Mithilfe viele Menschen auf grausamste Art ums Leben kommen.

Autorin: Jaaaa, aber da gibt es einen kleinen unfeinen Unterschied. Emmas Mann wird für seine Taten zum Hauptmann befördert und nicht zum Tode verurteilt wie Paul Schulz …

Giferto: Den die Nazis dann gleich 1930 begnadigt haben.

Die Autorin bricht das Scheingefecht mit ihrem Mann ab, womit sie ihn sofort zum Verschwinden bringt.

Er hat natürlich recht. Auch in Emma steckt viel von meiner Großmutter. Schon rein äußerlich ähneln sich die beiden alten Frauen, auch wenn Emma ihr weißes Haar nicht zu einem Dutt zusammengeknotet hat wie Rosa.

Beide haben diese freundlichen blauen Augen, denen man sofort vertraut. Hier bist du Mensch, hier darfst du's sein, versprechen sie und nur zu gern glaubt man ihnen. Hach, wie schön, gleich von zweien dieser Augenpaare angeblickt zu werden! Und jetzt legt Emma auch noch ihre Hand auf Rosas Unterarm.

Emma: Kannst wirklich stolz sein auf deine Enkelin.

Rosa: Du auf deine aber auch!

Während das liebebedürftige Kind in der Autorin sich noch im Glanz der Enkelin sonnt, auf die man stolz sein kann, folgt die disziplinierte Schreiberin in der Autorin Emmas freundlichem Blick, der sich längst nicht mehr auf sie richtet, sondern auf eine Frau am Tisch 5.

Das war klar. Ihre Enkeltochter Irène zieht Emmas Blick magisch an. Und bei der muss man nicht lange darüber nachdenken, warum Emma stolz auf sie sein kann. Immerhin sitzt dort eine weltweit anerkannte Stammzellforscherin und Nobelpreiskandidatin!

Doch Emmas Blick trübt sich und sie wendet sich vertraulich wieder Rosa zu:

Meine Irène hat's zu was gebracht, ja, aber is sie glücklich geworn? Ich hab immer gesacht, das is nix, wenn ne Frau zu gescheit is. Welcher Mann nimmt die dann noch?

Rosa *energisch*: Das seh ich aber ganz, ganz anders! Eine Frau, die sich auf einen Mann verlässt, hat auf Sand gebaut. Den Fehler hab ich in meinem Leben nur einmal gemacht. *Pause. Räuspern.* Also nee, eine Deern muss lernen, lernen und nochmals lernen. Und wenn sie dann dreimal so viel kann wie ein Mann, dann hat sie vielleicht ne Schangse im Leben.

Emma: Ich hab mit mein Erich nich auf Sand gebaut! Er hat immer zu mir gehalten. Obwohl ... ach, am Anfang ... da hat er mich nur geheiratet, weil er für seine Söhne ne Mutter gebraucht hat. Ersatz war ich, Ersatz für seine geliebte Anna, die so früh hat dran glauben müssen, das wusst ich wohl. Das war meine Schwester, die Anna, musst du wissen. An die hat er noch in unserer Hochzeitsnacht gedacht, na ja, aber das is lange her ...

Die Autorin hört trotz der nachgeschobenen Beschwichtigung die ungeheure Kränkung heraus, die Emma empfunden hat, als ihr frisch angetrauter Ehemann, der Professor der Chemie Erich Hartkopf, in der Hochzeitsnacht bei seinem Versuch, sich ihr zu nähern, in Tränen über den Verlust seiner ersten Frau Anna ausbrach, die so viel schöner und klüger gewesen war als Emma. Und was machte die vor Erwartung zitternde Braut? Sie tröstete ihn. Emma lernte schon in dieser Nacht, dass sie nicht primär für die Freuden des Bettes gebraucht wurde. Ihre Aufgabe bestand darin, ihrem Mann Halt zu geben, den Haushalt zu bewältigen und seinen Söhnen die Mutter zu ersetzen. Emma stellte sich dieser Aufgabe, ohne zu klagen und mit all ihrer Kraft. Als später noch ihre eigene Tochter Wilhelmine dazu kam, ging sie voll und ganz auf in ihrer Rolle als Mutter, als Hausfrau, als Professorengattin und als Seelenstütze ihres labilen Mannes, der nach außen hin den harten Kerl markierte.

Eine verdammt undankbare Rolle habe ich ihr da in meinem Roman *Warten auf den Anruf* zugeschustert. Ein Leben immer im Dienst der Familie, als Ehefrau, als Mutter, später als Großmutter – und dann musste sie auch noch einen einsamen Tod sterben. Als ungebildete, oft naive Frau, die peinlich darauf bedacht war, die herrschenden Umgangsformen zu befolgen, die unkritisch die Denkmuster der wilhelminischen Gesellschaft übernahm und niemals das Tun ihres Erich hinterfragte, war Emma in Gefahr, zu einer Figur zu werden, über die man sich leicht lustig machen und der man sich bequem überlegen fühlen konnte. Diesem Impuls habe ich, so gut ich konnte, entgegengearbeitet. Ich habe mich bemüht, ihre Würde zu wahren und sie als Frau in ihrer Zeit zu zeigen, in der ganz andere Sitten, Normen und Geschlechterrollen herrschten. Auf ihre Art war sie eine starke Frau, eine Frau, die alles tat, um andere zu stärken, eine große Gebende, von der ihre Familienmitglieder zehrten, ja, die sie aufzehrten, ohne es wahrzunehmen. Ohne sie wahrzunehmen. Das galt nicht nur für ihren Mann, sondern auch für ihre Tochter Wilhelmine und später für ihre Enkelin Irène. Ach ja ...

Emma, Wilhelmine, Irène – die drei Frauen schleichen sich in die Gedanken der Autorin, verdrängen ihre Großmutter Rosa und die Erinnerungen an ihre Kindheit, okkupieren ganz ihre Aufmerksamkeit.

Emma, Wilhelmine, Irène. Entworfen habe ich sie als Protagonistinnen für meinen Familienroman: drei Frauen aus drei Generationen einer Berliner Familie. Während des Schreibens sind sie in mir zu lebendigen Frauen geworden, sehr eigenen Persönlichkeiten, an die ich jetzt denke wie an Menschen, mit denen ich einen Teil meines Lebens verbracht habe. Doch im Anfang waren nur das Wort und ich. Ich mit meinem Wunsch, einen Familienroman zu schreiben. Der sollte aber nicht nur die Geschichte einer Familie mit all ihren Konflikten auf die abgenutzte Folie der deutschen Geschichte tupfen, sondern hinter den Rissen in der Folie auch nach den von Frauen in der Wissenschaft hinterlassenen Spuren suchen. In einer Wissenschaft, die längst ihre Unschuld verloren hatte. Heureka! Frauenemanzipation und die Verantwortung der Wissenschaft für die Ergebnisse ihrer Forschung. Was für ein Spannungsfeld! Der Geistesblitz verwandelte mich einschlagartig in Madame 100.000 Volt. Die brauchte nur wenige Tage, schon stand ein grobes Konzept für den Familienroman auf der Rückseite eines Mahnbriefes vom Finanzamt:

Teil I: Emma – Chemie
Emma = Frau eines Wissenschaftlers, des Chemikers Erich Hartkopf, Assistent von Fritz Haber. Entwicklung und Einsatz von Chemiewaffen im Ersten Weltkrieg.
Teil II: Wilhelmine – Physik
Wilhelmine = selbst Wissenschaftlerin, Physikerin, die zusammen mit Heisenberg und von Weizsäcker an der Kernspaltung forscht. Möglicher Bau einer Atombombe für die Nazis.
Teil III: Irène – Biologie
Irène = Stammzellforscherin, muss sich mit den ethischen Grundsatzfragen der Gentechnologie auseinandersetzen.

Das rückseitige Konzept hat sich der Autorin beim Umzug in die Hände geschmuggelt und es so geschafft, von ihr mit aufs als *Komfort-Wohnen* getarnte Altenteil genommen zu werden. Die Kiste mit der Aufschrift *Making of*, in die sie die Lose-Zettel-Sammlung ihrer Notizen, die kuliverklierten Manuskripte und vertippexten Typoskripte gepackt hatte, sind dagegen im Altpapier gelandet. Ballast! Wen interessiert das? Dachte ich. Denke ich noch. Doch für den Konzeptzettel bin ich jetzt dankbar. Er versetzt mich wieder in die Hochspannung, mit der ich mich an die Arbeit zu *Warten auf den Anruf* gemacht habe. Eins war mir schnell klar: Da ich meine Romanfiguren in einem historischen Umfeld handeln lassen wollte und sie mit realen Personen interagieren sollten, würde ich eine Menge recherchieren müssen. Das Wenige, was ich aus meinem Engagement für die Friedensbewegung über den Chemiewaffenbau im Ersten Weltkrieg und aus meinem Engagement für die Anti-Atomkraft-Bewegung über den Plan für eine deutsche Atombombe im Zweiten Weltkrieg wusste, reichte gerade mal für eine vage Ahnung von den historischen Hintergründen. Frohgemut bestellte ich mir aus der Hamburger Staatsbibliothek einen Stapel Bücher zum Einlesen in die Thematik, vor allem Biografien und Aufsätze über Fritz Haber, Werner Heisenberg, Carl Friedrich von Weizsäcker, Niels Bohr, Albert Einstein, Otto Hahn, Marie Curie etc. Ich las die Bücher, ich machte mir Notizen, ich erkannte, wie wenig ich wusste, wie widersprüchlich die Aussagen der Zeitzeugen waren, wie gegensätzlich die Einschätzungen der Historiker. Ich las mehr Bücher, machte mir mehr Notizen, ich verlor die Übersicht über meine Aufzeichnungen, ich entwickelte eine Ordnung, um etwas wiederzufinden, ich füllte Ordner um Ordner. Ich las mehr, ich entdeckte höchst interessante mögliche Nebenfiguren für meinen Roman wie Paul Rosbaud (der »Greif«), Fritz Houtermans oder

Manfred von Ardenne, die Stoff für eigene Romane abgegeben hätten. Ich las mehr, ich beschäftigte mich intensiv mit den Frauen wie Lise Meitner und Clara Immerwahr, die in meiner Lektüre oft nur am Rande auftauchten. Ich las mehr, ich tauchte ein in die ungeheuren naturwissenschaftlichen Erkenntnisse, die am Anfang des zwanzigsten Jahrhunderts gemacht worden waren, ich, die ich während meiner Schulzeit mit Physik, Chemie und Biologie auf Kriegsfuß gestanden hatte, ich, die mit einer glatten Sechs in Mathe sitzengeblieben war, ich las jetzt mit zunehmender Begeisterung Abhandlungen über Atomphysik, Relativitätstheorie und Quantenmechanik. Ich hatte all diese Begriffe schon mal gehört, natürlich, aber viel mehr auch nicht, und ich erschrak, als ich erkannte, dass ich all die Jahre in einer Welt gelebt hatte, die schon seit Jahrzehnten nicht mehr existierte, in einer Welt, in der es die Zeit und den Raum gab und jede Wirkung eine Ursache hatte. Ich las und schrieb Seite um Seite mit Stichworten, Formeln, Beschreibungen von Experimenten voll, bis ich erkannte, dass ich all das für meinen Roman nicht brauchen würde, dass ich meinen Roman nicht mit Sachwissen überfrachten durfte, dass ich wieder Abstand zu dem Wust an Angelesenem gewinnen musste. Ich unterbrach mein Lesen und dachte nach. Als Hintergrundwissen würde mir der Wust nützen und mein eigenes naives Erstaunen über die verrückte Quantenwelt würde mir helfen, die Erschütterung zu verstehen, die dieses Wissen damals bei den Forschern ausgelöst hatte, die am tiefsten in diese faszinierende Welt eingedrungen waren. Ich las weiter und las und las zwei Jahre lang, bis es mir im Kopf schwirrte. Ich hatte nicht eine Menge recherchieren müssen, wie ich geglaubt hatte, sondern eine Unmenge. Und jetzt musste ich das meiste wieder vergessen, um mit dem Schreiben anfangen zu können. Der Einstieg fiel mir leicht. Die Hochzeitsszene samt verunglückter Hochzeitsnacht führte direkt hinein in das Leben von Emma und Erich Hartkopf und bot auch schon die Möglichkeit, Erichs Chef, Professor Doktor Fritz Haber, als Gast einzuführen. Fritz Haber war Direktor des neugegründeten Kaiser-Wilhelm-Instituts für Physikalische Chemie und Elektrochemie, das kurz vor der Einweihung durch Kaiser Wilhelm II. am 23. Oktober 1912 stand, und Erich war sein Assistent. Schon kurz darauf begegnete Emma der Ehefrau Habers, Clara Immerwahr, die als eine der ersten deutschen Frauen selbst promovierte Chemikerin war. Dennoch war ihre Aufgabe nach ihrer Eheschließung keine andere als die Emmas: Ehefrau und Mutter sein. Die Zeit friedlichen Forschens am Institut dauerte nicht lange. Im Ersten Weltkrieg stellte Fritz Haber seine herausragenden Fähigkeiten als Chemiker voller Vaterlandsbegeisterung in den Dienst des Militärs. Die von ihm entwickelten Waffen machten Giftgas zur ersten Massenvernichtungswaffe.

Die Autorin erinnert sich mit Schaudern der Berichte, die sie über das elende Krepieren der Soldaten auf dem Schlachtfeld gelesen hat. Das hat sie natürlich zur Sprache bringen müssen, zur Sprache des Romans.

Aber weder Emma noch Clara Immerwahr habe ich es miterleben lassen. Schon an ihren Reaktionen auf einen Besuch im Labor, in dem sie Katzen und andere Versuchstiere krepieren sehen mussten, konnte ich die ganz unterschiedliche Verarbeitung dieses Erlebnisses durch die beiden Frauen schildern. Emma war voller Mitleid und fand es furchtbar, doch damit durfte sie Erich nicht kommen. Er beschimpfte sie als Dummchen. Sie müsse doch verstehen, dass die Wissenschaft im Krieg nicht mehr dem Wohl der Menschheit diene –so hatte er es früher immer gesagt –, sondern dem Wohl des Vaterlandes, und das Vaterland brauche das Giftgas, um die erstarrten Fronten aufzubrechen und endlich den Siegfrieden herbeizuführen. Emma sah ein, dass ihr Erich recht hatte. Was verstand sie als Frau schon von diesen Dingen? Sie verdrängte die schrecklichen Bilder und ihr Mitleid mit der Kreatur und bewunderte ihren Erich für seinen unermüdlichen Einsatz zur Beendung des Kriegs. Fritz Habers Argumente, mit denen er sich vor seiner Frau Clara rechtfertigte, waren ähnlich wie die seines Assistenten Erich, nur dass er seine Frau nicht Dummchen nannte. Doch Clara konnte ihren Schrecken nicht verdrängen, im Gegenteil, er verfolgte sie bis in den Schlaf hinein. Sie wollte und konnte sich nicht damit abfinden, dass ihre geliebte Chemie nicht mehr dem besseren Leben der Menschen, sondern ihrem massenhaften Sterben dienen sollte. Für sie war das eine Perversion der Wissenschaft. Sie schoss sich am 2. Mai 1915 im Garten der Direktorenvilla mit der Pistole ihres Mannes ins Herz. Sterbend wurde sie von ihrem kleinen Sohn dort gefunden. Und ihr Mann? Fritz Haber brach schon am nächsten Morgen zusammen mit Erich nach Galizien auf, um einen neuen Gasangriff vorzubereiten.

Die Autorin atmet tief durch, wie sie auch damals nach Luft schnappte, nachdem sie diese Szene beschrieben hatte.

Meine Alpträume in der Nacht danach! Die unvermeidlichen Kollateralschäden, hervorgerufen durch das intensive sich Hineinversetzen in die eigenen Figuren. Kollateralschäden des emphatischen Prinzips in der Literatur. Am meisten litt ich mit Clara Immerwahr, deren Haltung sehr meiner eigenen ähnelte. Doch ich spürte auch die Verzweiflung Fritz Habers über das, was in seinen Augen die pure Unvernunft und Hysterie seiner Frau war, spürte den Wunsch Erichs, seinem Chef in seiner Hingabe ans Vaterland in keiner Weise nachzustehen und spürte Emmas Entsetzen über den Tod der *armen Frau Direktor* und ihr Mitleid mit deren kleinem Sohn, Gefühle, die Emma sofort wieder zugunsten der Bewunderung für ihren Erich unterdrückte. Ich war erschöpft, kraftlos wie nach einer Grippe, nachdem ich Fritz und Erich zu ihrem Giftgas-Einsatz hatte aufbrechen lassen. Das Leben in der Haut so unterschiedlicher Menschen war manchmal wahrhaftig auslaugend.

Giferto: Aber auch bereichernd.

Autorin *wieder belebt*: Natürlich auch bereichernd. Und gelegentlich sogar bewusstseinserweiternd.

Giferto: Auf *bewusstseinserweiternd* müsste eigentlich das Wort *Drogen* folgen.

Autorin: Oh Mann!

Giferto: Sorry.

Autorin: Ich wusste nicht, dass Tote so albern sein können.

Giferto: Du weißt nichts über uns.

Autorin: Ich weiß immerhin, dass ich nichts weiß.

Giferto: Der Satz kommt mir irgendwie bekannt vor.

Die Autorin schmeißt mit der Serviette nach ihrem Mann. Sein Kichern hört sie nicht mehr, er verschwindet aus ihrer Wahrnehmung. Sie ermahnt sich, ihre Aufmerksamkeit von der Erinnerung an die Arbeit an ihrem Roman *Warten auf den Anruf* abzuziehen und sie wieder auf die Gegenwart zu richten, auf ihr *Dinner 70*. Nicht nur Emma und Rosa schauen sie verwirrt an, sondern auch John und Anke.

Wie peinlich! Die müssen mich ja für verrückt halten. Habe ich etwa wieder laut mit Giferto geredet?

Eine aufmerksame Kellnerin bringt der Autorin eine neue Serviette und entfernt die auf dem Boden liegende kommentarlos. Anke, die junge Pflegerin von Schwester Martha, verzieht das Gesicht.

Anke: Ziemlich perfide Art, den Service zu testen.

Autorin: Oh nein, das ist ein Missverständnis. Ich wollte nur ... also, ich habe ... das war ...

Anke: Ja?

Autorin: Ach nichts. Jedenfalls kein Service-Test.

Anke: Aha.

Wie sie mich anschaut! Motto: Erzähl mir einen vom Pferd. Dieses schnippische Lächeln! Ganz schön arrogant, diese junge Frau mit der lila Strähne im Haar. Ich hatte nie eine lila Strähne, nur eine lila Latzhose. Anke kann man nur als mein Alter Ego bezeichnen, wenn man *alter* ernst nimmt. Sie ist jung wie ich damals. Sie kommt als Pflegerin zu alten Leuten ins Haus wie ich damals. Sie ist wie ich damals und doch ganz anders. Ehrlich gesagt, ist sie mir sehr fremd, viel fremder als andere, mit denen ich bisher gesprochen habe. Selbst Jonas, meiner Figur aus einer imaginierten Zukunft, fühle ich mich näher, obwohl er eine rein fiktive Figur ist ohne Vorbild im Realen. Diese Anke wirkt so unnahbar, ist so undurchschaubar! Aber kein Wunder, so muss sie natürlich sein. So wollte ich sie ja haben. Als die Antagonistin von Schwester Martha musste sie bis zum Schluss undurchschaubar sein. Der Leser sollte sich immer fragen: Ist sie ein durchtriebenes Biest, das es auf Schwester Marthas Erbe abgesehen hat, oder ist sie nur das unschuldige Opfer von Schwester Marthas Verfolgungswahn? Tja, meine Liebe, ich weiß, wer du bist, wie du bist, wie die Story endet. Aber du kennst das Ende nicht. Du sitzt hier als die rätselhafte Anke, fast verschwimmst du vor meinen Augen. Ich glaube, es war ein Fehler, dich überhaupt einzuladen. Ich wollte doch über meine Romanfiguren mir selbst und meinem Leben näherkommen. Aber, es tut mir leid, du bringst mir nichts.

Anke blickt die verstummte Autorin zuerst herausfordernd, dann mitleidig an.

Was mag sie denken? Auch so eine Alte, die mitten im Gespräch den Faden verliert und mich nur blödsinnig anstarrt?

Anke wendet sich John zu.

Wahrscheinlich bedauert sie es, dass sie nicht mit dem echten John Lennon dinieren kann. Aber es ist wohl immer noch besser für sie mit dem Coverband-John zu reden als mit Emma und Rosa, die für sie bestimmt nur greise Schabracken sind! Ich hätte sie als Altenpflegerin nicht mit lauter alten Leuten an einen Tisch setzen sollen. In ihrer Freizeit hätte sie es sicher auch gerne mal mit Menschen ihrer Generation zu tun.

John *singt leise*: Working for peanuts is all very fine, but I can show you a better time.

Anke: Bitte?

John: Sie arbeiten doch für Peanuts als Altenpflegerin, oder nicht?

Anke: Das können Sie laut sagen! Acht Mark die Stunde!

John: Ach, Sie stammen noch aus der D-Mark-Zeit?

Anke: Was glauben Sie denn? Aus der Reichsmark-Zeit wie die beiden ... älteren Damen hier am Tisch?

Sie wirft einen spöttischen Blick auf Emma und Rosa, die in ein intensives Gespräch über ihre Enkelinnen vertieft sind.

John: Den Euro haben Sie nicht mehr kennengelernt?

Anke: Den Euro? Was soll das sein?

John: Ach, forget about. Ist nicht wichtig. Die Beatles kennen Sie aber?

Anke: Ich bin Stones-Fan.

John: Da haben Sie Glück. Die touren immer noch.

John rollt seine Serviette zusammen, hält sie sich als Mikrofon vor den Mund und singt:

I can't get no satisfaction, I can't get no satisfaction ...

Er trommelt den Rhythmus mit der linken Hand auf den Tisch, dass die Teller wackeln, singt immer lauter und Anke lacht und wippt mit dem Kopf und singt lauthals mit:

'cause I try and I try and I try and I try ...

Jetzt fallen auch Paul, Ringo und George an den anderen Tischen mit ein und röhren:

I can't get no! I can't get no!

Die Autorin schreckt aus ihrem Nachdenken über ihr junges Alter Ego Anke auf und sieht sich plötzlich einem sich fröhlich und rhythmisch über mangelnde Satisfaction beklagenden Saal gegenüber. Nur die Greisinnen sitzen steif und stumm herum.

Giferto: Deine Gäste sind ja außer Rand und Band!

Autorin *gluckst*: Du merkst auch alles. Aber schön, dass sie dich wieder hergeschrien haben.

Giferto: Ich sollte sie wegen Störung der Totenruhe verklagen.

Autorin: Wie krieg ich sie bloß wieder eingefangen?

Giferto: Da kommst du mit deiner antiautoritären Art wohl nicht weiter. Du musst die Peitsche schwingen.

Autorin: Ungern. Höchst ungern.

Giferto: Ich weiß. Aber du willst dir dein Projekt doch nicht schon bei der Vorspeise kaputtmachen lassen.

Autorin: Nein. Nein, ich lasse mir nicht auf der Nase rumtanzen! Obwohl ... am liebsten würde ich mitsingen.

Die Autorin fängt auch an zu wippen, in die Hände zu klatschen und mitzusingen. Ihr Mann wendet sich mit Grausen ab und zieht sich ins Nirwana zurück. John, der inzwischen aufgesprungen ist, hüpft wie Mick Jagger zwischen den Tischen herum, singt sich mit seiner kräftigen Stimme textsicher durch den Song bis zum letzten Refrain, bei dem wieder alle I can't get no! brüllen.

John: Yeah!!!!!

Er streckt die Arme zur Decke, alle, die mitgesungen haben, klatschen ihm und sich selbst begeistert Beifall und wenden sich mit entspannten und fröhlichen Gesichtern wieder der Vorspeise und den Gesprächen zu. Die Autorin betrachtet sie mit Wohlgefallen.

Von wegen die Peitsche schwingen. Geht doch auch so. Meine Romanfiguren sind schließlich keine Bande wildgewordener Hooligans! Hallo? Was sagst du?

Doch Giferto sagt nichts.

Na, dann nicht. Dann rede ich eben mit diesem tollen Mann mit dem wilden grauen Lockenkopf, mit Professor Doktor Michael Mann, besser bekannt als John, der sich wieder an den Tisch gesetzt hat und mich zufrieden ansieht. In der Musik kann er sich die emotionalen Ausbrüche gönnen, die er sich sonst untersagt. Er entspricht in vielen Charakterzügen dem Bild vom nüchternen Naturwissenschaftler, der auf Logik und Präzision bedacht ist und sich nicht so leicht von Gefühlen beherrschen lässt. Seine Ehe ist gescheitert und zu seinen beiden erwachsenen Kindern in den USA hat er kaum Kontakt. Leidet er darunter? Wenn ja, lässt er es sich nicht anmerken. Nicht einmal ich weiß es, denn ich bin in seiner Welt, in meinem letzten Roman *Putzfrau bei den Beatles*, keine allwissende Erzählerin. Erzählt wird aus der Perspektive der Putzfrau Jana und später auch aus der Sicht Leanders, eines Zwölfjährigen, der eines Tages unvermittelt bei den vier alten Herren auftaucht. Erkennbar auch für Unallwissende ist Johns Leiden an der Welt, die er in jungen Jahren am liebsten aus den Angeln heben wollte. Aber auch damals schon wollte er nicht einfach seinem jugendlichen Ungestüm nachgeben. Er wollte die Welt auf der Basis einer umfassenden, schlüssigen Theorie verändern. Deshalb las er eifrig die Schriften von Marx, Marcuse, Horkheimer, Adorno und vielen, vielen anderen, verhedderte sich in deren Differenzen, suchte nach Klarheit, versuchte seinen Horizont zu erweitern, las Popper, Bloch, Arendt und las immer noch, als Ringo längst mit seinem roten Rollstuhl auf jeder Demo auftauchte, die sich für irgendein Ziel aus dem Themenkreis Frieden, Demokratie, Menschenrechte, Umweltschutz einsetzte. Als Ringo im Lauf der Jahre an der Verbesserung der Welt im Allgemeinen durch Demos zu zweifeln begann, engagierte er sich in Initiativen zu konkreten Zielen wie der Abschaffung der Behinderung Behinderter, der Verhinderung der Stationierung von atomaren Mittelstreckenraketen in Deutschland, der Hilfe für die Opfer von Tschernobyl. Zu dem Zeitpunkt erschienen John längst alle Theorien grau und die Realität taugte bestenfalls für bissige Satiren. Als 68jähriger 68er lächelte er nur noch müde, wenn Ringo ihm voller Begeisterung erzählte, auch die jungen Menschen heutzutage glaubten wieder: Eine andere Welt ist möglich.

Giferto: Halt, Stopp! All das hast du in *Putzfrau bei den Beatles* gar nicht beschrieben.

Autorin: Nein, aber das hatte ich im Hinterkopf. Weil ich es zuvor zu Papier gebracht habe. Du hast dich doch immer über meine Zettelberge lustig gemacht, die sich vor dem Schreiben eines Romans auf meinem Schreibtisch angehäuft haben.

Giferto: Die Alpen, mindestens!

Autorin: Es hilft nichts: Bevor ich eine Figur agieren lasse, muss ich erstmal ganz viel über sie wissen. Was dann im Roman tatsächlich in Erscheinung tritt, das ist nur die Spitze des Eisbergs.

Giferto: Des Zettelbergs.

Autorin: Ich weiß auch nicht, warum, aber die Notizen zu den Romanfiguren musste ich von Hand schreiben, musste recherchieren, in die Luft starren, nachdenken, nachfühlen, eine kurze Notiz schreiben, dann wieder in die Luft starren ...
Giferto: Und wehe, ich habe dich dabei mit einer so profanen Frage wie *Soll ich Franzbrötchen zum Tee mitbringen?* gestört. Wenn Blicke töten könnten!
Autorin: Jetzt übertreib mal nicht. Du weißt: Ich liebe Franzbrötchen. Und ich liebe dich. Aber wenn ich aus meinen Umkreisungen einer Figur rausgeschleudert worden bin, brauche ich ewig, um wieder auf eine Annäherungsbahn zu gelangen.
Die Autorin bemerkt kaum, dass ihr Mann sich diskret entfernt. Sie denkt an die Charakterskizzen, die sie von ihren Beatles erstellt hat.
Manchmal waren es nur einzelne Sätze wie *Ist manchmal ganz schön zynisch* über John oder *Will immer noch die Welt verbessern* über Ringo. Doch die öffneten mir einen Assoziationsraum, in dem sich ihre fiktive Lebensgeschichte vermengte mit dem, was ich von realen Menschen mit ähnlichen Charakterzügen wusste, und nicht zuletzt mit Erfahrungen aus meinem eigenen Leben. Aus diesem Raum in meinem Kopf konnten später beim Schreiben John und Ringo den Romanraum betreten und sich an den Frühstückstisch setzen. Noch bevor ich entschieden hatte, was wer am liebsten zum Tagesbeginn verspeiste, fing John schon an, sich über Ringos Spendensammeln für ein Behindertenprojekt in Indien lustig zu machen. Mit dem Geld wird ja nur die indische Regierung von ihrer Fürsor-

gepflicht entlastet! Und das so Gesparte stecken sie dann in den Atombombenbau! Das ist derselbe Mist wie hier bei uns mit den hochgepriesenen *Tafeln* für die Armen. Die stabilisieren auch nur das ausbeuterische System. Ja, genauso denkt John und so fing sein Streit mit Ringo an und daraus wurde im Roman die Szene *Die Beatles am Frühstückstisch*. Und ich? Was denke ich? Wenn ich den Zustand der Welt nüchtern analysiere, denke ich wie John: Hilfen im Einzelfall verbessern den Zustand der Welt nicht, sondern halten nur die ungerechten Strukturen aufrecht. Aber wenn ich mich wie Ringo mit Einzelfällen konfrontiere, mit einer poliogeschädigten Inderin, die Krücken braucht, einem deutschen Kind, das ohne Frühstück in die Schule kommt, dann fühle ich: den Menschen muss geholfen werden. Also spende ich Geld oder Zeit, ohne zu glauben, damit etwas Gutes zu tun. Mit diesem wohligen Gefühl kann ich mich nicht belohnen, im Gegenteil, denn wahrscheinlich habe ich nur dazu beigetragen, dass die Welt so ungerecht bleibt, wie sie ist. Also muss ich das System verändern, nach dem diese Welt funktioniert.

Giferto: Süß! Meine Frau stellt wieder die Systemfrage. Haben wir 68er das nicht zur Genüge getan? Und sind wir damit nicht voll auf dem Bauch gelandet?

Autorin: Aber so was von! Trotzdem ... ist die Frage nicht nach wie vor berechtigt? Wir leben in einer Welt mit massenhaftem Elend und unermesslichem Reichtum, einer Welt, in der für einige Milch und Honig fließen und für andere nicht mal klares Wasser, eine Welt, in der Kriege toben und der Planet aufgeheizt, geplündert und verwüstet wird. Muss das wirklich so sein? Das ist hier doch die Frage!

Giferto: Damals hatten wir die Antwort. Es muss nicht sein. Die Ursache ist der Kapitalismus. Die Antwort der Sozialismus.

Autorin *seufzt*: Bestechend einfache Lösung. Nur leider hatte man schon geraume Zeit versucht, den Sozialismus in die Tat umzusetzen. Wie war das noch? Ich erinnere mich an den Sozialismus sowjetischer Prägung, chinesischer Prägung, jugoslawischer Prägung, chilenischer, kambodschanischer, kubanischer, nordkoreanischer Prägung. Und jede Abart fand ihre Anhänger, die glaubten, dort, nur dort sei die Antwort, die Befreiung, das Paradies zu finden.

Giferto *süffisant*: Ja, unter dem Paradies ging's nicht. Wenn ich an die erbitterten Kämpfe der K-Gruppen denke, wer von ihnen denn nun den wahren Sozialismus verkündigen würde! In der Mensa klauten sie sich gegenseitig die Flugblätter von den Tischen und in den Vollversammlungen rissen sie sich das Mikro aus der Hand.

Giferto lacht. Die Autorin lacht.

Ja, es war lachhaft. Von heute aus betrachtet, eine Komödie, so was wie *Krieg der Knöpfe*. Aber auch eine Tragödie, wenn ich bedenke, dass junge Menschen mit dem glühenden Wunsch, eine solidarische, gerechte Welt zu schaffen, Spenden für die Roten Khmer sammelten, die zu Massenmördern mutierten, dass sie die Anti-Kultur-Revolution in China bejubelten, die Gulags in der Sowjetunion für Propaganda der CIA hielten und einige von ihnen schließlich unter dem wahnwitzigen Label *Rote Armee Fraktion* selbst zu Mördern wurden. Nein, daran ist gar nichts komisch. Zum Glück bin ich diesen Weg nie auch nur einen Schritt weit mitgegangen. Naja, vielleicht einen? Aber keinesfalls zwei! Was hat mich vor diesem Irrweg bewahrt? War es nur meine tiefsitzende Abscheu vor jeder Art von Gewalt? Sicher auch, aber nicht nur. Wahrscheinlich hat mich vor allem mein ewig zweifelndes Wesen geschützt. Mich beschlichen heftige Zweifel, wenn Franz Josef Degenhardt mich glauben machen wollte, in der DDR gehöre das Land dem arbeitenden Volk, obwohl es von einer Mauer daran gehindert wurde, sein angebliches Herrschaftsgebiet zu verlassen. Ich bezweifelte auch sehr, dass die sich mit einer blumigen Parole schmückende *Kulturrevolution* in China (*Lasst hundert Blumen blühen, lasst hundert Schulen miteinander wetteifern*) den *neuen Menschen* durch Umerziehungslager erschaffen würde, die dann ja auch nur kranke, erschöpfte, gebrochene und tote Menschen schufen, viele davon Intellektuelle, unfehlbar erkennbar an ihren Brillen, Büchern, Bratschen. Als die RAF mir die Befreiung des Proletariats durch Attentate hier in Deutschland als heroische revolutionäre Tat verkaufen wollte, war mir nur noch übel vor lauter Zweifeln, nein die Zweifel verstummten. Ich wusste: Das ist nicht der Weg.

Giferto: Und was ist der Weg, meine große Zweiflerin? Der Weg zu der anderen Welt, die angeblich möglich ist, wie auch heute junge Menschen wieder glauben?

Autorin: Und alte immer noch.

Giferto: Okay, okay. Aber wie anders? Der sogenannte *Sozialismus des 21. Jahrhunderts* ist doch nur die Wiederholung der großen Tragödie des 20. Jahrhunderts als Farce. Marx lässt grüßen! Wie er prophezeit hat, verwandelt unterdessen der Kapitalismus fleißig alle menschlichen

Verhältnisse in Warenverhältnisse. Und Leichen pflastern seinen Weg ...

Autorin: In der dritten Welt tote Körper, in der ersten Welt tote Seelen.

Giferto: So weit, so Adorno.

Autorin: So weit, so schlecht. Aber wo ist er denn nun, der gangbare Weg zur Verbesserung der Welt? Wie wird sie gerechter, ökologischer, demokratischer, friedlicher? Mit kleinen Schritten? Learning by doing? Mithilfe der Schwarmintelligenz? Durch zivilgesellschaftliches Engagement? Durch digitale Vernetzung? Durch Besinnung auf die Werte der Aufklärung und des Humanismus? Durch künstliche Intelligenz? Durch Abkehr von der Wachstumsideologie? Durch die Kritik der globalisierten Unvernunft, durch ...

Giferto: Warum quälst du dich noch immer mit diesen Fragen herum? Wir werden sie nicht mehr beantworten. Ich bin zu tot und du bist zu alt. Glaubst du, die Jungen interessieren sich noch für die Gedanken von uns längst in die Mottenkiste der Geschichte verbannte Alt-68er? Unter grauen Haaren, Muff von tausend Jahren!

Autorin: Immerhin sind wir noch so Angst einflößend, dass dieser komische CSU-Minister neulich die konservative Revolution gegen uns ausgerufen hat.

Die Autorin und ihr Mann prusten so laut los, dass alle am Tisch 2 sie konsterniert anschauen. Nein, sie schauen nur die Autorin an, denn Giferto sehen und hören sie ja nicht. Doch schon sieht und hört die Autorin ihn auch nicht mehr. Sie schlägt kurz die Hand vor den Mund und entschuldigt sich bei ihren Gästen:

Autorin: Sorry! Ich musste gerade an so einen schleimigen, machtgeilen Politiker denken ...
Alle nicken verstehend, obwohl sie keinen Namen genannt hat.
An wen denken sie? Offenbar ist die Auswahl an schleimigen, machtgeilen Politikern so groß, dass jeder zu verstehen glaubt, wen ich meine.
Autorin: Lasst euch nicht weiter stören! Ich sehe gerade, dass der Fisch serviert wird. Ich muss dann mal rüber zum nächsten Tisch.
Niemand stellt ihr sich selbst auferlegtes Müssen infrage. John flirtet weiter locker und mit lang eingeübter Selbstironie mit der jungen Anke, Anke übt sich noch in der Kunst geistreicher und unbeschwerter Konversation, Emma winkt ihrer Enkelin Irène am Tisch 5 zu, nur Rosa schaut der Autorin traurig nach, als die zum Tisch 3 hinübergeht.

Tisch 3

Anna, Armin, Ilka, Rena, Sabine

Gebratene Seezunge mit Nordseekrabben

Kaum hat sich die Autorin zu den fünf Gästen an Tisch 3 gesetzt, spürt sie Giferto hinter sich. Der Sohn eines Finkenwerder Hochseefischers und einer bretonischen Fischerstochter saugt den Geruch der in Butter gebratenen und mit Nordseekrabben bestreuten Seezunge tief ein.

Autorin: Wusste ich's doch, dass dich der Duft einer gebratenen Seezunge unwiderstehlich anlocken würde! Auf Speck hat der Koch verzichtet, um den köstlichen Geschmack der Zunge nicht zu verfälschen. Ganz in deinem Sinne, oder?

Wie oft hat er mir von seiner Kindheit in Finkenwerder erzählt, als es sonntags in der Fangsaison Schollen und Zungen satt gab! Sogar kurz vor seinem Tod hat er noch davon geschwärmt. Da haben wir schon lange keine der so selten gewordenen Seezungen mehr gegessen. Hätten wir uns von unserer Rente ja auch gar nicht leisten können. Aber getröstet haben wir uns gegenseitig, dass wir so nicht zu ihrer Überfischung beitrügen, und die im Bestand nicht so gefährdeten Schollen würden ja auch sehr gut schmecken. Sage keiner, wir hätten die Kunst des Selbstbetrugs nicht meisterhaft beherrscht!

Giferto: Mir läuft das Wasser im Mund zusammen.

Autorin *zufrieden*: Ich habe die Seezunge extra für dich bestellt.

Giferto: Merde! Jetzt bedauere ich doch ein bisschen, nur ein freischwebender Geist zu sein, der keine Nahrung braucht. Selbst das mir im Mund zusammenlaufende Wasser ist nur eine Metapher.

Kleinlaut muss die Autorin zugeben, dass sie daran nicht gedacht hat. Wie oft sie den prekären Zustand ihres Mannes vergisst. Für sie ist er einfach immer da. Sie wollte ihm eine Freude machen und hat ihn traurig gemacht.

Autorin: Ich könnte dir in Nullkommanix einen Körper andichten. Dann wärst du für alle hier sichtbar, könntest dich mit an den Tisch setzen und schmausen. Ist das ein Angebot? Warte, ich sag gleich dem Oberkellner Bescheid …

Giferto *bockig*: Nein danke. Ich bin keine deiner Romanfiguren und will es auch nicht werden.

Doch die Autorin hört ihm nicht mehr richtig zu. Sie verrät den langsam verbleichenden Verblichenen an den ersten Romanmann, dem sie Züge Gifertos gegeben hat. Die des jungen Gifertos. Die Autorin betrachtet Armin mit leuchtenden Augen, während sie in Gedanken weiter mit ihrem alten Mann spricht:

Schau, Giferto, dein Alter Ego hat schon einen Bissen von der Seezunge im Mund und kaut genüsslich. Schmeckst du es auch?

Die Autorin dreht sich um, doch Giferto ist entschwunden. Dafür schaut Armin jetzt seine Tischnachbarin Rena mit Gifertos Augen an.

Armin: Hmmh! Lecker! Für mich könnte bei jedem weiteren Gang auch wieder Seezunge serviert werden.

Rena: Das würde Hauke sofort unterschreiben.

Armin: Hauke?

Rena: Mein Mann. Er sitzt leider ganz dort hinten an Tisch 6. *blickt sehnsüchtig in die Richtung* Ich weiß nicht, warum unsere Gastgeberin uns getrennt platziert hat. Ziemlich ungewöhnlich, finde ich.

Armin: Ich bin, ehrlich gesagt, auch davon ausgegangen, mit Vera an einem Tisch zu sitzen. Seit wann lässt man Paare bei einer Feier nicht zusammensitzen? Und Vera und ich – wir sind zwar noch nicht lange ein Paar, aber ein Paar sind wir.

Armin und Rena schauen die Autorin vorwurfsvoll an. Die schweigt und genießt ihre Seezunge.

Ich denke nicht daran, mich für diese Entscheidung zu rechtfertigen! So ist es doch viel spannender. So kann hier Rena, mein Alter Ego in späten Jahren, auf Armin, Gifertos Alter Ego in jungen Jahren treffen. Reizende Konstellation. Worüber werden sie sich unterhalten? Nur eins weiß ich mit Sicherheit: Es wird nicht lange dauern, bis Armin anfängt, vom Segeln zu schwärmen, von der Elbe, vom Wattenmeer und von den Halligen und Inseln. Ah, da geht es ja schon los!

Armin: Vera und ich sind auf unserem ersten gemeinsamen Segeltörn ein Paar geworden.

Rena: Hauke und ich waren schon zusammen, als er mich zum Segeln verführt hat. Und seitdem sind wir jeden Sommer losgeschippert, lass mich nachrechnen, über dreißig Jahre sind das jetzt schon …

Armin: Ostsee?
Rena: Nordsee! Meistens ins nordfriesische Wattenmeer.
Armin: Das ist auch mein liebstes Revier. Wart ihr mal auf Gröde?
Rena: Unsere Lieblingshallig!
Armin *träumerisch*: Gröde, die Königin der Halligen in ihrem lila Gewand aus Halligflieder. Dort hat Vera endlich eingesehen, dass es sinnlos ist, sich gegen unsere Liebe zu wehren.
Rena: Wie romantisch!
Der Autorin steigt die Schamröte ins Gesicht. Was für ein peinlicher Lore-Roman-Dialog! Den hätte ich in meinen Büchern niemals geschrieben. So reden doch ein Mann und eine Frau nicht miteinander, die sich gerade erst kennengelernt haben! War wohl doch keine gute Idee von mir, die beiden an einen Tisch zu setzen. Dass sie schnell einen Draht zueinander finden – geschenkt. Wie sollten sie auch nicht? Sie müssen ihn nicht lange suchen, es ist der offen daliegende, kaum mit Fiktionen ummantelte Draht zwischen dir und mir, Giferto.
Die Autorin schaut sich erneut nach ihrem Mann um, der doch sonst gleich zur Stelle ist, wenn sie an ihn denkt. Doch nein, er lässt sich nicht blicken.
Na gut, dann beschäftige ich mich eben mit Armin! Der steht noch in der Blüte seiner Mannesjahre wie du, als ich dich kennengelernt habe, Giferto.
Doch statt sich auf Armin zu konzentrieren, sieht die Autorin jetzt auf dem Isemarkt den jungen Giferto auf sich zukommen, einen schlanken, bärtigen Mann mit dichtem braunem Haar und blauen Augen, sieht, wie er sich dem

Bügelbrett nähert, hinter dem sie steht, neben sich einen Aufsteller mit einem mit Filzstift beschriebenen Plakat: *Literaturpost – Literatur ist Post. Nachricht von einem Menschen an andere. Jeder Umschlag 2,50 DM.* Die kostbaren Nachrichten lagen als hektographierte Abzüge in grauen Umweltschutz-Briefumschlägen auf dem Bügelbrett, nicht annähernd so verlockend wie Äpfel, Aale und Astern an den Nachbarständen.

Ich hatte an diesem kalten Januarmorgen bestimmt schon seit einer Stunde versucht, die Texte aus den Schreibgruppen an den Mann zu bringen. Wenn überhaupt, brachte ich sie an die Frau. Die Literaturpost: Ein Kapitel für sich. Gegründet wurde die Schreibinitiative 1980 von der Lyrikerin Frederike Frei. Heute würde man wohl von Creative Writing-Kursen sprechen. Aber damals ging es natürlich nicht nur ums Schreiben. Ein gesellschaftspolitischer Anspruch gehörte dazu. Wir wollten die Literatur aus ihrem elitären Elfenbeinturm befreien, sie *zu den Menschen* in den Alltag bringen. Darum der Stand auf dem Markt, wo jetzt der junge Mann auf mich zukommt.

»Hi! Ich bin Giferto aus der Donnerstagsgruppe.«

»Ich bin in der Frauenschreibgruppe.«

So oder so ähnlich banal hat es wohl angefangen, unser lebenslanges Gespräch, Giferto. Danach hast du eine Broschüre auf das Bügelbrett gelegt: Deine Gedichte, mit Schreibmaschine geschrieben, auf schönes dickes, rotbraunes Papier kopiert und in der Mitte von Heftklammern zusammengehalten. Auflage 20 Stück. Und dann hast du den vorbeieilenden Marktbesuchern laut deine Poeme entgegengerufen und ich habe sie mit meiner *Jammerlürik* belästigt. Oder war die da noch gar nicht erschienen? Doch, doch. Die war gerade frisch veröffentlicht. Zwar nicht bei Suhrkamp, sondern im Literaturpostverlag, aber es war immerhin ein richtiges gedrucktes Buch in einer Auflage von 1000 Exemplaren.

Giferto: Ganz andere Liga als meine Broschüre aus dem Copy-Shop. Wie habe ich dich damals glühend beneidet!

Autorin: Ach! Du hast doch immer behauptet, du hättest in dem Moment nur Augen für meine schönen Augen gehabt.

Giferto: Unbedingt! Aber auch ein Ohr für deine rätselhaften Gedichte über die Mondin, Marx und Melancholie.

Autorin: Oh weh! Meine Jugendsünden.

Giferto: Immerhin hast du sie später in etlichen Anthologien untergebracht.

Autorin: Trotzdem! Ich bin froh, dass ich danach die Finger von der Lyrik gelassen hab. Mein Metier ist nun mal die Prosa. Das habe ich zum Glück noch rechtzeitig gemerkt. Allerdings neulich ... neulich, muss ich gestehen, bin ich doch tatsächlich rückfällig geworden und hab auf meine alten Tage wieder ein paar Gedichte geschrieben.

Giferto: Über die Mondin im Pflegebett?

Autorin: Idiot!

Der Anlass kam von außen. Ein Lyrikwettbewerb der Hamburger Autorenvereinigung zum Thema Toleranz. Irgendwie hat mich das angefixt, über die Grenzen der Toleranz zu schreiben. Aber die Zweifel kamen natürlich prompt: Kann ich nach all den prosaisch verflossenen Jahren überhaupt noch Gedichte schreiben? Auf der Suche nach Inspiration nahm ich meine vergilbte *Jammerlürik* zur Hand, konnte mit meinen Jugendsünden wenig anfangen, fand aber die Machart des Buches bemerkenswert: Auf den rechten Seiten meine Gedichte und auf den linken Kritik, Kommentare, Verbesserungsvorschläge aus der Frauenschreibgruppe. Alles unserem hehren Literaturpost-Anspruch geschuldet, *Lyrik vom Sockel zu holen* und Gedichte als *work in progress* darzustellen. Aber das war noch nicht alles. Den Titel, *Jammerlürik – oder was sagst du dazu?*, hatten wir ernst gemeint und auf das Cover, das wie ein Brief gestaltet war, meine Adresse gedruckt. Und tatsächlich brachte mir der Postbote viele Briefe von Leserinnen, die etwas *dazu zu sagen* hatten. Und auch einige Briefe von Lesern. So konnten wir in der 2. Auflage auf die linken Seiten diese Kommentare aus den Briefen mit abdrucken. Wenn ich's mir recht überlege, nimmt dieses Konzept die Kommentarspalten im Internet vorweg. Meine *Jammerlürik* – Netzlyrik avant la lettre?

Die Autorin sonnt sich kurz im trügerischen Glanz der Avantgarde, doch dann kehrt ihre Erinnerung zurück zu dem Tag vor nicht allzu langer Zeit, an dem sie mit Blick auf die Eichhörnchen, die vor dem Fenster ihrer Seniorenwohnung das Vogelhäuschen plünderten, fünf Gedichte zum Thema Toleranz schrieb.

Wie ausgepumpt ich mich danach fühlte! Ausgepumpt, leer und einsam. Wo ist die Befriedigung geblieben, Giferto, die wir zu Literaturpost-Zeiten empfanden, wenn wir ein Gedicht zu Papier gebracht hatten, ich mit Füller, um mir Wichtigkeit zu suggerieren, du mit Bleistift, oft nur einem Stummel mit Halter? Und wie schlugen unsere Herzen schneller, als auf dem Isemarkt zwei Frauen vor dem Bügelbrett stehenblieben und uns lauschten! Dieses Gefühl: Wir erreichen Menschen mit unseren Texten. Erhebend. Berauschend. Nüchtern betrachtet, erreichten wir nur wenige und nur flüchtig, aber wir erreichten einander. Das größte Verdienst der Literaturpost ist, dass sie uns zusammengebracht hat. Das hast du später immer unseren Kindern erzählt. Die Armen! Wie oft mussten sie diesen Satz hören, samt den verklärenden Erinnerungen an unsere erste Begegnung auf dem Isemarkt, in denen nichts mehr aufschien von unseren kalten Füßen, den abweisenden Gesichtern vorbeihastender Hausfrauen und den spöttischen Kommentaren frustrierter Rentner: Geht doch lieber arbeiten!

Die Autorin versinkt in ihren Erinnerungen und hat Seezunge, den roten Faden und Armin vergessen, dem sie doch ihre Aufmerksamkeit schenken wollte. Es dauert lange, bis sie aus der Vergangenheit wieder auftaucht und die Situation realisiert, in der sie sich zu finden sucht.

Armin! Armin schenkt mir doch die Möglichkeit, dir als jungem Mann näherzukommen, Giferto. Und der *Möglichkeit der Liebe!* Okay, Armin ist Astronom und er ist ein alleinerziehender Vater, aber er ist wie du ein passionierter Segler, ein Mann, der ohne Boot nicht denkbar ist, ein Seebär, der im Urlaub am liebsten auf der Elbe und im Wattenmeer herumschippert, er ist ein Mann, der nicht viele Worte macht, aber auf die Worte, die er macht, kann man sich verlassen. Nach deinem Bilde schuf ich ihn, Giferto. Und wie du mich die Schönheiten des Wattenmeers entdecken lehrtest, so schaffte auch Armin es, die Landratte Vera mit dem spröden Charme dieser Landschaft zu verzaubern. Wie lange waren wir schon zusammen, Giferto, als ich *Möglichkeit der Liebe* schrieb? Bestimmt schon zwei Jahrzehnte. Da hatte ich mit Leib, Seele und Geist erfahren: Eine Liebe zwischen Mann und Frau ist möglich. Die Literatur jener Jahre war allerdings von Loriots Bonmot *Männer und Frauen passen einfach nicht zusammen* geprägt. Also löckte ich wider den Stachel, was ich zu gern tue. Mir ging die sogenannte Frauenliteratur zunehmend auf den Senkel, in der Frauen ihr Schicksal als Opfer des Patriarchats wieder und wieder ins Schaufenster stellten. Zu Beginn der zweiten Frauenbewegung in den 70er Jahren, die meine erste war, hatte ich das noch als befreiend empfunden. Endlich fanden Frauen den Mut, ihre Unterdrückung durch Väter, Ehemänner, Chefs in Worte zu fassen. In ihren Büchern tauchten ignorante Frauenärzte auf: »Ich verschreibe die Pille nicht an Ledige, mein Frollein.« Sie thematisierten ihre Benachteiligung im Beruf: »Sie müssen von Ihrem Lohn ja keine Familie ernähren.« Sie erzählten von chauvinistischen Partnern: »Das bisschen Haushalt wirst du ja wohl schaffen.« Doch beim Beklagen der Misere konnten wir Frauen doch nicht stehenbleiben! Das war mein Impuls. Leider zerfaserte die Frauenbewegung in den 80ern. Zu viele zogen an den Fäden, das schöne bunte Gewebe röppelte auf. *Frauen gemeinsam sind stark* – das war einmal. Jetzt hieß es für die einen *Feminismus ist die Theorie und Lesbianismus ist die Praxis*, andere drifteten ins Esoterische ab und lasen ihr Schicksal aus Tarotkarten, manche wollten Frauen zu besseren Männern machen, manche den Penetrationszwang abschaffen, vielen genügte gleicher Lohn für gleiche Arbeit, die meisten kämpften gegen den §218, aber manche wollten die Frauen generell von Kindern befreien, diesen *Bremsklötzen der Emanzipation*, andere wiederum verherrlichten die Mutterschaft als Keimzelle des Matriarchats. Was wollte ich? Gleiche Rechte und Pflichten für Männer und Frauen. Eine Gesellschaft, in deren Strukturen diese Gleichberechtigung auch gelebt werden kann. Menschen, die als Individuen heranwachsen, die nicht an Geschlechtsrollen angepasst werden. Das wollte ich. Das Einfache, das schwer zu machen ist. Und es ist noch lange nicht erreicht!

Giferto: Hallo, Kollegin! Deine Erzählerin galoppiert dir davon! Die produziert hier einen Essay über den Feminismus.

Autorin *schreckt auf*: Verdammt. Wo ist mein Lasso? Ich muss sie wieder einfangen.

Giferto *weist auf Armin*: Da ist dein Lasso! Schau ihn dir genau an! Warum hast du ihn zur männlichen Hauptfigur in *Möglichkeit der Liebe* gemacht?

Autorin: Weil ich die vielen bösen Männer in den Romanen von Frauen damals leid war. Und die ewigen Frauen-als-Opfer-Geschichten. Das war ja richtig, aber es war nicht alles! Es gab auch Männer, die sich gemeinsam mit den Frauen aus den patriarchalen Zwängen befreien wollten. Es gab sie in meiner WG, an der Uni, in meinem Freundeskreis. Es gab, horribile dictu, gute Männer.

Giferto: Wie mich.

Autorin: Mach dich nur lustig!

Giferto: Auch diese Männer waren keine Engel.

Autorin: Die Frauen auch nicht! Mit gut meine ich ja nicht fehlerlos, perfekt, engelsgleich, sondern vielleicht einfach nur ... nicht böswillig. Na ja, und vielleicht auch noch selbstkritisch. Und unbedingt: humorvoll. Und empathisch natürlich auch. Und ...

Giferto: Mit einem Wort: Engel.

Autorin: Ach, leck mich. Du weißt genau, was ich meine.

Giferto: Aber deine Leserinnen nicht. Und deine Leser erst recht nicht.

Autorin: Dann ziehe ich mich halt darauf zurück, dass Literatur nicht immer alles auserklärt. Der Text weiß mehr als die Autorin usw., du weißt schon.

Giferto: Komm lieber endlich mal zu Armin zurück! Erst lädst du mein jüngeres Alter Ego ein und jetzt vernachlässigst du ihn.

Autorin: Sieh an! Du identifizierst dich mit ihm. Fühlst dich zurückgesetzt. Bin ich dir vielleicht sogar näher, wenn ich mit Armin rede, als wenn ich mit dir rede?

Giferto: Nein, aber ich genieße es, mich an den jungen Mann zu erinnern, der ich mal war.

Autorin: Du hast dich kaum verändert.

Giferto *lacht auf*: Bis auf die unbedeutenden Kleinigkeiten, dass ich krumm und grauhaarig bin, mein Gedächtnis ein Sieb und mein Rücken nicht mehr belastbar, meine Prostata ...

Autorin: Hör auf! Im Kern hast du dich kaum verändert.

Giferto: Auch dass ich tot bin, ist nicht von Bedeutung?

Autorin: Literarisch interessiert das einen feuchten Feudel. Du führst doch einen sehr lebendigen Dialog mit mir. Also, was willst du mehr? ... Hallo? ... Wo bist du? Och nö, das ist jetzt unfair!

Die Autorin ärgert sich, dass ihr Mann sich mal wieder unvermittelt im Nichts aufgelöst hat.

Das hätte ich ihm nicht gestatten sollen! Nicht lange genug nachgedacht bei der Planung für mein *Dinner 70*. Aber Gifertos Fähigkeit zum willkürlichen Erscheinen und Verschwinden gehört nun zu meinen Spielregeln. Leichtsinnig von mir. Aber nicht mehr zu ändern. Nein, ich bin eine disziplinierte Autorin. Kein Bruch der Spielregeln, basta! Giferto is gone, Armin is on. Wie komme ich mit ihm ins Gespräch? Na, wie wohl? Ich frag ihn was übers Segeln. Das zieht bei ihm garantiert. Doch er redet gerade lebhaft mit Rena. Da sollte ich nicht stören. Worüber? Natürlich! Übers Segeln! Ich muss nur zuhören.

Armin: Die meisten schippern mit ihren Kielschiffen in die Ostsee und verstopfen da die Häfen. Die wissen gar nicht, was ihnen entgeht.

Rena: Zum Glück! So haben wir das Wattenmeer mit unseren alten Schwertbooten für uns. Ein anspruchsvolles Revier, das muss man allerdings auch mal sagen: Die Strömungen, die Tide, die Untiefen, die Veränderlichkeit.

Armin: Das ist ja gerade das Reizvolle. Und was soll's! Wenn man festkommt, weil der Priel verschlickt ist oder das Wattenhoch sich verlagert hat, dann ankert man eben, läuft barfuß auf den Rippeln in der herrlichen Einsamkeit der Watten herum, beobachtet Vögel und Seehunde, sammelt Muscheln und Seesterne, kocht Labskaus, trinkt Grog, liest Joseph Conrad, übernachtet unter dem Gefunzel der Ankerlaterne und im frühen Morgenlicht geht's mit der ersten Flut weiter.

Rena: So kann es sein. Und ganz anders. Dann kommt über Nacht Sturm auf, ach, Starkwind reicht schon. Beaufort 5, 6, und die Nacht wird zum Horrortrip. Am nächsten Morgen ist man durchgeschaukelt, grün im Gesicht, hat keine Sekunde Schlaf gekriegt, das Labskaus Neptun gespendet und ist heilfroh, wenn der nächste Hafen nicht ausgerechnet da liegt, wo Wind und Strömung herkommen!

Armin: Abwechslungsreiches Revier. Reizvoll. Sag ich ja.

Rena: Findet deine Vera das auch?

Armin: Spätestens eine Stunde, nachdem sie wieder festen Boden unter den Füßen hat.

Rena *lächelt versonnen*: Dann ist sie dem Wattenmeer schon ebenso verfallen wie ich.

Ja, das haben meine beiden Alter Egos Vera und Rena mit mir gemein. Und ich verdanke es natürlich dir, Giferto. Ohne dich hätte ich diese Welt nicht kennengelernt, die Wasserwelt, die Wattenwelt, die Welt der Inseln und Halligen, der wir uns auf vierzig Segeltörns angenähert haben, die wir geschaut, erkundet, nie erobert haben, die uns freien Atem, weite Gedanken und gischtige Gefühle geschenkt hat.

Die Autorin schaut sich nach ihrem Mann um, der beim Thema Segeln und Wattenmeer doch bestimmt gern ein paar Döntjes vom Stapel lassen will. *Und diese riesige Seetonne, auf die wir zutrieben, wenn wir die gerammt hätten, Mannomann ...*

Aber nein, du hältst dich vornehm zurück. Was soll mir dein Schweigen sagen, Giferto? Dass ich dich nicht so oft erscheinen lassen soll? Dass es in diesem Roman um mein Leben geht und nicht um deins? Aber den größten Teil unseres Lebens ist es unser Leben, unser gemeinsames Leben gewesen.

Giferto: Du kannst nicht über unser gemeinsames Leben schreiben.

Autorin *verkneift sich eine triumphierende Bemerkung darüber, dass sie ihn doch wieder hervorgelockt hat*: Ach, nein? Und warum nicht, bitte schön?

Giferto: Weil das nur eine auktoriale Erzählerin könnte, die die gleiche Distanz zu dir und mir hätte.

Autorin *trotzig*: Unser Leben heißt: unser Leben aus meiner Sicht betrachtet. Das weiß der Leser doch längst.

Giferto: Sicher? Und weiß er auch, dass er keine Autobiografie liest?

Autorin: Das vergesse ja sogar ich manchmal.

Giferto: Was für ein Kuddelmuddel!

Autorin: Es ist kompliziert. Das ist der Sound des modernen Lebens.

Die Autorin lacht. Gleich darauf denkt sie ernsthaft über das Autobiografische im Schreiben nach.

Ist ja wieder sehr in Mode. Schlagwort Authentizität. Aber während in den 70er Jahren Frauen damit abqualifiziert wurden, ihr Schreiben sei ja *nur* autobiografisch, wertet es heute die Literatur auf, wenn sie sich als *biografisch beglaubigt* und *authentisch* darstellt. Das autobiografische Schreiben – kann es wahr sein? Kann es natürlich nicht. Selbst wenn ich um Wahrheit bemüht über mein Leben schreiben würde, wäre es nur die Fiktion, die sich in meinem Erinnerungsprozess verfestigt hat. Darum lieber gleich Fiktion, in der ich mein Leben als Quelle unter anderen Quellen nutze. Heikel wird es, wenn diese Fiktion Figuren bevölkern, in denen Anteile realer Menschen enthalten sind. Gerade wenn ich sehr nahe an die mir Nächsten herankomme. Klar, ich verfremde sie, vermische sie mit fiktiven Anteilen, bemühe mich, sie nicht zu entblößen oder gar zu verletzen ...

Giferto: Bin ich froh, dass ich nicht die Frau von diesem Karl Ove Knausgård bin!

Autorin *stutzt*: Äh, wie jetzt? Du die Frau von ...

Giferto: Na, alle Welt glaubt doch, sie zu kennen, glaubt, dass sie die ist, als die sie in seinem ausgeuferten Selbstdarstellungsprojekt erscheint. Er reflektiert das zwar auch, aber er trifft eine eindeutige Entscheidung: Mein Werk ist mir wichtiger als meine Frau und meine Kinder.

Autorin: Ich würde dich und unsere Kinder nicht für meine Literatur opfern.

Giferto: Männer nehmen sich einfach wichtiger. Sich und was sie tun. Ihr großartiges Werk. Dem opfern sie notfalls auch ihre Liebsten.

Autorin: Du nicht.

Giferto: Ich bin ja auch ein untypischer Mann. Weil du mich gestaltet hast.

Autorin: So kann dich wenigstens niemand mit deinem realen Vorbild verwechseln.

Giferto: Sehr witzig. Mein reales Vorbild würde jedenfalls seine Frau und seine Kinder auch nie der Öffentlichkeit zum Fraß vorwerfen.

Autorin: Das weiß ich doch.

Giferto: Und Armin?

Autorin: Der schreibt ja gar nicht. Der ist Astronom. Schon vergessen?

Giferto: Stimmt! Die berühmte Verfremdung. Na, die Astronomie hat dich ja schon immer fasziniert. Deine Rena hast du doch auch zur Astro-Physikerin gemacht. Was hältst du davon, wenn Armin und Rena jetzt mal über die Dunkle Energie, die Gravitationswellen oder so was reden und nicht immer nur übers Segeln?

Autorin: Gute Idee! Ich spiel mal wieder Mäuschen bei den beiden.

Nein, nichts zu machen. Armin und Rena reden nicht über Sterne im All, sondern über Seesterne im Watt. Soll ich sie aus ihrer Schwärmerei herausholen? Dazu liebe ich diese karge Landschaft selbst viel zu sehr. Wie viel Lebensfreude und Lebenslust Rena ausstrahlt! Eine Frau Anfang sechzig. Aber es ist ja auch die Rena vor Haukes Tod, nicht Rena, die Witwe. Die todtraurige Rena wollte ich heute Abend hier nicht sehen. Warum habe ich Rena eigentlich den geliebten Mann entrissen? Du lebtest ja noch, Giferto, als ich *Die vier Liebeszeiten* schrieb. Ich hatte diesen Schrecken noch nicht erlitten. Die einfache Antwort wäre: Das gehörte zum Konzept des Buches. Ich wollte eine Liebesgeschichte, die nicht beim Happy End aufhört, sondern dort erst anfängt. Ich wollte eine jahrzehntelange Liebe durch alle Stadien begleiten, durch den Frühling, Sommer, Herbst und Winter der Liebe. Vom Kennenlernen über das Zusammenleben, das Elternwerden, das Älterwerden bis zum Tod eines Partners. Voilà: Der literarische Grund für Haukes Tod. Aber vielleicht war es auch mein hilfloser Versuch, deinen Tod zu bannen, Giferto, indem ich

Haukes Tod beschrieb. Eine Art Voodoo. Ein literarischer Bannzauber. Der natürlich ebenso wenig geholfen hat, wie jede Art von Zauber. Und er hat mir auch nicht geholfen, besser mit deinem Tod fertigzuwerden als Rena mit dem Tod ihres Hauke. Wo steckst du jetzt, Giferto? Jetzt könnte ich ein paar tröstende Worte von dir brauchen. Aber nein, wie immer, wenn vom Tod die Rede ist, machst du ein paar billige Witze oder du verkrümelst dich. Mit dem Tod wolltest du dich nie gern beschäftigen. Unsere Wohnung im vierten Stock ohne Fahrstuhl ist unser Fitnessprogramm, dazu ein bisschen Laufen, Gymnastik, gesunde Ernährung, Gelassenheit und Liebe, da hat der Tod keine Chance. Das war dein Credo. Sympathische Lebenseinstellung. Aber leider unzutreffend. Warum sich überhaupt mit dem Tod beschäftigen, wolltest du von mir wissen. Halten wir es doch mit Epikur: *Das schauerlichste Übel also, der Tod, geht uns nichts an; denn solange wir existieren, ist der Tod nicht da, und wenn der Tod da ist, existieren wir nicht mehr.* Tolle Maxime, was den eigenen Tod angeht, mein Lieber, aber jetzt, wo du tot bist, bin ich immer noch da und mich geht es sehr wohl etwas an!

Die Autorin wartet, doch ihr Mann lässt sich nicht blicken.

Feigling! So zuverlässig du als Mensch gewesen bist, als Avatar beziehst du deine Lebensenergie nur zum kleinen Teil aus den Steuerungsimpulsen meiner Großhirnrinde. Du bedienst dich frei meiner Gefühle, meiner unbewussten Impulse, meiner Erinnerungen und verborgenen Sehnsüchte und machst daraus, was du willst. Und was willst du? Offenbar, dass ich mich nicht mehr mit dem

Tod beschäftige. Na gut, das wollte ich an diesem Abend ja auch vermeiden. Darum habe ich Rena in der Blüte ihres Alters eingeladen und in der Schutzhülle ihrer Liebe zu dem quicklebendigen Hauke, der ihr gerade vom Tisch 6 zuwinkt. Und ihre geliebte Oma Anna ist auch bei ihr, obwohl die im Roman schon gestorben ist, als Rena dreizehn Jahre alt war. Ich habe ihr die Begleitung von gleich zwei Menschen gegönnt, von denen sie geliebt wird. Sie kann also wirklich nicht meckern!

Die Autorin kämpft ihren aufkommenden Neid auf Rena nieder und richtet ihre Aufmerksamkeit auf Oma Anna.

Das ist doch tatsächlich schon die dritte Romanfigur, in der deutliche Anteile meiner Großmutter aufscheinen! Aber Oma Anna hat nichts mit Verstrickungen in Fememorde zu tun wie die *Schwarze Rosa* und ist auch nicht das anhängelnde Ehegespons eines Wissenschaftlers im Kaiserreich wie Emma. Oma Anna ist, wie schon ihr Name signalisiert, vor allem Oma. In dieser Funktion ist sie für das Kind Rena wichtig, überlebenswichtig. Dabei ist Oma Anna noch nicht einmal Renas leibliche Oma, sondern sie zieht nur das Bankert ihrer Schwiegertochter groß, der Witwe ihres gefallenen Sohnes, die sich von einem englischen Besatzungssoldaten ein Kind machen lässt. Behauptet sie jedenfalls. Sie nennt das Kind Renate und macht sich allein auf und davon, nach Hamburg, in die große Stadt, wo sie sich einen gut situierten zweiten Ehemann angelt, zwei Söhne bekommt und die bei Oma Anna zurückgelassene Renate, die sich später Rena nennt, mit Glückwunschkarten zu Weihnachten und zum Geburtstag abspeist.

Die Autorin hält inne. Die Galle kommt ihr hoch, wie immer, wenn sie auf eine Mutter stößt, die ihr Kind zurücklässt. Dabei ist Renas Mutter nur ihrer Fantasie entsprungen. Nein, entsprungen ist das falsche Wort. Renas Mutter ist hervorgequollen aus den Verliesen, in die ich mein Verlassenheitsgefühl als Kind gesperrt habe, hat die dicken Mauern überwunden und sich als Inbild einer Mutter in meinen Roman geschmuggelt, die ihr Kind opfert, um ein Leben in materiellem Wohlstand zu führen.

Giferto: Ihr Kind opfert? Nu mach aber mal halblang! Du könntest höchstens sagen, sie opfert ihr Verhältnis zu ihrem Kind. Rena geht es doch gut bei Oma Anna.

Autorin: Sehr gut sogar. Danke, dass du aufpasst, sonst würden meine einseitigen, ungerechten, übertriebenen, aber leider unausrottbaren Aversionen gegen verlassende Mütter und Väter meine literarische Darstellung solcher Menschen vollkommen überformen.

Giferto: Da nich für. Ich weiß ja, wo's herkommt. Vielleicht solltest du darüber mal schreiben.

Autorin: Oh nein! Ich werde hier nicht über meine Eltern schreiben.

Giferto: Warum nicht? Die brauchst du nicht vor der Öffentlichkeit zu schützen. Deine Eltern sind tot.

Autorin *unbelehrbar*: Die haben hier so wenig zu suchen wie in meinem Roman *Die vier Liebeszeiten*. Es geht um die literarische Wahrheit. Das Verlassenheitsgefühl eines Kindes – das wollte ich nachfühlbar darstellen. Und die Auswirkungen auf das weitere Leben. *mit Furor* Dieses ewige sich nicht richtig, sich nicht liebenswert fühlen, ja nicht mal existenzberechtigt!

Giferto: Ist ja gut. Ist ja gut.

Er umarmt die Autorin, bis sie sich langsam von ihm löst, er sich auflöst, doch sein Lächeln bleibt, scheint in ihren Augen auf, mit denen sie Oma Anna betrachtet und in Oma Annas Augen, die auf Rena gerichtet sind.

Was sieht sie? Sie sieht in der Sechzigjährigen ihr Renakind, dieses spillerige Mädchen, das sie aufgepäppelt hat nach dem Krieg, in dem sie alles verlor, Mann, Sohn, Hof, Heimat. Sie putzt im Kolonialwarenladen des Kaufmanns Otto Schmalhans, bei dem sie als Vertriebene unterm Dach einquartiert wird. Später darf sie sogar die Kundschaft bedienen. Das Geld ist immer knapp, aber sie verwöhnt ihr Renakind jeden Tag mit ihrer tatkräftigen wortkargen Liebe. Sie sorgt dafür, dass Rena einen Schatz anhäuft, den ihr niemand wegnehmen kann: den Schatz in ihrem Kopf. Sie sagt niemals *Ein Mädchen heiratet ja doch*, im Gegenteil, sie ermahnt Rena, eine Frau müsse ihren Mann stehen, dürfe sich niemals von einem Mann abhängig machen, und ist glücklich, als ihr kluges Mädchen die Aufnahmeprüfung fürs Gymnasium besteht.

Ja, Rena hat Oma Anna viel zu verdanken. Den Schatz in ihrem Kopf und den Schatz in ihrem Herzen. Und ihre Liebe zu den Sternen. Oma Anna deutet ihr die chaotisch über den Himmel verstreuten Lichtpunkte als Sternbilder, die eine unauslotbare Welt von Sagen und Mythen ans Firmament bannen. Eine Welt, die sich fundamental von dem unterscheidet, was die Astronomie im Kosmos sucht und findet, aber vielleicht doch auch ein Grund, warum sich Rena während ihres Physikstudiums auf diesen Wissenszweig spezialisieren wird. Rena, die Astronomin, die Professorin, die Erforscherin von Quasaren und Exoplaneten. Was hat sie mit mir zu tun, die ich mich lange nur in der geisteswissenschaftlichen Welt bewegt habe? Philosophie, Linguistik, Literaturwissenschaft, Soziologie, das interessierte mich. Formeln und endlose empirische Untersuchungen, das Klein-Klein der naturwissenschaftlichen Alltagsarbeit, waren mir ein Graus. Sind es noch. Doch die großartigen Erkenntnisse, die daraus erwachsen, faszinieren mich von Jahr zu Jahr mehr. Sie bieten dem faustischen Hunger zu verstehen, was die Welt im Innersten zusammenhält, so viel Nahrung, dass man sie im Leben nicht verdauen kann, und trotz der Überfülle sättigen sie niemals. Allein schon zur Beantwortung nur der einen Frage *Was ist der Mensch?* bieten Biologie, Anthropologie, Verhaltensforschung, Gehirnforschung, Psychologie etc. so viele Erkenntnisse! Beantworten können sie die Frage natürlich ebenso wenig wie die philosophischen Überflieger mit ihren mühsam erdachten Weisheiten. Aber was für ein Genuss, wenn man hier etwas versteht, sich da etwas zusammenfügt, wenn man ein Stückchen tiefer eindringt in Materie und Geist, wenn ein Erkenntnisblitz aufleuchtet oder intuitiv Verstandenes durch Fakten erhärtet wird. Das flasht! Ja, in ihrer Neugier, Wissbegier und Begeisterung für das Eindringen in die Geheimnisse der Welt ist Rena mir ähnlich. Wie auch andere meiner Frauenfiguren. Moment mal!

Die Autorin lässt ihre Romane Revue passieren und stößt auf eine Atomphysikerin, eine Stammzellforscherin, eine Gehirnforscherin und eine Verhaltensforscherin.

Das sind zusammen mit der Astronomin Rena fünf Professorinnen aus naturwissenschaftlichen Disziplinen, die ich zu Hauptfiguren gemacht habe. Boah! Das war mir nicht klar. Aber es gefällt mir! In der Literatur gibt es viel zu wenige Wissenschaftlerinnen, wie überhaupt viel zu wenige kluge, starke, erfolgreiche Frauen. Bei mir gibt es sie! Das rechne ich mir als dicken Pluspunkt in meiner literarischen Bilanz an. Für den Verkauf der Bücher war die Kombination Frauen und Wissenschaft natürlich Gift. Wie heißt es so unerbittlich in den Marketingabteilungen der Verlage: Männer lesen solche Bücher nicht, weil die Hauptfigur eine Frau ist; Frauen lesen sie nicht, weil sie Wissenschaft für staubtrocken und langweilig halten. Leider straft das Kaufverhalten der Geschlechter diese Einschätzungen selten Lügen. Aber es gibt ihn, den kleinen erlesenen Kreis Lesender, der dieser Verallgemeinerung trotzt. Für den habe ich geschrieben.

Die Autorin genießt einen *Mission accomplished!*-Moment. Leider drängen von den Rändern ihres Bewusstseins schon wieder Zweifel in ihr Wohlgefühl.

Wirklich? Habe ich nicht immer nur für mich selbst geschrieben? Oder für die eine imaginäre Leserin, die denkt und fühlt wie ich? Ach, Ruhe auf den hinteren Bänken! Warum und für wen auch immer ich geschrieben habe, am Ende hat es einige Menschen erreicht. Punkt. Und dafür empfinde ich eine tiefe Dankbarkeit. Und eine Verbundenheit mit meinen Geschöpfen, die ich heute hier versammelt habe. So, und jetzt will ich das gefälligst mal einen Moment lang genießen! Wie soll ich sonst den ganzen Aufwand für diese Feier rechtfertigen, wenn nicht mal ein klitzekleiner Moment unhinterfragter Zufriedenheit für mich dabei abfällt?

Trotzig versucht die Autorin, sich dem Genuss des Moments hinzugeben, bis sie sich eingestehen muss, dass man trotzig nicht genießen kann. Und prompt hört sie die Stimmen von den hinteren Bänken wieder.

Verbundenheit mit deinen Geschöpfen? Mit diesen Ausgeburten deiner Fantasie? Ist das nicht pervers? Ja, die Literatur ist pervers. Ich bin in meine Figuren hineingekrochen, habe mit ihnen und in ihnen und durch sie gelebt. Sie waren für mich manchmal realer als viele der biologischen Existenzen um mich herum. Großes Aber: Wenn meine Tochter ihr Kuscheltier verloren, mein Sohn sein Knie aufgeschlagen oder Giferto, Gott behüte, einen Schnupfen eingefangen hatte, schrumpfte noch das existenziellste Problem meiner Lieblingsromanfigur zur Bedeutungslosigkeit. Das Leben ist das Leben ist das Leben. Sagt die Literatur. In Stein gemeißelt.

Rena: Du redest wie Hauke.

Autorin *beschämt, dass sie offenbar schon wieder laut vor sich hin geredet hat*: Wie Hauke? Wieso?

Rena: Na, dein ewiges Nachdenken über das Leben und die Literatur.

Autorin: Dein Hauke ist ja auch Schriftsteller. Und diese seltsame Spezies macht sich nun mal Gedanken über das Verhältnis von Leben und Literatur. Déformation professionelle. Hab Nachsicht!

Rena: Geschenkt. Ich find es höchst amüsant, wie du dich in ihm spiegelst. Mir ist heute Abend allerdings erst klar geworden, dass du Hauke etliche deiner Bücher mit leicht veränderten Titeln untergeschoben hast.

Autorin: Ein Insider-Joke. Hat er etwa darunter gelitten?

Rena: Ach was! Höchstens darunter, dass du ihn als mäßig erfolgreichen Schriftsteller bezeichnet hast. Was hätte es dich gekostet, ihn etliche Bestseller schreiben zu lassen?

Autorin: Der Preis wäre ein völlig unrealistisches Bild von den Marktgesetzen gewesen, denen die Literatur unterliegt. Sie unterliegt ökonomisch, wenn sie nicht nach dem Geschmack der Masse schielt. Sie unterliegt als Literatur, wenn sie es tut. Hättest du denn lieber einen Mann gehabt, der nach dem ersten Erfolg Bücher in Serie nach immer dem gleichen Muster schreibt?

Rena *hebt abwehrend die Hände*: Schon gut! Schon gut! Du hast alles richtig gemacht. Das willst du doch hören, oder?

Natürlich höre ich das gern, obwohl es, vornehm ausgedrückt, Bullshit ist. War es richtig, mich nicht nach den guten Ratschlägen aus der Marketing-Abteilung zu richten: Wiedererkennbar müsse ich sein und am besten eine Fortsetzung meines Erfolgsromans *Duplik Jonas 7* schreiben. *Duplik Jonas 7, Part II*? Zumindest aber solle ich der Science Fiktion treu bleiben. Hätte ich machen können. Dann hätte ich aber auch jede andere entfremdete Arbeit machen können. Schreibprodukte am Literaturfließband abliefern, dazu war mir meine Lebenszeit zu schade. Ich wollte mich neuen Herausforderungen stellen, mich mit dem beschäftigen, was mich bewegte, was mir Rätsel aufgab, was ich nicht verstand. Mein Schreiben war meine Art der Auseinandersetzung mit mir selbst und der Welt, und die wandelte sich ständig und damit auch die Themen, der Stil und die Genres. Also erschienen unter meinem Namen keine wiedererkennbaren Bücher in einem Hausverlag, sondern ganz unterschiedliche Bücher in verschiedenen Verlagen. Nach den Marketinggesetzen des Literaturmarktes ein No go. Ich hatte auch keine Lust, dem jeweils angesagten Literatur-Trend hinterherzulaufen, seien es Pop, Faction, Neuer Realismus, Nature writing, Autofiktion oder was auch immer, ich wollte nicht den von Kritikern angemahnten Berlin-, Wende- oder Apokalypse-Roman schreiben, und ich war erst recht nicht bereit, aus mir selbst eine Ware zu machen, getreu den Tipps: Du brauchst ein Markenzeichen, egal was. Sei die Autorin, die immer in Vintage-Klamotten auftritt oder einen gelben Hut trägt oder vor jeder Lesung eine Gurke isst.

Autorin: Liebste Rena, natürlich war längst nicht alles richtig, was ich gemacht hab, aber über eins bin ich wirklich froh: Ich bin kein Marketing-Clown der Kulturindustrie geworden!

Rena: Bravo! Davor hast du ja auch Hauke bewahrt. Und vor allzu großem Erfolg. Er hat sich darüber übrigens nie beschwert. Aber etwas anderes kann er dir nur schwer verzeihen. Und ich auch nicht. Du hast uns einer Erfahrung ausgesetzt, die ich nicht mal meinem ärgsten Feind wünschen würde.

Die Autorin schweigt. Sie weiß genau, welche Erfahrung Rena meint.

Der Schrecken brach an einem bruttig heißen Hochsommertag in Renas und Haukes Leben ein. Ihr Jollenkreuzer *Rubiintje* dümpelte vor Anker im Nebenfahrwasser der Elbe. Sie lagen erschöpft in den Kojen und hielten eine kurze Siesta, während ihr kleiner Sohn Björn in der Vorpiek mit seinen Matchbox-Autos spielte. Plötzlich wachte Rena von der Stille auf. Kein Brumm-Brumm mehr aus der Vorpiek? Sie warf einen Blick hinein und sah: eine leere Koje, einen offenstehenden Kajütdeckel. Ihr Schrei riss Hauke aus dem Schlaf, sie rannten an Deck ... nichts. Kein Björn, nirgends. Um sie herum die Elbe mit ihrer reißenden Strömung, ganz nah das Hauptfahrwasser mit den Container-Kolossen. Sie schrien Björns Namen, sie suchten das Wasser ab, sie rannten panisch auf dem Deck herum. Nichts. Nur die Ahnung eines Alptraums von einem ertrunkenen Kind. Als Hauke nach vorne zum Bug lief und seinen Blick aus der Weite zurückholte, ihn nach unten richtete, sah er aus einem Augenwinkel den ganz nah an der Bordwand sich am Ankertau festklammernden Björn. Rena und Hauke konnten ihren Sohn bergen. Warum er nicht geschrien, nicht auf ihre Rufe geantwortet hatte, konnte er auch später nie beantworten. Der Schock, vermutet Rena.

Vermute auch ich. An dieser Szene ist gar nichts fiktiv. Renas Schrecken war mein Schrecken, aber lange war es mir unmöglich, darüber zu schreiben. Mein Sohn war schon erwachsen, als ich es ertragen konnte, mich dieser Erinnerung noch einmal so intensiv auszusetzen, wie es das Ausmalen der Szene erforderte. Ich bin froh, dass ich es getan habe. Es war unerlässlich für meinen Versuch, über Elternschaft zu schreiben. Ich ließ Rena und Hauke das Glück bei der Geburt ihrer beiden Kinder erleben, aber ich ließ sie auch spüren, dass mit dem Kind die Angst zur Welt kommt, es zu verlieren. Diese Angst wird sie als Eltern nie verlassen.

Autorin *zu Rena*: Ich habe Hauke und dich erleben lassen, dass ihr mit dem Glück auch die Fragilität dieses

Glücks in euer Leben gelassen habt. Das konnte ich nicht aussparen.

Rena: Aber musste es so drastisch sein? Es war ja nicht nur Björns Überbordgehen. Als unsere Kinder schon erwachsen waren, hast du ...

Autorin: Ich weiß, ich weiß.

Rena *anklagend*: Du hast mitten in der Nacht das Telefon schrillen lassen, damit die deutsche Botschaft in Indien mir mitteilen konnte, meine Tochter sei tot!

Autorin: Gewesen! Tot gewesen, hat die Frau gesagt. Das kam durch die Störgeräusche nur nicht gleich zu dir durch.

Rena: Du hättest sie auch einfach sagen lassen können, dass Sonja wiederbelebt werden musste. Das war schon schrecklich genug. Aber nein, du musstest es noch dramatisch zuspitzen! Hast du eine Ahnung, was ich in diesen Sekunden durchgemacht habe?

Autorin: Ich habe es selber durchgemacht.

Rena: Das glaube ich dir nicht.

Wie war es wirklich? Ich weiß es nicht mehr. Ich kann mich nur auf meine Erinnerung verlassen, und die Erinnerung ist ein höchst unzuverlässiger Zeuge, wie man aus der Gehirnforschung weiß. Jedes Mal, wenn wir eine Szene aus unserem Gedächtnis aufrufen, betrachten wir sie aus der Sicht unserer Gegenwart, bewerten sie neu, ergänzen Lücken, mengen Berichte anderer darunter, sieben aus, was mit unserem Selbstbild nicht vereinbar ist, und speichern sie wieder ab. Wenn wir die Szene ein nächstes Mal aufrufen, hat sie sich verändert, und sie verändert sich im Lauf der Zeit oft so sehr, dass sie mit dem ursprünglichen Erleben nicht mehr viel zu tun hat. Bei mir kommt noch hinzu, dass ich aus meiner Erinnerung die Szene des nächtlichen Telefonanrufs in meinem Roman gestaltet habe. Das darin ausgedrückte Gefühl eines abgrundtiefen Erschreckens ist so authentisch, wie es nur sein kann. Aber die Details? Was hat die Frau von der Botschaft gesagt? Fiel wirklich das Wort *tot*? Oder hatte es sich nur in meinem Kopf gebildet, war es nur die Angst, dass die leisen, verrauschten, immer wieder unterbrochenen Sätze auf dieses unwiderrufliche Wort hinauslaufen könnten?

Autorin: Es tut mir leid, Rena, aber ich weiß nicht mehr, wie es wirklich war. Aber für das, was du erleben musstest, solltest du mich nicht anklagen. Ich habe dein Glück nicht zerstört. Deine Tochter Sonja hat sich in ihrem grenzenlosen jungerwachsenen Leichtsinn zum Konsum von vermeintlichem Crack verführen lassen, das sich aber als Heroin entpuppte. Das war heftig! Aber sie wurde von ihrem Dealer nicht bewusstlos am Straßenrand abgeworfen, sondern in ein Krankenhaus gebracht, wo man sie nach einem Herzstillstand wiederbeleben konnte. Deine Sonja hat überlebt, sie hat die Spätfolgen überwunden, sie führt ein wunderbares Leben als erfolgreiche Hip-Hopperin. Alles in allem ein Grund zu tiefer Dankbarkeit.

Rena: Aber diese Nacht! Dieser Anruf! Das war so grausam!

Autorin: Ja, das war es.

Rena schaut die Autorin lange schweigend an. Dann nickt sie.

Wir haben uns verstanden.

Nachdem Rena der Autorin ihre Empörung über das ihr angetane Leid entgegengeschleudert hat, kann sie sich jetzt befriedet wieder Armin zuwenden. Schon bald sind die beiden in ein Gespräch über das Leben mit Kindern vertieft. Dazu kann Armin seine Erfahrungen als alleinerziehender Vater beitragen, Erfahrungen aus einer Zeit, als Kinderwagen schiebende Männer noch belächelt wurden. Rena erinnert sich amüsiert an das, was sie damals in Rage brachte: Ihr Chef, der Leiter der Sternwarte, erwartete ganz selbstverständlich, dass sie als schwangere Astronomin ihren Job aufgeben würde. Das Lächeln ihres Kindes sei ihr doch sicher viel wertvoller als das Funkeln der Sterne, meinte der Vater von drei Kindern, der seine Sprösslinge fast nur von den Fotos auf seinem Schreibtisch kannte.

Armin: Und ich musste mit meinem Chef einen harten Kampf ausfechten, um ein paar Jahre halbtags arbeiten zu dürfen. Selbst beim Betriebsrat bin ich auf kein Verständnis gestoßen.

Rena: Da hat's die junge Generation jetzt schon leichter, was? Mit Elterngeld und Recht auf einen Kitaplatz und Ganztagsschulen …

Armin: Leichter, ja. Aber leicht nicht. Wie viele Frauen zerreißen sich heute immer noch zwischen Beruf und Kindererziehung.

Wohl wahr! Aber wenn ich an die Zeit zurückdenke, als ich meine Tochter zur Welt gebracht habe – das war schon noch eine Nummer härter. Studierende Mütter wie ich waren ein absolutes Exotikum. Kinder bekam man, wenn die Ausbildung abgeschlossen und der Vater in spe in der Lage war, für den Unterhalt der Familie zu sorgen. Das war die gängige Vorstellung. Und diese Vorstellung gefiel mir ganz und gar nicht. Ich wollte ein Leben mit Kind in einer kinderfreundlichen Gesellschaft. Und kinderfreundlich konnte nur eine frauenfreundliche Gesellschaft sein. Und frauenfreundlich konnte nur eine menschenfreundliche Gesellschaft sein. Da war sie wieder, die ganz große Utopie! Die natürlich unerreichbar war, der man im konkreten Streben aber ein winziges Stück näherkommen konnte. Mein Streben im Kleinen, wie sah es aus? Es fing gleich nach dem Erscheinen des roten Rings im Reagenzglas an, der mir anzeigte, dass in meinem Bauch tatsächlich ein Kind im Werden war. Ich suchte nach Vorbildern für mich als Schwangere, fand aber nur Prospekte für die werdende Mutti, in der mir rüschenbesetzte Hängekleidchen und monströse Stillbüstenhalter angeboten wurden. Das Ideal war eine Schwangere, die ihren Bauch sittsam unter weiten Kleidern versteckend, ihr Zuhause mit allen angepriesenen Waren anfüllte, die angeblich unerlässlich für die Kinderaufzucht waren. Kein Kind konnte glücklich heranwachsen ohne ein mit süßlichen Motiven tapeziertes Kinderzimmer mit Wiege, Laufstall, Wickelkommode etc., ohne Kinderwagen, Buggy, Autositz etc., ohne Unmengen Strampelhosen, Ausgehjäckchen, Lauflernschühchen etc., ohne Klapper, Rassel, Plüschtiere etc., etc., etc. Wenn die Schwangere all dies – vom Geld des sich auf einen strammen Stammhalter freuenden werdenden Vaters natürlich – gekauft hatte, ging sie, wenn ihre Stunde nahte, in die Klinik, wo Ärzte sie mithilfe der neuesten medizinischen Errungenschaften entbanden. Der Vater wartete nervös auf den Anruf, um sich nach der erlösenden Nachricht *Mutter und Kind wohlauf* in der Stammkneipe hochleben zu lassen, wenn es ein Junge war, oder zu verkünden *Hauptsache gesund*, wenn es ein Mädchen war.

Für mich war das kein Vorbild für meine Schwangerschaft, sondern ein Schreckensbild. Es musste doch andere Frauen geben, denen es genauso ging! Gab es nicht im vor kurzem gegründeten Frauenzentrum eine Schwangerengruppe? Hoffnungsvoll ging ich zu einem Informationsabend für interessierte frauenbewegte Frauen. Und tatsächlich: Schon am schwarzen Brett fand ich zwischen der Motorradbastel- und der *Wir untersuchen unseren Körper selbst*-Gruppe eine Schwangerengruppe. Frohgemut bekundete ich mein Interesse an dieser Gruppe, was von der Frau, die uns einen Überblick über die Aktivitäten des Frauenzentrums gegeben hatte, sehr positiv aufgenommen wurde.

»Prima«, sagte sie, »wir brauchen dringend noch Unterstützung für die Vorbereitung der nächsten Demo gegen den §218. Und für die Schwangerenberatung auch.«

»Schwangerenberatung ... äh ... du meinst ... also ... Beratung zum Schwangerschaftsabbruch?«, stotterte ich.

Sie sah mich befremdet an.

»Klar! Was denn sonst?«

Ich lief rot an und traute mich kaum zu sagen, was mich hergetrieben hatte, doch ich gab mir einen Ruck:

»Also es ist so ... ich bin schwanger und ich möchte das Kind gern bekommen ... und ich dachte, ich könnte mich mit anderen Frauen vielleicht darüber austauschen, wie wir ... also auf eine emanzipierte Art und Weise ...«

Eine ältere Frau winkte kopfschüttelnd ab:

»Vergiss es! Mit Kind kannst du die Emanzipation in den Schornstein schreiben! Ich weiß, wovon ich rede, ich habe drei großgezogen. Und jetzt? Geschieden, keine Rente und meine Söhne lachen mich aus, weil ich ins Frauenzentrum gehe.«

Es folgte eine lebhafte Diskussion der anwesenden Frauen, in der mir jede Menge Gründe vor Augen geführt wurden, warum ich mich lieber um einen Platz bei der nächsten Fahrt nach Amsterdam bemühen sollte. War das wirklich die Vorstellung der Frauenbewegung zum Thema Kinder? Kinder bekam frau möglichst gar nicht, sie waren nur ein Klotz am Bein der sich emanzipierenden Frau? Diese Vorstellung behagte mir so wenig wie die gängige patriarchale. Ich beharrte trotzig auf meinem Anspruch, es müsse möglich sein, Mutter und emanzipiert zu sein, auf jeden Fall wolle ich für eine solche Gesellschaft kämpfen! Meine großspurige Ansage wurde mit einem müden Lächeln quittiert. Ich wollte mich schon frustriert davonschleichen, doch ganz hatte ich die Hoffnung, Gleichgesinnte zu finden, noch nicht aufgegeben. Beim Rausgehen hängte ich einen Zettel ans Schwarze Brett: *Suche andere frauenbewegte Schwangere, die auch emanzipierte Mütter werden wollen. Mütter gemeinsam sind stark! Bitte melden unter ...*

Und es gab sie! Schon wenige Wochen später trafen wir uns zum ersten Mal im Frauenzentrum, circa zehn Schwangere in sehr unterschiedlichen Lebenslagen, aber mit dem gemeinsamen Wunsch: Es muss sich sooo viel ändern! Aus dem intensiven Austausch unserer Erlebnisse und Gedanken kristallisierte sich sehr schnell ein erster Umstand heraus, der uns missfiel: Die geläufige Bezeichnung *andere Umstände* für die Schwangerschaft. Was sollte dieses verschämte Umschreiben eines natürlichen Zustandes?

Und wie man uns behandelte! Wie Kranke und nur halb Zurechnungsfähige. Unsere wunderbare Gabe, Leben auf die Welt zu bringen, wurde als Schwäche angesehen, als Last für die Wirtschaft, als Störfaktor. Als wir uns näher mit Schwangerschaft und Geburtshilfe beschäftigten, erkannten wir, wie im Lauf der Zeit aus der Frauen-Domäne der unterstützenden Hebammen die Männer-Domäne der eingreifenden Ärzte geworden war. Sehr schnell waren wir uns einig: Wir wollten eine Geburtshilfe, die an unseren Bedürfnissen und denen unserer Kinder orientiert war und nicht an den standardisierten Abläufen einer von Männern geprägten klinischen Gynäkologie. Eine Geburt schien einem Notfall zu gleichen, der mit jeder Menge Medizintechnik, Anästhesie, Medikamenten, Hormonen, mit routinemäßigen Dammschnitten und oft voreiligem Einsatz von Zangen, Vakuumextraktoren und Kaiserschnitten bekämpft werden musste. Wir wollten eine möglichst natürliche Geburt, unterstützt von einer Hebamme, begleitet vom werdenden Vater und im beruhigenden Wissen, dass in einem tatsächlichen Notfall all die segensreichen Möglichkeiten einer hochentwickelten Geburtsmedizin zur Verfügung stünden.

Giferto: Wie schön, dass du jetzt endlich auch mal den werdenden Vater auftauchen lässt!

Autorin: Oh, hast du dich vernachlässigt gefühlt?

Giferto: Ein bisschen schon. Obwohl – beim Thema Schwangerschaft und Geburt – da steht ihr Frauen nun mal im Mittelpunkt, schon klar.

Autorin: Das war am Anfang für dich aber auch eine Art Alibi, dich nicht allzu sehr damit zu befassen, oder?

Giferto: Ein klitzekleines Bisschen. Nein, im Ernst, damals war ich noch herrlich naiv in Sachen Kinder. Die Frau ist schwanger, am Anfang ist ihr oft übel, sie kriegt einen dicken Bauch, der Mann hilft ihr, die Schuhe zuzubinden und schwere Sachen zu tragen, und nach neun Monaten ist das Kind da. Das muss man füttern und wickeln und ansonsten integriert sich das irgendwie in den üblichen Tagesablauf. Alles kein Problem.

Autorin *kichert*: Weißt du, was ich neulich auf Facebook gelesen hab? Da schrieb eine Hochschwangere *Hoffentlich kommt das Kind bald, damit ich wieder ruhig schlafen kann.*

Die Autorin und Giferto lachen. Sie erinnern sich an durchwachte Nächte und verzweifelte Versuche, das schreiende Baby nach dem Stillen und Wickeln durch Herumtragen, Bauchmassieren, Im-Arm-Wiegen, Singen, notfalls auch durch Zitieren der Balladen von Goethe oder Schiller, zum Schlafen zu bringen. Wenn das geschafft war, wachte es spätestens beim vorsichtigen Legen in seine Wiege wieder auf und der Tanz begann von neuem.

Giferto: Mit Kindern wird's umso leichter, je älter sie werden. Meine Erfahrung.

Autorin: Manche erleben es genau umgekehrt. Wie dem auch sei. Für mich war die allergrößte Schwierigkeit bei unserem ersten Kind die Geburt.

Giferto: Schwierigkeit? Eine Katastrophe war das! Wenn ich an diese total bescheuerten Ärzte denke, diese arroganten Schweinepriester, diese ...

Während Giferto die Ärzte weiter nicht zitierfähig beschimpft, erinnert sich die Autorin an die Zeit, als sie noch keine alte Autorin war, sondern eine junge schwangere Studentin, die hoffnungsfroh der Geburt ihres ersten Kindes entgegensah.

Ja, guter Hoffnung war ich, meine Schwangerschaft habe ich genossen, fühlte mich überhaupt nicht schwach und krank, im Gegenteil, ich habe nur so vor Kraft und Zuversicht gestrotzt. Zusammen mit meinen Mitstreiterinnen von der Schwangerengruppe informierte ich mich über Geburtshilfestationen in den Hamburger Krankenhäusern. Die Uniklinik war die Einzige, in der der Vater bei der Geburt dabei sein durfte. Vom Rooming-in nach der Geburt, das es in skandinavischen Ländern schon geben sollte, wollte man jedoch nichts wissen. Mutter und Kind in einem Zimmer? Das wurde aus hygienischen Gründen strikt abgelehnt. Aber – Gipfel des Fortschritts – es gab ein großes Fenster zwischen je zwei Wöchnerinnen-Zimmern und dem dazwischenliegenden Säuglingszimmer. Außerdem erklärte der leitende Oberarzt Doktor Haller in einem öffentlichen Vortrag, in dem er lang und breit die Segnungen der in seinem Hause routinemäßig verwendeten Peridural-Anästhesie pries: Sie können während der Entbindung gerne einen Liebesroman lesen, ha, ha. Aber selbstverständlich würden auch Frauen unterstützt, die eine sogenannte natürliche Geburt wünschten. Auf die Frage von Dörte aus meiner Schwangerengruppe, was er denn von Hausgeburten halte wie sie zum Beispiel in Holland noch praktiziert würden, wo die Mütter- und Säuglingssterblichkeit deutlich geringer sei als bei uns, hob Doktor Haller nur die Hände, als hätte sie ihn mit dem Gottseibeiuns konfrontiert. Er könne nur jeder Frau dringend empfehlen, nicht auf die Möglichkeiten einer modernen Geburtshilfe im Krankenhaus zu verzichten. Man müsse sie ja nicht in Anspruch nehmen, aber im Notfall stehe alles Notwendige zur Verfügung und zum OP-Raum für einen Kaiserschnitt sei es nicht weit.

Ein leichtes Unbehagen beschlich mich nach diesem Vortrag, doch was war die Alternative? Es gab in ganz Hamburg keine Hebamme, die Hausgeburten machte, und die in unserer Gruppe entwickelte Vorstellung von einem ambulanten Geburtshaus war noch reine Utopie. Also meldete ich mich in der Uniklinik an und bereitete mich zusammen mit Dörte und den anderen Frauen unter der Anleitung von Brigitte, einer freundlichen ehemaligen Hebamme, mit Gymnastik und Atemübungen auf eine sanfte Geburt nach Leboyer vor. Dörtes errechneter Gebärtermin lag circa zwei Monate vor meinem. Sie studierte an der Hamburger Kunsthochschule Fotografie und Film und ließ sich von einer Kommilitonin für deren Abschlussarbeit während ihrer Schwangerschaft filmen. Und auch für die Geburt hatte sie nach zähen Verhandlungen eine Filmerlaubnis von der Uniklinik erhalten. Eine Geburt über alle Stadien im Film zu zeigen, das war ein geradezu revolutionärer Tabubruch. Zwei Monate vor dem für mich errechneten Gebärtermin saß ich mit den anderen Frauen der Schwangerengruppe im Gemeinschaftszimmer von Dörtes WG, nachdem wir ausgiebigst ihr Söhnchen Jan in der Wiege bestaunt hatten. Während Jans Vater ihm auf dem Saxophon als Schlaflied *Born to be wild* vorspielte, sahen wir uns im Nebenraum den Film von seiner Geburt an. Ein unglaubliches Erlebnis! Obwohl das Ergebnis dieser Geburt nur wenige Meter entfernt von mir friedlich grunzte, weinte ich fast vor Erleichterung und Glück, als Dörtes Baby auf der Welt war. Als hätte es anders ausgehen können! Offenbar ging es den anderen Frauen ähnlich, denn wir klatschten alle spontan Beifall.

Die Autorin wendet ihren Blick wieder Rena zu, die noch immer mit Armin ins Gespräch vertieft ist. Dennoch scheint Rena zu spüren, dass sie plötzlich wieder im Fokus der Aufmerksamkeit der Autorin steht.

Autorin: Vor meinem inneren Auge hat sich gerade wieder der Film von Jans Geburt abgespult …

Rena: Jan? Welcher Jan?

Autorin: Ach ja, den kennst du ja nicht. Jan war in manchem das Vorbild für deine Tochter Sonja.

Rena: Ich dachte immer, das Vorbild wäre deine Tochter gewesen?

Autorin: Für vieles, ja. Vor allem für das Drogendesaster in Indien. Was allerdings die spätere Karriere deiner Sonja als bundesweit bekannte Hip-Hopperin angeht – dafür hat Dörtes Jan Pate gestanden, heute bekannt als Jan Delay. Der war schon als Kleinkind unglaublich musikalisch. Wenn ich ihn und meine Tochter aus dem Kinderladen abholte, sang Jan auf der Rückbank meiner *Ente* das deutsche Kinderliedgut von *Hänschen klein* bis *Kommt ein Vogel geflogen* laut und jeden Ton treffend rauf und runter, während meine Tochter nur irgendwas Unbestimmtes vor sich hinbrummte.

Rena *lacht*: Damit ist es dir immerhin erspart geblieben, später nur noch als *die Mutter von* wahrgenommen zu werden. Obwohl du aus mir dankenswerterweise eine angesehene Astronomin gemacht hast, zählte für die Öffentlichkeit nur noch, dass ich die Mutter von *Sonja, der Zweiten*, der Hip-Hop-Ikone aus Hamburg war.

Autorin: Darüber beschwerst du dich jetzt aber nicht im Ernst, oder?

Rena *lacht wiede*r: Ach, natürlich nicht. Über nichts bin ich glücklicher! Sonja hat ihre Leidenschaft zu ihrem Beruf gemacht und ist damit erfolgreich geworden, ein echter Star. Aber sie ist eigentlich ganz bodenständig geblieben. Oder ist es wieder geworden, nach ihrer flippigen Zeit mit Drogen und all den schrägen Typen, mit denen sie rumgemacht hat …

Autorin: Na also! Und ihre Geburt habe ich dir auch leicht gemacht.

Rena: Im Nachhinein betrachtet, ja. Aber als ich mit Wehen in der Koje unseres Jollenkreuzers lag, hoch und trocken auf dem Watt, und du hast auch noch Ostwind wehen lassen, so dass der Wasserstand niedrig war und Hauke wie ein Berserker graben musste, um das Boot aufschwimmen zu lassen …

Autorin: Das war sehr spannend.

Rena: Für deine Leser bestimmt, aber ich hätte auf diese Art Spannung gerne verzichtet.

Autorin: Ach komm! Ich habe euch ja noch rechtzeitig den nächsten Hafen erreichen lassen, wo ein Notarzt an Bord gekommen ist.

Rena: Den Notarzt hättest du dir sparen können. Der konnte nur noch Hauke eine Schere zum Abnabeln in die Hand drücken und uns zu unserem hundertprozentigen

Selfmade-Baby gratulieren. Den Spruch werde ich nie vergessen.

Autorin: Sei froh, dass dir auf diese Weise eine natürliche Geburt vergönnt war.

Die Gedanken der Autorin wandern zurück, zurück zu dem Tag, an dem das, womit sie sich so lange und intensiv theoretisch beschäftigt hatte, plötzlich durch ein zuerst kaum wahrnehmbares Ziehen in der Leiste real zu werden begann.

Ist das eine Wehe? Nein, so darf ich nicht fragen. *Wehe erinnert an Wehtun.* Ist das der Beginn der *Geburtsarbeit*? So ist es richtig. So hat Brigitte es uns im Geburtsvorbereitungskurs beigebracht. Eine Geburt ist Arbeit, aber hat mit Schmerzen nichts zu tun. Alles eine Frage der Entspannung und der richtigen Atmung. Als das Ziehen alle anderen Wahrnehmungen beiseite drängte und im Abstand von zehn Minuten wiederkam, informierte ich Giferto:

»Hey, du wirst Vater!«

»Äh ... Hat es angefangen? Dann lass uns los!«

»Nein. Bloß nicht zu früh in die Klinik fahren, hat Brigitte doch gewarnt.«

Wir gingen in mein WG-Zimmer, ich legte mich aufs Bett und versuchte es mit der *Tief-Langsam-Tief-Atmung*. Die hatte Brigitte für die Eröffnungsphase empfohlen. Schnell wurde das Ziehen zum Reißen, die Abstände verkürzten sich. Ich biss die Zähne zusammen.

»Nicht! Dann verkrampfen sich die Muskeln. Lächeln! Dann entspannt sich der ganze Körper«, erinnerte mich Giferto an die Lehrsätze. Also lächelte ich und Giferto streichelte mich, bis die Wehen alle fünf Minuten kamen und ich entschied:

»Ruf ein Taxi!«

Kurz vor Mitternacht kamen wir in der Uniklinik an, ich wurde an einen Wehenschreiber angeschlossen und von einem jungen Arzt untersucht. Doktor Krall blätterte unschlüssig in meinem Mutterpass:

»Zwei Wochen vor Termin. Muttermund noch geschlossen. Am besten stoppen wir die Wehen und Sie schlafen sich erstmal aus.«

Ich wurde ins *Wehenzimmer* gerollt. Giferto wartete auf dem Flur, wollte mich begleiten, wurde aber von einer gehetzt wirkenden Hebamme aufgehalten:

»Kein Zutritt für Männer!«

»Wie bitte? Wieso denn nicht? *Der werdende Vater ist uns im Kreißsaal willkommen!*«, zitierte Giferto auswendig aus der Hochglanzbroschüre der Uniklinik.

»Im Kreißsaal, aber doch nicht im Wehenzimmer, guter Mann! Dort stören Sie die anderen Frauen. Gehen Sie nach Hause. Das kann noch lange dauern. Ihre Frau ruft sie dann rechtzeitig an.«

Verlass mich nicht!, dachte ich, aber ich wollte nicht, dass andere Gebärende gestört werden, nein, natürlich nicht. Ich nickte Giferto aufmunternd zu und schickte ihn weg. Im Wehenzimmer schloss mich die Hebamme an einen Tropf an. Nach einer Stunde hörte das Reißen in meinen Leisten auf. Stattdessen raste mein Herz. Als sich die Hebamme mal wieder blicken ließ, sprach ich sie darauf an. Sie wiegelte ab:

»Das ist die Nebenwirkung von den Wehenhemmern. Machen Sie sich keine Sorgen!«

Mir keine Sorgen machen? Was sonst sollte ich in einem Raum mit drei jammernden und stöhnenden Frauen und einem Herzen im Galopp tun? An Schlaf war nicht zu denken. Als endlich der Morgen graute, war ich erschöpft wie noch nie in meinem Leben. Doch dann: Auftritt Doktor Haller! Der Gynäkologe, der den tollen Vortrag gehalten hatte, war jetzt für mich zuständig. Mit energischen Schritten durchmaß er, gefolgt von der Hebamme, den Raum des Jammerns und kam schließlich auch an mein Bett:
»Wieso hängen Sie am Tropf?«
Ich stotterte Unzusammenhängendes. Die Hebamme blätterte in den Aufnahmepapieren, murmelte:
»Anordnung von Doktor Krall.«
Doktor Haller schmunzelte:
»Wollte unser junger Kollege mal wieder 'ne ruhige Nacht haben. Die Infusion kommt ab!«
Nach einer halben Stunde ging das Reißen wieder los, jetzt aber viel heftiger und völlig unregelmäßig.
Erbarmen! Ich versuchte es mit der erlernten Atmung, lächelte verzweifelt, um meine Muskeln zu entspannen. Die Hebamme sah mich nicht an, schaute nur auf das Endlospapier, das der Wehenschreiber ausdruckte, als sie achselzuckend bemerkte:
»Ziemliches Chaos, was Sie da produzieren. Aber die Wehenhemmer stören oft den Rhythmus. Alles völlig normal.«
In den nächsten Stunden kämpfte ich verbissen gegen diese über mich hereinbrechende Normalität an, verbissen in die Bettdecke, verbissen in meine Faust. Ich stöhnte, krallte mich auf dem Höhepunkt jeder Wehe am Bett fest.

»Ich will die Peridural-Anästhesie«, flehte ich die Hebamme an.
»Erst im Kreißsaal.«
»Ich will in den Kreißsaal!«
»Erst, wenn der Muttermund vier Zentimeter eröffnet ist.«

Mein Muttermund war jung und fest und weigerte sich standhaft nachzugeben. Frauen wurden ins Wehenzimmer geschoben und nach wenigen Stunden heraus in den Kreißsaal. Nur ich lag am Abend immer noch da, verfluchte Brigitte und ihre Schönfärberei. Ich verrichtete keine Geburtsarbeit. Ich lag in Wehen. Die alte Sprache war die angemessene Sprache. Ich wand mich in Wehen. Ich war nur noch Schmerz.

In den nächsten vier Stunden verkündete die Hebamme nach jeder Untersuchung des Muttermunds: »Dreieinhalb Zentimeter.« Kein Fortschritt trotz tobendem Bauch. Nach der fünften Stunde maß sie wieder dreieinhalb, schrieb aber, vielleicht weil sie den Platz brauchte, vielleicht auch in einem Anflug von Mitleid, die verheißungsvollen vier Zentimeter in ihr Protokoll und ließ mich in den Kreißsaal rollen.

Der *Saal* war ein enger, gekachelter Raum, vollgepfropft mit medizinischen Geräten. Für mich das Gelobte Land! Herein kam Doktor Haller, untersuchte mich kurz und ordnete eine Peridural-Anästhesie an:

»Dann können Sie in Ruhe einen Liebesroman lesen, ha, ha.«

Über diesen Spruch hatte ich schon bei seinem Vortrag nicht lachen können, jetzt rang er mir nicht mal mehr ein

Zucken der Mundwinkel ab. Sein Herunterspulen möglicher Risiken der PDA von heftigen Kopfschmerzen bis hin zur Querschnittslähmung beendete er mit einem aufmunternden:

»Einem Pfuscher wie mir können Sie vertrauen.«

Querschnittslähmung? Dann spüre ich wenigstens nichts mehr, war das Einzige, was ich noch denken konnte. Zielsicher spritzte Doktor Haller das Betäubungsmittel zwischen meine Wirbel. Und das Wunder geschah: Nach kurzer Zeit konnte ich nur noch an den Bergen und Tälern auf dem Endlospapier des Wehenschreibers erkennen, wann wieder ein Angriff zur Eröffnung meines Muttermundes stattfand. Ich konnte wieder etwas anderes wahrnehmen als Schmerz. Ich konnte wieder denken und mein erster Gedanke war: Jetzt kann ich endlich Giferto anrufen! Nach dem Anruf schlief ich sofort ein. Als ich aufwachte, stand er im grünen Kittel und mit Kopfhaube neben mir, streichelte meine Hand und fragte mich irritiert:

»Du schläfst während der Geburt?«

»Ich war so erschöpft! Ich habe mir die PDA geben lassen und ...«

»Aber das erhöht doch das Risiko für Zangengeburten! Du wolltest doch eine natürliche Geburt!«

Giferto hatte Brigittes Lektionen gut gelernt. Zu gut. Ich konnte nur noch denken: Ich bin eine Versagerin. Ich habe nicht durchgehalten. Ich weinte. Wir befanden uns in verschiedenen Welten. Ich hatte in den vergangenen Stunden versucht, bei Gewittersturm einen steilen Berg zu erklimmen. Der Sturm war abgeflaut, ich lag auf einem Plateau mit Sicht auf den Gipfel und wollte mich nur noch ausru-

hen. Er hatte im Tal gesessen, sich hilflos Sorgen gemacht, war jetzt voller Tatendrang und wollte, dass alles optimal nach Plan verlief. Doch es verlief nur die Zeit. In den nächsten Stunden geschah: nichts. Unter der PDA öffnete sich der Muttermund nicht weiter. Kurz vor Mitternacht verabschiedete sich Doktor Haller von uns:
»Bei meinem nächsten Dienst will ich Sie hier aber nicht mehr sehen!«

Gegen sechs Uhr morgens spürte ich wieder ein leises Ziehen in den Leisten. Die Wirkung der PDA ließ nach. Der jetzt diensthabende Gynäkologe untersuchte zum zigsten Mal meinen Muttermund, lauschte auf die kindlichen Herztöne und verkündete:

»Die PDA hat die Effektivität der Kontraktionen stark beeinträchtigt und das tut dem Kind langsam gar nicht mehr gut. Wir lassen das jetzt mal und geben Ihnen eine wehenfördernde Infusion.«

Ich war starr vor Schreck von seinem *Das tut dem Kind langsam gar nicht mehr gut* und ließ mir nach der wehenhemmenden jetzt die wehenfördernde Spritze geben. Das Ziehen wurde sehr schnell zum Zerren, zum Reißen, zum Zerreißen. Giferto versuchte geduldig, mich zu all den komplizierten Atmungen zu bewegen, die nach Brigittes Theorie Schmerz in Arbeit verwandeln.

»Lass!«

Das war nur noch lästiges Gepäck. Sogar Giferto wurde mir lästig mit seinen ständigen Ermahnungen, mich zu entspannen, richtig zu atmen. Ich wankte allein hinauf auf den Gipfel des Schmerzes, hinunter ins Tal des kurzen Innehaltens, wieder hinauf ... Minute um Minute, Wehe um

Wehe. Ich verlor das Zeitgefühl. Plötzlich stand Doktor Haller vor mir:

»Sie sind immer noch hier?«

Ich konnte nicht antworten. Er schüttelte den Kopf und untersuchte mich.

»Na bitte! Muttermund zehn Zentimeter eröffnet, die Austreibungsphase kann beginnen. Dafür setze ich Ihnen noch eine Peridural-Anästhesie. Dann können Sie während der Geburt in Ruhe einen ...«

Ich stöhnte auf. Giferto versuchte, die erneute PDA zu verhindern:

»Kann das denn nicht die Kontraktionen schwächen?«

Doktor Haller wischte seinen Einwand beiseite:

»Sie sehen doch, dass Ihre Frau nicht mehr lange durchhält. Die Geburt dauert jetzt schon zwei Tage und zwei Nächte!«

Den letzten Satz sagte er anklagend, als sei es meine Schuld. Er setzte mir die Spritze zwischen die Wirbel. Die Schmerzen hörten schnell auf. Die Wehen auch. Und die Herztöne! Die Herztöne des Kindes gerieten ins Stolpern, waren kaum noch vernehmbar.

Plötzlich wimmelte es im Kreißsaal von Weißkitteln. Von allen Seiten wurde ich angeschrien:

»Pressen! Pressen! Pressen! Mit aller Kraft!«

Mein Oberkörper wurde aufgerichtet. Ich sollte eine Höchstleistung vollbringen, doch ich spürte nichts. Ich presste in den Kopf statt in den Bauch. Doktor Haller drückte mit seinem ganzen Gewicht seinen Unterarm auf meinen Bauch – vergebens.

»Forceps!«

Die metallenen Greifarme einer Geburtszange wurden in mich hineingeschoben und holten ein glitschiges Wesen auf die Welt. Sofort nabelte Doktor Haller es ab und übergab es dem herbeigeeilten Kinderarzt, der mit ihm hinter einer Sichtblende verschwand.

»Absaugen! Sauerstoff! Schneller, verdammt noch mal!«

Dann war es erschreckend still im Kreißsaal. Niemand rührte sich. Niemand sagte ein Wort. Ich sah Giferto an. Ich schloss die Augen.

Dann hörte ich ein Wimmern? Keckern? Greinen?

Die unbeschreiblichen Laute des Anfangs.

Die Autorin kann den Moment der Geburt ihrer Tochter, mit all seinen Gefühlen und Wahrnehmungen aufrufen, obwohl er Jahrzehnte zurückliegt. Die Erinnerung hat sich in ihrem Gehirn zu einem so stabilen Knotenpunkt von Synapsenverbindungen verdichtet, dass sie niemals verblasst. Die Angst und die Erleichterung und dann der Glücksrausch, als sie ihre Tochter zum ersten Mal in den Armen hielt ...

Giferto: Wenn das Kind erst da ist, ist alles vergessen.

Autorin: Eben nicht! Blöder Spruch.

Giferto: Ich wusste doch, dass ich dich damit auf die Palme bringen kann.

Autorin: Natürlich ist im Glücksrausch kein Platz für andere Gedanken und Empfindungen. Aber kein Rausch währt ewig und danach ist alles wieder präsent. Ich habe nichts vergessen.

Giferto: Ich auch nicht. Ich bin fast wahnsinnig geworden in der Zeit, als ich zu Hause nur darauf gewartet habe, wieder zu dir kommen zu können. Und im Kreißsaal habe ich mich dermaßen hilflos und beschissen gefühlt! Irgendwie lief alles schief und ich wusste nicht, was ich tun sollte. Die Geburt unserer Tochter war ein Horrortrip!

Autorin: Mit Happy End. Und dann fing es an.

Doch Giferto antwortet nicht.

Wahrscheinlich ist er so erschöpft von dem Reenactment der Geburt, dass er sich erstmal wieder in die Ruhe seines Totenreiches zurückziehen muss. Und ich? Auch ich bin erschöpft, doch ich kann mich nicht einfach davonstehlen. Ich bin die Gastgeberin. Und habe schon wieder meine Gäste vernachlässigt! Was ist hier abgegangen, während ich in lang vergangenen Wehen lag? Rena und Armin haben offenbar unter den wohlwollenden Augen von Oma Anna unentwegt weitergeplaudert. Um die drei muss ich mich also nicht kümmern, im Gegenteil, da würde ich nur stören. Aber was ist mit Sabine und Ilka? Die wirken beide ein wenig verloren, tauschen hin und wieder ein paar Sätze aus, starren aber die meiste Zeit in die Luft oder schauen zu den anderen Tischen. Sabine kann ihren Blick kaum von ihrer Schwester Monika am Tisch 4 wenden. Die beiden ähneln sich wie ein Ei dem anderen. Sie stammen ja auch aus demselben Ei. Eineiige Zwillinge. Eigentlich nichts Besonderes, doch mich hat diese Verdoppelung schon als Kind verstört. Zum ersten Mal bin ich dem Phänomen in Erich Kästners Kinderbuch *Das doppelte Lottchen* begegnet, glaube ich. Erst danach nahm ich auch ein Zwillingspärchen in der entfernten Nachbarschaft bewusst wahr. Später gab es die *Kessler-Zwillinge*, große, schlanke Blondinen, die durch die frühe bundesrepublikanische Fernsehlandschaft tanzten, sangen, trällerten und das verbreiteten, was man damals unter Glamour verstand. Irgendwann lernte ich irgendwie irgendwo, wie eineiige Zwillinge entstehen. Im Biologieunterricht jedenfalls nicht. Da wurde das Thema geschlechtliche Fortpflanzung gerade mal am Beispiel *Der Lebenszyklus der Qualle* abgehandelt. Säugetiere waren schon zu heikel. Erst in der Oberstufe des Gymnasiums war man dann glücklich auf der für die Moral der Jugend ungefährlichen Zellebene angelangt und konnte sich mit der Teilung von Zygoten beschäftigen. Was mich aber in der Pubertät beschäftigte, war nicht die Zellebene, sondern die Frage, die jede Pubertierende umtreibt: Wer bin ich? Mich quälten dazu noch die Fragen: Bin ich noch ich, wenn es mich doppelt gibt? Bin ich nur eine Ausprägung meiner Erbanlagen oder gibt es einen Freiheitsraum, in dem ich meine Einzigartigkeit entwickeln kann? Und wie stark ist dieser Raum durch die Einflüsse meiner Umwelt definiert? Während meines Soziologiestudiums haben mich diese Fragen weiter angetrieben. Es war die Hochzeit des Behaviorismus, für den der Mensch nur ein auf gegebene Umweltreize reagierendes Wesen war. Diese Theorie kam auch den Linken sehr zupass, entsprach sie doch dem, was Marx verkündet hatte: Das Sein bestimmt das Bewusstsein. Das Sein war natürlich das kapitalistische System, das es zu ändern galt. Ich war jung, ich war 68er-bewegt, ich war links, aber ich war auch die ewige Zweiflerin. War es wirklich so einfach? Ich suchte nach Kritikern dieser Theorie und die beriefen sich oft auf die Forschungen an Zwillingen des englischen Psychologen Cyril Burt. Der hatte angeblich die Intelligenz getrennt aufgewachsener zweieiiger mit der eineiiger Zwillinge verglichen. Die zweieiigen Zwillinge, die sich nur so ähnlich wie Geschwister sind, zeigten dabei einen wesentlich unterschiedlicheren Intelligenzquotienten als die eineiigen, die gleiche Erbanlagen haben. Daraus schloss er auf die weitgehende Vererbung der Intelligenz und diverser Charaktereigenschaften. Der Einfluss der Umwelt dagegen sei zu vernachlässigen. Auf seine Art postulierte also auch er: Das Sein bestimmt das Bewusstsein. Nur waren bei ihm die Erbanlagen das bestimmende Sein. Mir behagten beide Theorien nicht, denn in beiden war der Mensch nur eine Marionette. Mal hing er an den Fäden der Gene, mal an denen der Produktionsverhältnisse. War die Antwort auf die Frage *Wer bin ich?* wirklich: Ich bin eine Marionette? In der naturwissenschaftlichen Forschung war damals keine verlässliche Antwort auf die Frage nach der Natur des Ichs zu gewinnen. Und heute?

Die Autorin fixiert Sabine, die sie zur Professorin der Neurobiologie gemacht hat, der Wissenschaft, die heute im Gehirn nach dem Ich sucht.

Autorin: Sabine?

Sabine: Ah, meine Schöpferin hat auch mal Zeit für mich!

Autorin: Verzeih, aber ihr seid so viele! Hätte ich doch nur weniger geschrieben.

Sabine: Heuchlerin! Du bist doch stolz auf deine elf Romane. Da kommt zwangsläufig was zusammen an Figuren.

Autorin: Nicht böse sein! Ich gebe mir Mühe, euch allen gerecht zu werden. Keiner und keine soll sich vernachlässigt fühlen. Und jetzt bin ich ja ganz für dich da.

Sabine: Wozu darf ich dir dienen?

Autorin: Puh! Warum so widerborstig? Ich habe dich zu einer erfolgreichen Hirnforscherin gemacht ...

Sabine: Dafür habe ich mich im männlich dominierten Wissenschaftsbetrieb auch reichlich abstrampeln müssen!

Autorin: Das hast du mit Rena gemein. Vielleicht solltet ihr euch darüber mal austauschen?

Sabine: Geschenkt. Schnee von gestern. Aber ich bin nicht nur Forscherin, sondern du hast mich auch zum Opfer einer skrupellosen Forschung gemacht, und das finde ich überhaupt nicht witzig.

Muss ich mich verteidigen? Soll ich Sabine unter die Nase jubeln, dass es in Romanen nicht immer nur strahlende Helden geben kann, sondern auch Opfer geben muss? Aber das wäre ihr gegenüber wohl nur zynisch. Dabei sieht Professor Doktor Sabine Benckendorf am Anfang des Romans *Blind Copy – Das bin nicht ich!* so gar nicht nach einem Opfer aus. Sie ist eine junge Wissenschaftlerin, engagiert und anerkannt in ihrem Fach und dazu noch glücklich verheiratet. Doch eines Tages fährt sie zur Beerdigung von Onkel Karl in ihre Heimatstadt. Doktor Karl Färber war ihr Nennonkel, der Nachbar ihrer Adoptiveltern und Hausarzt der Familie. Für Sabine aber war er viel mehr: ihr seelischer Halt und ihr geistiger Mentor, der sie auf ihrem dornenreichen Weg als Frau in den *hard sciences* immer unterstützt hat. Nach seiner Beerdigung findet sie in seiner Bibliothek einen an sie gerichteten Brief, aus dem sie erfährt, dass sie eine Zwillingsschwester hat.

Autorin: War das wirklich ein so intensiver Schock für dich, als du das Foto von Monika in den Händen gehalten hast? Oder habe ich das in meiner Beschreibung doch etwas übertrieben?

Sabine: Der eigentliche Schock für mich war, als ich erkennen musste, dass Onkel Karl mich als Versuchskaninchen missbraucht hat. Ausgerechnet der Mann, dem ich uneingeschränkt vertraut habe!

Autorin: Das verstehe ich gut.

Stimmt das? Wie gut verstehe ich meine Romanfiguren wirklich? Ich habe etwas in sie hineingesteckt, dann entwickeln sie ihr berühmt-berüchtigtes Eigenleben und schließlich treten sie mir so komplex entgegen, dass ich sie kaum besser kenne als reale Menschen, die mir begegnen. Sabines Schock leuchtet mir jedoch unmittelbar ein. Dass ihre Mutter kurz nach ihrer Geburt gestorben war, wusste sie, auch dass sie bei den Benckendorfs als Adoptivkind aufgewachsen ist. Doch dass sie eine Zwillingsschwester hat und Onkel Karl damals für die Vermittlung der Mädchen in zwei getrennte Familien sorgte, wusste sie nicht. Er war ein großer Bewunderer von Cyril Burt und wollte dessen Langzeitstudien unterstützen. Getrennt aufwachsende eineiige Zwillinge waren rar und so arrangierte er, dass sie in möglichst verschiedenen Milieus aufwuchsen: Sabine bei einem alteingesessenen Notar und seiner Ehefrau und Monika bei einer Bauernfamilie. Er dokumentierte durch umfangreiche Tests über all die Jahre ihre Entwicklung und leitete die Ergebnisse an Cyril Burt weiter.

Sabine: Was ich Onkel Karl nur ganz schwer verzeihen kann: Er hat sich mir nie offenbart. Nicht mal, als dieser Cyril Burt längst als grandioser Fälscher entlarvt war!

Autorin: Ja, das war unglaublich. Viele der Zwillingspaare, die er angeblich untersucht hat, existierten überhaupt nicht.

Sabine: Aber Monika und ich haben existiert! Als ich nach Onkel Karls Tod von der Existenz meiner Zwillingsschwester erfahren habe, hat mir das glatt den Boden unter den Füßen weggezogen. Ausgerechnet ich, die ich jahrelang über Identität geforscht habe, fühlte mich auf einmal selber in meiner Identität bedroht. Und das war überhaupt keine akademische Frage mehr. Ich war schwer verunsichert. Ewig hat es in meinem Kopf gekreist: Ist meine Persönlichkeit etwa nur das Ergebnis einer perfiden Versuchsanordnung? Wäre ich Biobäuerin geworden wie Monika, wenn ich auf dem Bauernhof aufgewachsen wäre und sie in der Anwaltsfamilie?

Autorin: Ich habe dich einer Situation ausgesetzt, die für mich nur ein Gedankenspiel war. Aber immerhin konntest du so deinem Alter Ego begegnen, der Frau, die mit deinen Genen ausgestattet in einer anderen Umwelt lebte. Wem ist das schon vergönnt?

Sabine: Das war für mich einfach nur gruselig! Die Grenzen meines Ichs verschwammen. Und Monika war mir trotz ihrer beklemmenden Ähnlichkeit so fremd! Oder gerade wegen ihrer Ähnlichkeit …

Warum hat mich die Zwillingsforschung eigentlich so fasziniert? Ihr Ansatz schien einfach zu verführerisch, schien eine Chance zu sein, eine Antwort auf die Frage nach der Identität, nach dem Ich zu finden. Was macht mein Ich aus? Warum bin ich, wie ich bin? Könnte ich auch eine andere sein? Welche Faktoren bestimmen mich?

Und bestimmen sie mich ganz und gar oder lassen sie mir einen Freiheitsraum? In dem wer bestimmt? Erst vor kurzem konnte ich wieder einmal einem Buch nicht widerstehen, das versprach, die *Biologie des menschlichen Verhaltens* zu erklären. Ich fand das Buch des Primatologen und Neurowissenschaftlers Robert Sapolsky spannender als jeden Hitchcock und lernte eine Menge über den heutigen Stand der Zwillingsforschung, über die Evolution des Verhaltens, die Entwicklung des Gehirns, über seinen Aufbau, die Einflüsse der Genetik, der Epigenetik, des Geschlechts, der Umwelt, der Kultur auf das Gehirn, über die Bedingungen, unter denen Mitgefühl oder Hass entstehen, über Faktoren, die unsere Moral beeinflussen und und und ... Mit anderen Worten: Ich lernte viel über das, was es nach dem heutigen Stand der Forschung an Antworten auf die alte Frage *Wer bin ich?* gibt. Und die Quintessenz? »Nichts scheint irgendetwas zu verursachen; vielmehr übt alles nur einen modulierenden Einfluss auf etwas anderes aus. ... Am Ende scheint es keinerlei Hoffnung zu geben, dass wir irgendetwas klären oder verbessern können. Aber uns bleibt nichts anderes übrig, als es zu versuchen.« Also: Es ist kompliziert. So fasst Sapolsky selbst sein Buch zusammen, und das ist es auch, was nach der Lektüre der fast tausend Seiten in meinem Gehirn als abrufbare Erkenntnis hängenbleibt. Das wusste ich vorher auch schon, aber trotzdem hat sich die intensive Lektüre samt Anstreichungen mit dem Bleistift, Randbemerkungen und vielen Ausrufezeichen gelohnt. Ich weiß zwar immer noch nicht, wer ich bin, aber ich weiß es jetzt auf höherem Niveau nicht. Und mich damit zufriedengeben zu können, das ist vielleicht eine Gnade meines Alters. In jungen Jahren hätte ich das niemals akzeptiert, ich hätte rebelliert, hätte mich immer von neuem aufgestachelt mit *Aber das muss doch ... Aber warum denn nicht ...* Ich wollte Antworten, verdammt nochmal, und nicht immer neue Fragen. Und Antworten schienen die Menschen in sich zu bergen, die es doppelt gab. Darum hat mich wohl auch das Doppelgängermotiv in der Literatur so fasziniert. Während meines Germanistik-Studiums verschlang ich zahlreiche Werke, die sich mit dem Phänomen des Doppelgängers oder mit Spiegelungen beschäftigten. Diese Obsession hat mich dann auch aufhorchen lassen, als ich zum ersten Mal etwas über die Erzeugung genidentischer Lebewesen las. Damals waren es Frösche. Frösche interessierten mich nicht, aber ich war mir sehr sicher, dass es nicht bei Fröschen bleiben würde. Die Vorstellung künstlich erzeugter menschlicher Zwillinge nahm in meinem Kopf lange vor dem ersten geklonten Säugetier, dem Klonschaf Dolly, Gestalt an, die Gestalt von Jonas Helcken und seinem Duplik Jonas 7.

Die Autorin blickt zurück zum Tisch 1, an dem Jonas Helcken sitzt und voraus zum Tisch 5 zu seinem Duplik Jonas 7. Aufmerksam beobachtet wird sie dabei von Ilka, der Schwester der beiden, die bisher stumm ihrem Gespräch mit Sabine gelauscht hat.

Verdammt, mit Ilka hab ich ja noch kein einziges Wort gewechselt! Dabei haben wir unsere Seezungen schon lange verspeist und ich müsste längst zum Tisch 4 wechseln. Aber nein, ich kann die Zeit ja unbeschränkt dehnen. Auf keinen Fall will ich Ilka übergehen. Sie ist zwar eine schwierige, widersprüchliche und manchmal sehr anstrengende Person, aber genau so wollte ich sie ja haben. Zum Glück weiß sie nicht, was mit Jonas 7, für dessen Freilassung sie so gekämpft hat, am Ende meines Romans *Duplik Jonas 7* geschehen wird. Zum Glück weiß ich es auch nicht. Ich habe das Ende offengelassen, so dass ein ansatzweiser guter Ausgang zwar unwahrscheinlich, aber nicht unmöglich ist. Und heute Abend schauen ja beide Brüder mit je einem Auge noch durchaus hoffnungsvoll in die Zukunft.

Autorin *zu Ilka*: Freust du dich, heute hier mit deinen Brüdern zusammenzukommen?

Ilka: Ich konnte bisher nur kurz mit ihnen sprechen.

Autorin: Nach dem Essen hast du ja die Gelegenheit für ein ausführliches Gespräch.

Ilka: Okay. Dann werde ich mir meinen Bruder mal zur Brust nehmen.

Autorin: Welchen?

Ilka: Jonas Helcken. Der Bruder, mit dem ich aufgewachsen bin. Der Bruder, der als Mensch gilt.

Autorin: Aber deiner Meinung nach ist auch sein Duplik ein Mensch?

Ilka: Das habe ich ja nun in Dutzenden Artikeln immer wieder klargemacht. Aber komm mal an gegen die geballte Medienmacht, die den Leuten das Gegenteil einbläut! Man will ja gar nicht so genau wissen, was mit den Dupliks in ihren abgeschotteten Horten geschieht. Dass dort Menschen als Ersatzteillager gehalten werden. Dass sie regelrecht ausgeschlachtet werden. Aber nein, alle plappern nach, was ihnen die sogenannten Experten vorplappern. Warum sollte man Dupliks denn nicht ausschlachten, wir schlachten ja auch Tiere? Die einzigen, die gegen die Duplikhaltung protestieren, sind die Armen, weil sie sich keinen Duplik leisten können. Nur deshalb!

Die Sätze sprudeln nur so aus Ilka heraus und sie schaut die Autorin verbittert an. Das ist die beschissene Welt, die du erschaffen hast, steht in ihren Augen.

Aber ich habe es doch nur getan, um zu verhindern, dass die reale Zukunft so aussehen wird! Ich wollte zeigen, wohin es führt, wenn man anfängt, die Menschenwürde zu relativieren, wenn Menschen das Menschsein abgesprochen wird, weil sie bestimmte zusätzliche Kriterien nicht erfüllen. Ich erinnere mich noch gut an mein Erschrecken, als der australische Philosoph Peter Singer die Tötung von behinderten Neugeborenen rechtfertigte. »Die Tötung eines behinderten Säuglings ist nicht moralisch gleichbedeutend mit der Tötung einer Person. Sehr oft ist sie überhaupt kein Unrecht.« Aus der Sicht seiner utilitaristischen Ethik, nach der das Nützlichste für die größte Anzahl von Menschen auch das moralisch Gebotene ist, eine logische Tat: Ein schwerbehindertes Kind erfordert viel Pflege durch die Eltern, was wahrscheinlich verhindert, dass sie ein weiteres Kind bekommen. Würden sie das behinderte Kind töten, könnten sie mit demselben Aufwand zwei gesunde Kinder großziehen, und das wäre besser für sie und nützlicher für die Gesellschaft. Mir sträuben sich die Fingerkuppen, so etwas hier niederzuschreiben. Auch wenn Singer seine Position später relativiert hat, seine Argumentation bleibt ein Türöffner für die Einführung zusätzlicher Bedingungen, die man erfüllen muss, um als Mensch mit allen Rechten, vor allem dem Lebensrecht, anerkannt zu werden. Die Bedingungen sind letztlich beliebig, abhängig vom Diskussionsprozess in einer Gesellschaft. In meiner Zukunftsgesellschaft ist die Bedingung dafür, ein Mensch zu sein, dass man als Mensch aufwächst und nicht als Duplik gehalten wird. Obwohl es genetisch identische Zwillinge sind, wird hier die Definitionsmacht für das Menschsein ganz auf die Gesellschaft übertragen. Das scheint heute noch extrem, aber die Ansätze für diesen Weg sind überdeutlich. Man erzeugt Menschen in der Petrischale und man möchte sie zu Forschungszwecken töten. Tja, das hört sich nicht gut an. Aber wenn man von Zellhaufen und von therapeutischem Klonen spricht, dann klingt das schon viel harmloser.

Autorin: Ilka, ich teile deine Empörung. Und ich bewundere deinen Mut, mit dem du dich gegen den Mainstream gestellt hast und mit dem du für das eingetreten bist, was du als richtig und human erkannt hast.

Ilka: Ich bin nicht nur dafür eingetreten. Ich habe ein Verbrechen begangen. Ich habe einen Duplik aus seinem Hort befreit und ihn damit seinem Eigentümer entzogen. Nach unserer Rechtsprechung bin ich eine Diebin.

Autorin: Das hast du gewusst und hast es trotzdem getan. Also bitte: Ich habe dich zur heldenhaften Figur gemacht, mit der man sich identifizieren kann.

Ilka *aufgebracht*: Damit du mich ihnen später umso effektiver als angeblich eiskalte Ideologin zum Fraß vorwerfen konntest!

Autorin: Nein. Das hatte ich so nicht geplant. Du hast dich so entwickelt. Du wolltest das Gute, aber du wolltest es um jeden Preis. Es war deine fixe Idee, Jonas 7 nicht nur zu befreien, sondern ihn in die Medien zu bringen, damit auch dem letzten Deppen klar würde: Ein Duplik ist ein Mensch wie du und ich.

Ilka: Meine lieben Zeitgenossen sind nun mal total visuell geprägte Wesen. Was sie nicht vor Augen sehen, glauben sie nicht. Darum haben die sorgfältig gewählten Worte und Argumentationen in meinen vielen Artikeln und Essays nichts gebracht. Solange die Dupliks in ihren Horten vor der Öffentlichkeit versteckt waren, konnte man den Leuten leicht einreden, dass sie ja ganz andersartige Wesen sind. Darum wollte ich Jonas 7 vor eine Kamera bringen, in einem Studio live ein Gespräch mit ihm führen, über seine Gefühle mit ihm reden ...

Autorin: Aber du wusstest doch, dass du ihn damit seinen Verfolgern auslieferst.

Ilka: Nicht unbedingt. Die Gefahr bestand, zugegeben, aber vielleicht hätten wir es geschafft ...

Autorin: Vielleicht. Vielleicht auch nicht.

Ilka *trotzig*: Zur Not muss eben ein einzelnes Leben geopfert werden, um viele zu befreien.

Die Autorin erschrickt über die erbarmungslose Konsequenz dieses Satzes, wie sie schon zu Beginn ihres Studiums vor dieser Konsequenz erschrak.

Ich glaube, es war Bertold Brechts Stück *Die Maßnahme*, das mich zum ersten Mal mit der Frage konfrontierte, wie weit man gehen darf, um seine Ziele zu erreichen. Heiligt der Zweck die Mittel? Darf man für die Befreiung der vielen dem Einzelnen Gewalt antun? Oder pervertiert das Mittel der Gewalt den guten Zweck? Gibt es Abstufungen? Wie gut muss ein Zweck sein, um welches Ausmaß von nicht guten Mitteln zu rechtfertigen? Zuerst war es für mich, wie in Brechts Stück, eine Frage in einer hypothetischen Situation. Aber schon bald stellte sie sich konkret und tagesaktuell. Die RAF begann mit ihren Morden, um das *kapitalistische Schweinesystem* durch eine *glückliche Gesellschaft von Freien und Gleichen* zu ersetzen. Und die Frage, die mir auf WG-Partys zu fortgeschrittener Stunde unweigerlich gestellt wurde, lautete: »Jetzt mal ehrlich, wenn Ulrike heute Nacht bei dir klingeln würde, würdest du sie bei dir schlafen lassen?« Meine Antwort war Nein und ich bin mir in dem Fall sogar sicher, dass mich meine Erinnerung nicht trügt. An Gefühle erinnert man sich verlässlicher als an alles andere; und noch heute verspüre ich den heftigen Widerwillen allein schon gegen dieses vereinnahmende Ulrike, als wäre Ulrike Meinhof eine von uns, wäre unsere vom Repressionsapparat zu Unrecht verfolgte Sandkastenfreundin. Nein, ich war einfach nur entsetzt über das, was die sich RAF nennenden Desperados anrichteten. Sie löschten Menschenleben aus und sie bliesen damit auch der nur noch glimmenden 68er-Bewegung endgültig das Licht aus. Was als Suche nach dem Strand unter dem Pflaster begonnen hatte, endete mit Leichen, die aufs Pflaster fielen. Das war das Gegenteil von dem, was ich und die allermeisten anderen gewollt hatten. Diese Erfahrung hat sich mir tief eingebrannt, aber als gebranntes Kind scheute ich nicht das Feuer, sondern ich suchte es. Ich suchte es in der Beschäftigung mit der Französischen Revolution, die sich im *Terreur* selbst guillotinierte, mit der Oktoberrevolution, die den Dreck von Stalins Säuberungen nicht mehr loswurde, und mit den Roten

Khmer, die Kambodscha mit *Killing Fields* sprenkelten. Und ich dachte lange über Hannah Arendts Analyse nach, dass in der Devise *Wo gehobelt wird, da fallen Späne* die Wurzel des totalitären Denkens liege, eines Denkens, in dem Menschen zu *Spänen* eines politischen Prozesses degradiert werden. Ich war dennoch nicht gänzlich immun gegen die immer wieder aufkeimenden Hoffnungen auf einen diesmal aber echten Sozialismus, einen humanen Sozialismus, einen Sozialismus mit menschlichem Antlitz, einem Sozialismus, in dem nur die Ausbeutung und Unterdrückung weggehobelt würde und als Späne nur die alten verkrusteten Strukturen zu Boden fielen. Die Hoffnung keimte auf bei Titos drittem Weg (zwischen Kapitalismus und Sozialismus), dem Prager Frühling (Charta 77), Che Guevaras frühen Visionen für Kuba (Hasta la victoria siempre!), Chiles demokratisch gewähltem sozialistischem Präsidenten Allende (Venceremos!), Nicaraguas sandinistischer Revolution (mit ihrem schriftstellernden Priester Ernesto Cardenal als Kulturminister), Venezuelas Chavismus (Sozialismus des 21. Jahrhunderts) etc. Bis auf Chile, dem durch die blutige Niederschlagung seines Weges zum Sozialismus dieses Schicksal erspart blieb, haben alle anderen so lange gehobelt, bis die hehren Ideale von einem Haufen Späne begraben wurden. Einem Haufen, der bestialisch nach verwesendem Menschenfleisch stank. Warum sind bisher alle Anläufe gescheitert, eine gerechte, freie, humane Gesellschaft zu schaffen, und muss das für immer so sein? Ich suchte Antworten nicht nur in der Geschichte, in Soziologie und Politologie, sondern, wie könnte es anders sein, auch in der Literatur. Ich habe so viele Antworten gefunden, dass die Frage für mich offenbleibt.

Ilka *aggressiv*: Du hast mich zur Schablone gemacht, zu einer Frau, die ihren Duplik-Bruder opfern will, um alle Dupliks zu befreien. Ich bin nur eine Projektionsfläche für alles Negative ...

Autorin: Nein, das lasse ich nicht auf mir sitzen! Ich habe dich sehr wohl auch positiv gezeichnet. Du warst eine der wenigen, die sich nicht haben einlullen lassen vom verbreiteten Bild des Dupliks als *Not wendendes Gesunderhaltungsmittel*. Du hast immer darauf gepocht: Mensch ist Mensch, wie auch immer er gezeugt und aufgezogen wird.

Ilka: Nur, damit ich dann umso tiefer falle! Jedenfalls in deinen Augen. Was glaubst du, wie schwer es mir gefallen ist, von meinen persönlichen Gefühlen abzusehen. Aber durfte ich wirklich zulassen, dass Jonas 7 außer Landes gebracht wird, um ihn, nur ihn allein, zu retten, während tausende andere Dupliks weiter in den Horten auf ihre Ausschlachtung warten? Der Auftritt von Jonas 7 in den Medien hätte sie vielleicht retten können! Während mein liebes naives Brüderlein nur an seinen persönlichen Duplik dachte. Ihn glaubte er dann sogar vor mir retten zu müssen. Das war sentimentaler Bullshit und sonst gar nichts!

Autorin *besänftigend*: Jetzt redest du wieder genauso, wie du doch angeblich nicht sein willst. Du rechnest Leben gegeneinander auf. Was der größten Anzahl nützt, ist gut. Ist es wirklich so einfach?

Ilka: Weißt du eine bessere Lösung?

Weiß ich sie? Ich habe mich oft mit dieser Grundfrage der Ethik beschäftigt. Wie handele ich gut? Dabei bin ich zwangsläufig auf den berühmten Weichenstellerfall gestoßen. Falls Sie den Weichenstellerfall nicht kennen, lassen Sie sich von mir direkt neben eine Weiche stellen. Und schon sehen Sie, wie eine Straßenbahn auf fünf Menschen zufährt und sie zu töten droht. Doch dank Ihrer günstigen Position an der Weiche könnten Sie die Bahn noch auf ein Nebengleis umlenken. Puh! Glück gehabt! Doch dann realisieren Sie: Auf dem Nebengleis steht auch ein Mensch. Verdammt! Was tun? Die Weiche umstellen? Einen Menschen töten, um fünf zu retten? Denken Sie darüber nach. Anders, als in der realen Situation, wo Sie spontan entscheiden müssten, haben Sie beliebig lange Zeit. Entschieden? Wenn Sie die Weiche verstellt haben, haben Sie sich entschieden wie circa 70 Prozent Ihrer Mitmenschen. Stellen Sie sich jetzt aber vor, Sie müssten einen vor Ihnen stehenden Menschen auf das Gleis schubsen, um die Straßenbahn aufzuhalten und so die fünf anderen zu retten. Das würden Sie tun? Dazu wären nur noch 30 Prozent Ihrer Mitmenschen bereit. Anders sieht es wiederum aus, wenn man jemanden zur Seite schubsen muss, um an die Weiche zu gelangen, auch wenn derjenige dadurch stirbt. Das würden sogar 80 Prozent tun. Sie auch? Und wären Sie dafür, einen gesunden jungen Menschen zu töten, um durch die Entnahme seiner Organe fünf Kranken das Überleben zu sichern? Damit stehen Sie ziemlich allein auf dem Krankenhausflur. Also: Fünf Mal die Frage, ob man einen Menschen töten darf, um fünf zu retten. Auch Ihre Antwort fällt vermutlich unterschiedlich aus – je nach konkreter Situation. Sie hängt von vielen Faktoren ab, zum Beispiel davon, ob Sie aktiv töten müssen oder ob das Töten nur ein Nebeneffekt Ihrer Handlung ist. Hochspannend wäre es, zu wissen, was genau in Ihrem Gehirn abläuft, während Sie Ihre Entscheidung treffen. Wie wichtig ist dabei die Intuition, und was hat die wiederum geprägt? Und wie würde die Rechtsprechung in unterschiedlichen Ländern Ihre Entscheidung beurteilen? Warum würden Verantwortungsethiker und Utilitaristen sie entgegengesetzt bewerten? Fragen über Fragen!

Autorin: Wenn ich eine unzweifelhafte Lösung wüsste, hätte ich *Duplik Jonas 7* nicht geschrieben. Und dich gäbe es gar nicht, Ilka.

Ilka: Soll ich mich jetzt bei dir bedanken?

Ilka verdreht die Augen zur Saaldecke und lauscht mit zunehmendem Widerwillen der Autorin, die sich in einen belehrenden Monolog hineinsteigert:

Der Grundfehler ist schon mal, moralische Fragen abstrakt und in hypothetischen Situationen beantworten zu wollen. Darum wird auch ein selbstfahrendes Auto mit der besten KI und von Ethikkommissionen genehmigten Algorithmen keine moralische Entscheidung treffen können. Es bleibt der einzelne Mensch in all seiner Unzulänglichkeit, seiner Prägung durch Erziehung und Gesellschaft, seinem Vorwissen, seinem evolutionär und durch seine persönliche Lebenserfahrung herausgebildeten Gehirn, seiner Intuition, seiner Tagesverfassung, seinem Hormonspiegel, seiner bruchstückhaften Einschätzung der Lage und weiß der Geier was noch; dieser Mensch muss in einer konkreten

Situation eine konkrete Entscheidung treffen und er wird sie in komplexen Konfliktlagen nicht treffen können, ohne sich schuldig zu machen.

Ilka *höhnisch*: Wie praktisch! Dann ist es ja auch egal, dass ich mich dafür entschieden habe, das Schicksal aller Dupliks über das Schicksal von Jonas 7 zu stellen. Mein Bruder, dem sein persönlicher Duplik wichtiger war als das Schicksal der Dupliks insgesamt, hat sich also in deinen Augen genauso schuldig gemacht wie ich, oder was?

Autorin *ausweichend*: Ich habe nicht über das Ausmaß eurer Schuld oder Nichtschuld geurteilt. Ich habe beschrieben, was ihr in einer konkreten Situation wie und warum getan habt.

Ilka: Das ist alles?

Autorin: Ja, das ist alles. Literatur gibt keine Handlungsanweisungen. Wenn du die willst, musst du sie woanders suchen.

Ilka: Darum hat mich Literatur auch nie interessiert. Das ist mir alles viel zu schwammig.

Ja, du suchst eindeutige Antworten, Ilka. Aber diese Suche nach Eindeutigkeit, Konsequenz und kompromissloser Durchsetzung des für richtig Erachteten hat leider auch so viel Leid und Elend in die Welt gebracht. Vielleicht ist das Mehrdeutige, das Inkonsequente und Kompromissfähige dem Menschen angemessener, die Grauzone humaner als das Schwarz-Weiß; eine Zone, in der wir uns gegenseitig als Unvollkommene begegnen und gemeinsam nach annähernd lebenswerten Lösungen suchen können.

Die Autorin ist peinlich berührt von ihren naiv optimistischen Hoffnungen, die die Mauer aus Zynismus und Pessimismus, die mit den Jahren in ihr immer höher wurde, einfach so untertunneln.

Doch, doch, das kommt immer noch mal vor. Ist das jetzt gut oder schlecht? Jedenfalls war es wohl mein wider besseres Wissen nicht auszurottender Glaube an das Menschliche im Menschen, der mir die Feder führte, als ich damals den großen Auftritt von Jonas 7 am Schluss meiner Dystopie schrieb.

Die Autorin blickt wieder hinüber zum Tisch 5, an dem Jonas 7 sitzt. Am liebsten würde ich jetzt zu ihm gehen und mit ihm reden, würde mit ihm, dem Duplik, dem Duplikat, dem Klon, dem das Menschsein abgesprochen wurde, über das Menschliche und Allzumenschliche reden und über seine heroische Tat. Aber als nächstes ist erst der Tisch 4 dran.

Die Autorin horcht.

Kein Giferto lässt sich hören, um mich zu ermuntern, meine geplante Reihenfolge der Gespräche doch einfach über den Haufen zu werfen. Keine KI entscheidet über meinen Kopf hinweg? Nichts und niemand lässt sich blicken oder hören. Es hilft nichts. Ich werde mich entscheiden müssen.

Die Autorin steht auf und entschuldigt sich bei Rena, Oma Anna, Armin, Sabine und Ilka:

Ich hätte mit jedem von euch noch so viel zu besprechen, hätte euch so viel zu fragen, doch ich möchte schließlich allen meinen Gästen gerecht werden. Ich fürchte, ich muss mit meinen Kräften ein bisschen haushalten. Ich bin sicher, ihr versteht das. Bestimmt habt ihr auch untereinander noch viel Interessantes zu bereden.

Ilka: Geh nur, dann können wir in Ruhe über dich lästern.

Die Autorin lächelt, nickt zum Abschied und geht zum Tisch 4.

Tisch 4

Ariane, Jana, Leander, Monika, Vera

Lammbraten mit Safran an Honig-Minz-Soße, dazu Wildreisrisotto mit Pilzen und gegrilltem Gemüse

Die Kellner haben gerade den Fleischgang aufgetragen, als die Autorin sich an den Tisch 4 setzt. Alle genießen das zarte Fleisch eines Deichlamms, nur Ariane hat sich gegrillten Tofu servieren lassen. Sofort wird die Autorin von ihrem Gewissen geplagt. Sie sieht die Lämmer auf den Deichen Nordfrieslands vor sich.

Wie sie mit wackelnden Schwänzen auf das Mutterschaf zulaufen, meistens zwei gleichzeitig, und heftig mit den Mäulern gegen das Euter stoßen! Wenn sie endlich die Zitzen zu fassen kriegen und unermüdlich weiter mit den Schwänzen wackelnd Milch trinken, ist das ein Bild für die Götter. Und für den Fotoapparat. Und für die quälende Erinnerung, wenn jetzt ein Lammfilet, lecker gewürzt, auf dem Teller vor mir liegt. Die Schafmutter mit den saugenden Lämmern – ist sie nicht ein Urbild des Lebens? Ein Urbild des Lebens als Säugetier, des Lebens als das Tier, das auch der Mensch ist?

Die Autorin schneidet das erste Stück vom Filet ab, führt es mit der Gabel zum Mund und zerkaut es langsam.

Wirklich köstlich!

Autorin *zur hochschwangeren Ariane*: Du isst kein Fleisch? Nur jetzt nicht? Sie deutet auf Arianes Bauch. Oder grundsätzlich nicht?

Ariane: Schon lange nicht mehr.

War das in meinem Roman *Wir kennen uns nicht* auch schon so? Ich glaube, da war es einfach kein Thema. Aber genau weiß ich es nicht, und jetzt ist es zu spät, um nochmal im Roman zu blättern. Spielregel! Aber ich weiß immerhin noch, dass ich Ilka in Duplik Jonas 7 zu einer rigorosen Vegetarierin gemacht habe. Sie hat sogar versucht, ihre eigene Entführung vorzutäuschen, um ihren Vater zu erpressen: Der Besitzer einer Discounterkette sollte in seinen Filialen kein Fleisch mehr verkaufen. Na ja, Ilka musste eine prinzipienfeste Konsequenz ohne Rücksicht auf Verluste verkörpern. Eine so schwierige Rolle habe ich Ariane nicht aufgebürdet. Sie ist ein Mensch, mit dem ich über das Thema reden kann, ohne gleich eins übergebraten zu kriegen.

Autorin: Darf ich fragen, warum du kein Fleisch mehr isst? Aus Gesundheitsgründen? Wegen der Umwelt? Aus ethischen Bedenken?

Normalerweise würde die Autorin diese Frage in einer solchen Situation natürlich niemals stellen.

Warum sollte sich eine Vegetarierin genötigt fühlen, sich zu erklären? Eine Fleischesserin wie ich sollte sich rechtfertigen müssen! Aber meine Romanfiguren mussten und müssen ganz andere Sachen aushalten als eine unpassende Frage bei Tisch.

Ariane lässt sich auch keineswegs aus der Ruhe bringen.

Ariane: Aus all diesen Gründen. Und wahrscheinlich

bin ich den Tieren auch einfach zu nahegekommen, um sie noch essen zu können.

Ja, das kann ich sehr gut nachvollziehen. Ariane hat sich als Verhaltensforscherin intensiv mit Raben und später mit Hunden beschäftigt. Sie hat das Sozialleben und die Intelligenz dieser Tiere erforscht. Sie hat herausgefunden, dass Raben fähig sind, sich so gut in andere hineinzuversetzen, dass sie sie belügen und austricksen können, und dass Hunde ein ausgeprägtes Gerechtigkeitsgefühl haben. Dass es intelligentes Leben vielleicht in den Weiten des Weltraums gibt, vermutet Ariane, sie weiß aber, dass es hier auf unserem Planeten nur so davon wimmelt. Die Tiere sind die Aliens, und wir verspeisen sie, hat Ariane einmal zu ihrem Mann Nommen gesagt und gleich eingeschränkt, jedenfalls die wohlschmeckenden unter ihnen beziehungsweise diejenigen, die unsere jeweilige Kultur als essbar definiert. Bei den einen sind es die Schafe, bei den anderen die Katzen, bei den einen die Enten, bei den anderen die Singvögel, bei den einen die Frösche, bei den anderen Insekten.

Autorin: Bist du Vegetarierin oder Veganerin?

Ariane: Veganerin hab ich noch nicht geschafft. Ich esse sogar weiter Fische. Die Seezunge eben, hmmmh! Total inkonsequent, das muss ich zugeben. Aber mit einem Fischersohn als Ehemann, der die leckersten Fischgerichte zubereitet, bin ich leider doch korrumpierbar, muss ich gestehen.

Autorin: Das nimmt mir ein wenig die Last von der Seele. Ich beruhige mein Gewissen gewöhnlich damit, dass ich nur selten Fleisch esse, höchstens einmal im Monat. Aber

Fisch kommt mindestens zweimal in der Woche auf meinen Teller, und das aus demselben Grund wie bei dir.

Ariane: Dein Mann ist auch ein Fischersohn?

Autorin: Ja, so ein Zufall, nicht? Allerdings ist Giferto nicht wie dein Nommen der Sohn einer Pellwormer Krabbenfischer-Familie, sondern der Sohn eines Finkenwerder Hochseefischers und einer bretonischen Fischertochter.

Ariane *verächtlich*: Das typische literarische Versteckspiel, das sowieso jeder durchschaut. Oh Gott, das kenn ich zur Genüge von Lena!

Arme Ariane. Da habe ich direkt an ihr Trauma gerührt, das Trauma, mit einer schriftstellernden Mutter geschlagen zu sein. Noch dazu einer, die sich in ihren feministischen Bestsellern total bloßgestellt hat. Und nicht nur sich selbst hat Lena Löpersen entblößt, sondern auch ihre Tochter Ariane. Ariane, das Kind in dem Mutter-Tochter-Drama, das ich in *Wir kennen uns nicht* immer weiter zugespitzt habe. Arianes Sicht auf die Beziehung zu ihrer Mutter, auf die Konflikte und die scheiternden Kommunikationsversuche, unterscheidet sich sehr von Lenas Sicht, um es neutral auszudrücken. Plastischer gesagt: Sie verstehen sich nicht, jede fühlt sich von der anderen vernachlässigt, zurückgewiesen, falsch eingeschätzt, ungerecht behandelt, nicht geliebt – und ja, manchmal ist auch Hass im Spiel.

Autorin: Apropos literarisches Versteckspiel: Wie hat deine Mutter noch mal ihre fiktive Tochter in ihren Romanen genannt? Ich hab's echt vergessen.

Ariane: Diana.

Autorin: Ach ja. Wie peinlich.

Ariane: Nicht nur der Name! Diese Diana kam bei einer wunderbaren natürlichen Geburt zur Welt, entwickelte sich prächtig, war herrlich ungestüm, aber tat auch aus Kindermund jede Menge amüsanter Wahrheit kund, später brachte sie selbstverständlich gute Schulnoten nach Hause, entzückte ihre Mutter mit ihrem zeichnerischen Talent und vor allem: Sie liebte ihre Mutter heiß und innig.
Autorin: Eine Traumtochter.
Ariane *bitter*: Diese fiktive Diana, das war die wahre Tochter meiner Mutter. Die hat sie geliebt. Mit mir konnte sie herzlich wenig anfangen.
Autorin: Jetzt übertreibst du aber ein bisschen.
Ariane: Oh, nein! Ich war von Anfang an eine Enttäuschung für Lena. Erst der Kaiserschnitt. Dann konnte sie nicht stillen, ich spuckte die Flaschenmilch andauernd wieder aus, versaute ihr die Blusen, hatte Blähungen und schrie nächtelang, bekam jede Kinderkrankheit, legte heftige Trotzanfälle aufs Parkett und fing auch noch an zu stottern. Wirklich demütigend, so eine Tochter zu haben, demütigend für eine Frau der Sprache, eine Autorin!
Die Autorin zuckt zusammen, so laut und verächtlich spuckt Ariane das Wort *Autorin* aus.
Richtet sich das auch gegen mich? Ach nein, ich glaube nicht. Ihr ganzer Furor richtet sich gegen ihre Mutter, wird immer noch gespeist aus dem Gefühl, in der Kindheit nicht geliebt worden zu sein, nicht geschätzt, von ihrer Mutter nicht gesehen. So banal, so existenziell. Heute weiß auch jeder, der nicht Psychologie studiert hat, dass die entscheidende Ressource für das Leben eines Menschen das Gefühl ist, sich in früher Kindheit angenommen zu fühlen.

Ohne dieses Urvertrauen sieht es übel aus. Dann kostet es ungleich mehr Kraft, die unvermeidlichen Herausforderungen des Lebens zu bewältigen, und viele scheitern daran. Ariane ist nicht gescheitert. Sie ist eine erfolgreiche Wissenschaftlerin geworden, sie hat eine Liebesbeziehung zu einem Mann aufbauen können, dem sie vertraut, und jetzt ist sie sogar schwanger und will mit ihrem Kind natürlich alles ganz anders und viel besser machen als ihre Mutter.

Nachdenklich betrachtet die Autorin die schwangere Ariane, die ihren Tofu verspeist. Sie weiß ja schon, dass diese ihr erstes Kind gesund zur Welt bringen wird.

Aber ihrer Mutter Lena wird sie nicht mitteilen, dass sie Großmutter geworden ist. Die wird es erst durch einen Artikel im *Nordfriesischen Inselboten* erfahren. Was für eine verfahrene Situation! Aber wie mache ich das nun heute Abend? Kommen die beiden tatsächlich nach dem Essen zusammen, die schwangere Ariane und Lena, die Großmutter in spe? Werden sie sich aussprechen, werden sie einen Weg zueinander finden über all die alten Verletzungen, Missverständnisse, verfestigten Bilder voneinander hinweg? Das wäre wohl zu schön, um wahr zu sein.

Giferto: Oder auch nur plausibel im Rahmen deiner Fiktion.

Autorin: Long time no hear, my dear! Du willst mich also tatsächlich von dem billigen Happy End zwischen Lena und Ariane abhalten? Und das, obwohl du deinen Kopf darauf verwettet hast, dass ich es tun werde?

Giferto: Du lässt dich ja doch nicht abhalten. Bei der Wette mein Kopf gegen deinen Trotzkopf gewinnst immer du.

Autorin: Da setzt du auf den falschen Kopf. Ich werde meinen geheimen Sehnsüchten trotzen und mir keine fiktive Traummutter erschaffen, so wie Lena sich eine Traumtochter erschrieben hat. Die Literatur kann die Wunden der Realität nicht heilen. Im Gegenteil: Sie reißt sie immer wieder auf.

Giferto: Kein Schreiben als Therapie?

Autorin: Schreiben als Prozess der Rücksichtslosigkeit gegen sich selbst.

Giferto: Vermessener Anspruch!

Autorin: Eine Chance zu erkennen, dass die eigene Tragödie nur ein unbedeutender Teil der menschlichen Komödie ist.

Giferto: Tragödie – Komödie: Ist das nicht im Kern dasselbe?

Giferto entschwindet und hinterlässt in der Autorin eine Leere, in die langsam Arianes Gefühle einsickern.

Oh ja, ich spüre ihren Groll, den nagenden Groll gegen ihre Mutter Lena, den sie nur dämpfen, aber wohl nie ganz zum Schweigen bringen kann. Es kann nichts werden mit dem Happy End. Ariane wird ihrer Mutter heute Abend nicht um den Hals fallen. Und Lena? Kann sie das Gefühl überwinden, von ihrer Tochter nicht gewürdigt, nicht geachtet, ja, grundlos abgelehnt zu werden? Ich fürchte, nein. Es wird beim offenen Ende bleiben, bei der Erkenntnis: Wir kennen uns nicht, nicht uns selbst und nicht einander. In meinem Roman *Wir kennen uns nicht* ist das Ende allerdings weder *happy* noch überhaupt ein Ende, sondern der letzte Satz ist auch der erste: Sie kennen mich nicht. Nur stellt sich jetzt die Frage: Wer spricht eigentlich? Ach ja, meine diebische Freude an literarischen Verwirrspielen! Diebisch, weil ich gerne Gewissheiten klaue, die Illusion von Gewissheiten. Die verstellen nur den Blick. Apropos Blick: Bei meiner Nachdenkerei über Happy Ends und Gewissheiten habe ich ja Ariane ganz aus den Augen verloren! Sie hat sich schon längst von mir abgewandt. Anscheinend hat sie in dem zwölfjährigen Leander einen interessanteren Gesprächspartner gefunden.

Leander: Bist du sauer auf das Baby, wenn es dich tritt?

Ariane: Aber nein! Dann weiß ich, dass es ihm gutgeht. Auch wenn es dummerweise immer dann munter wird, wenn ich schlafen möchte.

Leander *belehrend*: Wenn das Baby erst da ist, kriegst du gar keinen Schlaf mehr.

Ariane *lacht*: Gar keinen? Woher willst du das denn wissen?

Leander: Von meiner Mama. Als ich auf der Welt war, hat sie in der ersten Zeit gar keinen Schlaf mehr gekriegt, hat sie immer gesagt.

Ariane: Na, da hat deine Mama wohl etwas übertrieben. Wenn man gar keinen Schlaf kriegt, dann stirbt man nämlich, weißt du? Das kannst du deiner Mama mit schönem Gruß von mir als Biologin gerne ausrichten.

Leander: Meine Mama ist tot.

Ariane hält die Luft an und beißt sich auf die Lippen.

Sorry, dass ich dich ins Fettnäpfchen habe treten lassen! Du kannst ja nicht wissen, dass Leanders Eltern vor zwei Jahren bei einem Verkehrsunfall ums Leben gekommen sind, woher solltest du? Manchmal vergesse ich, dass Autorinnenwissen Herrschaftswissen ist, das dem Personal meiner Romane nicht zur Verfügung steht. Auch heute Abend nicht. Nur ich weiß alles über alle. Nur ich weiß, dass Leander seinen ersten Auftritt in meinem Roman *Putzfrau bei den Beatles* nach schweren Schicksalsschlägen hat. Zuerst ist seine geliebte Oma Moni an einem Herzinfarkt gestorben und kurz danach kommen seine Eltern bei einem Autounfall ums Leben. Sie haben Oma Monis Wohnung aufgelöst, ein paar Erinnerungsstücke ins Auto gepackt und sind auf dem Rückweg ihrem Tod in der Gestalt eines sekundenschlafenden Lastwagenfahrers begegnet. Es tat mir beim Schreiben weh, ausgerechnet der jüngsten meiner Figuren ein so schweres Schicksal aufzuhalsen, aber mir blieb keine Wahl. Leander, das verwaiste Kind, ist der unerlässliche Katalysator, der meine Geschichte zum Brodeln bringt. Vom Jugendamt wird er seinen Großeltern anvertraut, den christlich-fundamentalistischen Eltern seines Vaters. Leander, locker atheistisch erzogen, meldet dem Jugendamt, seine Großeltern seien verrückt. Sie würden an einen ewig lebenden gekreuzigten Mann, einen heiligen Geist und einen Teufel glauben! Die ältere Dame vom Jugendamt erklärt ihm indigniert, das sei völlig normal. Seitdem bereitet er seine Flucht vor. Und dabei hilft ihm seine verstorbene Oma Moni. In ihrem Tagebuch, das aus dem schrottreifen Wagen seiner Eltern geborgen werden konnte, entdeckt er, wer sein anderer Großvater ist, der Vater seiner Mutter, den nicht mal sie gekannt hat: Kristian Tugendhat, bekannt als der Musiker Kris Untugend, der seine Karriere als Sänger einer Schulband an einem Hamburger Gymnasium begonnen hat, den *Beating Boys*. Dank des Internets spürt Leander seine Adresse schnell auf und macht sich heimlich auf den Weg zu ihm. Dort wird er ihn im *Yellow Submarine*, dem Alterswohnsitz der *Beatles*, als Paul kennenlernen.

Die Autorin schaut kurz zu Paul, der am Tisch 5 sitzt, konzentriert ihre Aufmerksamkeit aber gleich wieder auf Ariane und Leander. Ariane hat offenbar angemessen einfühlig auf die für sie unerwartete Nachricht reagiert, dass Leanders Mutter tot ist. Die beiden unterhalten sich schon über etwas ganz anderes, es fällt immer wieder der Name Harry Potter. Leander erinnert sich mit Empörung daran, wie seine streng christlichen Großeltern ihm seine Potter-Bände wegnahmen, weil sie in ihren Augen abergläubisches Teufelszeug enthielten.

Die Autorin verdreht die Augen.

Vielleicht ist dies der richtige Zeitpunkt, um die Gretchenfrage zu beantworten? Wie halte ich es mit der Religion? Kurz und knapp: Gar nicht. Irgendwann gegen Ende der Pubertät stellte sich mir die Frage: Hat Gott den Menschen geschaffen? Oder haben die Menschen Gott geschaffen? Nachdem ich mich ein bisschen schlau gemacht hatte über die unterschiedlichen Vorstellungen von Gott oder den Göttern, die sich Menschen in unterschiedlichen Kulturen gebildet haben, und die alle deutliche Merkmale der jeweiligen Kultur und Zeit trugen, war der Befund für mich eindeutig: Die Menschen haben sich Gott beziehungsweise Götter gemacht. Für das Gegenteil gab und gibt es keinen Beweis. An dieser Erkenntnis hat sich in meinem langen Leben nichts geändert. Natürlich gibt es unendlich viel, was ich mir nicht erklären kann, was selbst geniale Physiker nicht erklären können. Nach derzeitiger Erkenntnis besteht das Wesen des Weltalls zu

85 Prozent aus dunkler Materie und dunkler Energie, mit anderen Worten: es ist zu 85 Prozent vollkommen rätselhaft. Aber wie billig ist es, das Unerklärliche durch abstruse Gottesbilder wegerklären zu wollen? Ich war wirklich froh, dass ich mich mit religiösen Phantasmen nicht weiter beschäftigen musste, weil sie in unserer säkularisierten Gesellschaft eine immer geringere Rolle spielten. Doch jetzt hat die terroristische Version des Islams das Religiöse wieder in das öffentliche Bewusstsein gebombt, geköpft, gekreuzigt, gesteinigt und was der Schaurigkeiten mehr sind, und seitdem fühlen sich hier Menschen bemüßigt, das Abendland zu retten, das sich doch noch gar nicht lange von den Schrecken erholt hat, die es als christliches durchleben musste: Inquisition, Hexenverbrennung, Dreißigjähriger Krieg, Kolonialisierung, Zwangsmissionierung u. v. a. Dank der Aufklärung und Säkularisierung ist das Raubtier-Christentum hierzulande weitgehend zu einem Haustier-Christentum domestiziert worden und verkörpert nach eigener Darstellung im Wesentlichen die reine Liebe, wie auch der Islam heute in seiner *wahren Ausprägung* selbstverständlich die reine Liebe verkörpert. Leider führt der Kampf darum, wer denn für die *wahre Ausprägung* des Islams steht (Sunniten, Schiiten, Alawiten usw.) zu entsetzlich viel Gewalt und Krieg und Leid, und gegenüber Ungläubigen wie mir verfährt der Raubtier-Islam wie seinerzeit sein christlicher Genosse frisch, fromm, fröhlich, frei nach der Devise: Und willst du nicht meine Schwester sein, so schlag ich dir den Schädel ein. Wie unendlich ermüdend all das ist! Als ob die Menschheit weiß Gott nicht schon genug Probleme mit ihrem ausgeplünderten und erhitzten Planeten hätte!

Ich habe nicht die geringste Lust, mich mit diesem Religions-Gedöns zu beschäftigen. Und ich hatte auch in den 70ern keine Lust dazu, als viele meiner 68er-Zeitgenossen sich irgendwelchen Gurus und ihren Heilslehren zuwandten. Plötzlich trug die Erzieherin des antiautoritären Kinderladens ein rotes Gewand und himmelte den indischen Guru Bhagwan an. Äußerst befremdlich, aber ich hielt mich an den Alten Fritz: Soll doch jeder nach seiner Façon selig werden!

Die Autorin holt tief Luft. Gretchenfrage beantwortet und Thema Religion abgehakt. Aber während ich in göttlichen Gefilden herumgeirrt bin, hat Leander die Gesprächspartnerin gewechselt. Er kichert jetzt mit Jana rum, die direkt neben ihm sitzt. Meine Putzfrau bei den Beatles ist ja auch sehr wichtig für ihn geworden, als er auf der Suche nach seinem unbekannten Opa im *Yellow Submarine* gelandet ist. Mit der gelb gestrichenen Jugendstilvilla habe ich den Ex-*Beating Boys* eine feudale Umgebung für ihre Alte-Knacker-WG gebaut. Dort konnten sie in Ruhe gemeinsam in die Untiefen des Alters hinabtauchen. Das hofften sie jedenfalls und auf einen *long way down*. Auf dem langen Weg abwärts wollten sie Musik machen und noch viel Spaß haben. Als Putzfrau habe ich ihnen die junge Möchtegern-Schriftstellerin Jana für 3x3 Stunden in der Woche zur Seite gestellt, und so ist eigentlich alles bestens arrangiert für John, Paul, Ringo und George. Bis plötzlich Leander in ihrer Küche steht und Paul, alias Kris Untugend, alias Kristian Tugendhat, der noch nicht mal weiß, dass er eine Tochter hatte, mit der Nachricht konfrontiert:

»Du bist mein Opa.«

Autorin: Leander, darf ich dich mal kurz bei deinem Plausch mit Jana stören?

Leander: Klar! Du bist doch das Geburtskind! Du darfst heute alles.

Autorin: Danke, dass du mich daran erinnerst. Dann frag ich dich einfach ganz direkt: Wie war das für dich, als du in der Küche gestanden hast und vier alte Männer dich anstarrten wie einen … wie einen …

Leander: Wie einen Ork haben die mich angestarrt! Dabei hatte ich in dem Moment nur noch Schiss. Also, ich mein, ich dachte so … Was will ich hier? Volle Schubumkehr! Help! Die werden mich garantiert ans Jugendamt verpfeifen. Und dann muss ich zurück zu den Verrückten mit ihrem Jesus.

Autorin *grinst*: Zum Glück hat ja Ringo als geübter Pädagoge die Situation erstmal entschärft.

Leander: Das war voll cool, als er mir ihr Tonstudio gezeigt hat. Und dass ich dann gleich mit Pauls E-Gitarre spielen durfte …

Jana *zur Autorin*: Das hast du gut gemacht! Ich meine, dass du Ringo ins Spiel gebracht hast. Gut für Leander jedenfalls. Ob das dramaturgisch so geschickt war, weiß ich nicht. Aber wahrscheinlich nimmst du sowieso keine Ratschläge von einer Möchtegern-Schriftstellerin wie mir an.

Oh je, die Bezeichnung scheint sie sehr gekränkt zu haben. Das muss ich wieder ausbügeln:

Du hast doch inzwischen deinen Debüt-Roman herausgebracht. Nix mehr mit Möchtegern, liebe Kollegin. Glückwunsch! Wie heißt der denn eigentlich?

Jana: Als ob du es nicht wüsstest!

Autorin: Ertappt. Aber ich werde es hier natürlich nicht verraten. Wer sich dafür interessiert, der kann ja meine *Putzfrau bei den Beatles* lesen.

Jana: Unbedingt!

Die Putzfrau-Autorin und die Autorin-Autorin zwinkern sich verschwörerisch zu.

Jana steht mir im Spiel mit den Erzählebenen in nichts nach. Doch daran bin ich natürlich nicht ganz unschuldig. Das werde ich ihr jetzt aber nicht auf die Nase binden.

Jana: Eigentlich wollte ich ganz was anderes sagen … nichts über die elende Schriftstellerei. Mir geht es um etwas wirklich Wichtiges. Um Leander! Dem ging's so richtig dreckig, als er abends allein im Gästezimmer der Beatles lag, nachdem er Paul das Tagebuch seiner Oma Moni gegeben hatte …

Autorin: Als die das geschrieben hat, war sie allerdings keine Omi, sondern ein junges wildes Groupie, mit dem Paul sich nach dem Gig backstage vergnügte.

Jana: Na ja, logisch! Paul war nach dem Lesen jedenfalls ziemlich durch den Wind. Erst entdeckt er, dass sein Backstage-Vergnügen eine Folge hatte. Plötzlich taucht aus den Buchstaben eine Baby-Tochter auf, die aber jetzt schon eine tote Frau ist, die er nie kennenlernen wird. Das allein war ja schon heftig! Und dann soll er auch noch mit seinem unbekannten Enkel klarkommen, der von einem lieben Opa geträumt hat, bei dem er endlich wieder ein Zuhause findet.

Autorin: Darum habe ich ja dich zu ihm geschickt.

Jana: Und das war auch gut so! *wendet sich Leander zu* Du warst nur noch ein Häufchen Elend, als ich dich un-

ter dem Kissen vergraben in deinem Bett gefunden habe, right?
Leander: Hmmh.
Jana legt den Arm um Leanders Schultern und er lächelt sie an.
Dennoch … ich glaube, am liebsten würde er von Jana jetzt nicht an diese Situation erinnert werden. Bestimmt weckt sie in ihm die Erinnerung an den Verlust seiner ganzen damaligen Welt: Mama, Papa, Oma. Weg! Einfach weg. Doch damals war es gut, dass Jana ihn unter dem Kopfkissen hervorholte und es mit ihrer Beharrlichkeit und ungekünstelten Anteilnahme erreichte, dass er mit ihr über seine ausgelöschte Familie reden konnte. Es war ein schmerzhafter Schritt, aber ein erster Schritt hin zu seiner neuen Familie, den vier Alt-68ern in ihrer Senioren-WG samt Jana, ihrer Putzfrau. Auf den ersten Blick eine nicht unbedingt geeignet erscheinende Familie, das gebe ich zu. Der Weg würde steinig werden. Aber ich habe mit Leander wohlweislich einen selbstbewussten und nicht leicht zu entmutigenden Jungen auf den Weg geschickt, einen Jungen, der bereit war, auch Nebenpfade zu erkunden. Ehrlich gesagt, ich bin ein richtiger Fan von Leander, er gehört zu meinen Lieblingsfiguren. Das werde ich vor den anderen natürlich nicht zugeben, sonst gibt es nur Eifersüchteleien. Auf jeden Fall ist er der Vertreter der ganz jungen Generation in meinem *Drei-Generationen-unter-einem-Dach-Roman*. Die dreiundzwanzigjährige Jana ist die Vertreterin der mittleren und die achtundsechzigjährigen Beatles sind natürlich die Vertreter meiner Generation. Steckt darum zwangsläufig in ihnen am meisten von mir? Ich glaube

nicht. In manchem fühle ich mich Jana näher, und das nicht nur, weil sie eine Frau ist und noch dazu Schriftstellerin. Und sogar in Leander fühle ich mich heimisch, denn, kaum zu glauben, ich war auch mal ein zwölfjähriges Kind. In mir existieren sie alle noch, die verflossenen Verlaufsformen meiner selbst, sie sind mir nah und fern, wie mir auch meine Figuren nah und fern sind, Bekannte und Fremde, Alter Egos und ganz andere Egos. Und in meinen Romanen kann ich sie hemmungslos aufeinander loslassen, kann sie miteinander ringen lassen, sich lieben lassen oder sich hassen. Erstaunlich, dass dieses Kuddelmuddel etwas ergibt, das vorgibt, Literatur zu sein. *Literature is what happens while you're busy making other plans.* Frei nach John Lennon. Also: folge ich meinem Plan für dieses *Dinner 70* weiter und see what happens. Leander und Jana kann ich gut sich selbst und einander überlassen und auch die schwangere Ariane passt gut zu den beiden. Sie kann ja Leander nutzen, um sich schon mal mit einer Vision von sich selbst als Mutter eines Zwölfjährigen vertraut zu machen. Doch was ist mit Vera und Monika, die schließlich auch noch hier am Tisch sitzen? Die wirken ein bisschen verloren. Sie finden offenbar keinen Draht zu den anderen. Nicht zu Ariane, nicht zu Jana, nicht zu Leander. Und auch nicht zueinander. Also muss ich den Draht zu ihnen suchen. Wozu habe ich sie sonst eingeladen? Welche zuerst? Vera? Mein junges Alter Ego. Das mir aber furchtbar fremd geworden ist. Egal! Da muss ich jetzt durch! Auch wenn ich ihr gar nicht gerne begegne. Beschämend, wie sie sich ewig mit einer gescheiterten Liebesbeziehung herumquält. Wie sie sich vom geliebten Mann demütigen lässt und ihn trotzdem nicht zum Teufel jagt! Stattdessen leidet sie wie eine Hündin, als er sie verlässt, *und hat sich ganz in die Welt der Bücher zurückgezogen. Ihre Emotionen und ihre Sexualität hat sie in den hintersten Winkel ihres Inneren verbannt und sich in eine ironisch-distanzierte Weltsicht gerettet, die es ihr ermöglicht »über den Dingen zu stehen«, insbesondere über einem so profanen Gefühl wie Liebe. Sie ist eine Sachwalterin der zynischen Vernunft geworden, lässt die Realität nur gefiltert und in literarische Kategorien übersetzt an sich heran.* So hört sich das im Klappentext zum Roman *Möglichkeit der Liebe* an. Er stammt von meiner damaligen Lektorin Ingeborg Mues beim Fischer-Verlag, die sich unermüdlich für die Literatur von Frauen eingesetzt hat und der auch ich großen Dank schulde. Ein wenig ist Vera auch ihr Alter Ego, denn ich habe sie zur Lektorin eines renommierten Verlages gemacht. So brechen sich meine Spiegelungen schön unübersichtlich und streuen ihre Abbilder in unterschiedliche Richtungen und es entsteht etwas Diffuses, in dem ich gerne verschwinde.

Autorin *schüchtern*: Hallo Vera.

Vera *auf der Hut*: Hallo?

Autorin: Nice to meet you.

Vera: Tatsächlich?

Autorin: Ein bisschen ambivalente Gefühle habe ich schon, zugegeben.

Vera: Warum? Bin ich so schrecklich?

Autorin: Nein, natürlich nicht.

Vera: Aber?

Autorin *druckst herum*: Du bist mir ein bisschen peinlich, fürchte ich.

Vera: Oh, das tut mir aber leid.

Mist. Jetzt ist sie eingeschnappt. Zu Recht, wer wäre das nicht? Warum habe ich geglaubt, mit ihr ein offenes Wort sprechen zu können? Ich weiß doch, wie verletzlich sie ist. Sie hat noch nicht meine seelische Hornhaut. Aber gerade ihre Verletzlichkeit ist es, die mir so peinlich ist, ihre Sehnsucht nach Liebe und Anerkennung, ihre Opferbereitschaft, diese Selbstaufgabe für eine amour fou, dieses Sucht- und Klammerverhalten, diese ungeschützte Hingabe an einen Mann, der mit ihr spielt wie der Kater mit der Maus, bevor er sie frisst. Bei jeder anderen Frau würde das bei mir Empathie erzeugen, ich hätte Verständnis, würde ihr die Erfahrung der Abwertung als Mädchen und Frau, die Prägung durch das Märchen vom Prinzen, der die Prinzessin erlöst, zugutehalten und würde ihr einen liebevollen, aber energischen Schubs geben: Befreie dich aus deiner nicht selbstverschuldeten Wehrlosigkeit! Aber wenn ich an die junge Frau zurückdenke, die ich einmal war, empfinde ich vor allem Verachtung.

Autorin: Wie kann frau bloß so blöd sein!

Vera: Bitte?

Autorin: Entschuldige! Ich meine nicht dich.

Vera: Ach ja?

Autorin: Na ja.

Vera: Könnte es vielleicht sein, dass du von mir ein viel zu statisches Bild hast? Immerhin mache ich eine ziemliche Entwicklung durch im Laufe deines Romans. Und so, wie ich jetzt hier sitze, bin ich längst nicht mehr die Blödfrau, an die du offenbar denkst.

Autorin: Verzeih mir! Als wenn ich das nicht wüsste.

Vera: Und ich bin auch nicht die *Sachwalterin der zynischen Vernunft* mit einer *ironisch-distanzierten Weltsicht* aus dem Klappentext. Und nicht die *geläuterte Feministin* aus einer der Rezensionen. Ich weiß noch nicht mal, was das sein soll, eine geläuterte Feministin.

Autorin *besänftigend*: Ja, ein bisschen seltsam ausgedrückt. Aber ich glaube, das war durchaus positiv gemeint. So im Sinne von: Eine Frau, die sich nicht mehr in den Irrwegen des Feminismus verläuft.

Vera: Welche Irrwege?

Autorin: Na, zum Beispiel, dass der Kampf gegen das Patriarchat gleichbedeutend ist mit einem Kampf gegen die Männer.

Vera: Gegen manche schon!

Autorin: Gegen manche sogar mit Schmackes! Gegen Männer, die das Patriarchat verteidigen, weil sie ihre Privilegien nicht aufgeben wollen. Ohne Frage. Aber viele Männer empfinden die Rolle, die ihnen zugedacht ist, selbst als Bürde.

Vera: Armin auf jeden Fall.

Giferto: Ich auch! Tut mir leid, wenn ich störe, aber bei dem Thema kann ich nicht still meine Totenruhe genießen.

Autorin: Dann weiß ich ja jetzt, womit ich dich herbeizaubern kann. Aber du wirst hier jetzt gar nicht gebraucht, mein Lieber. Überlass bitte Armin den Auftritt als ... nein, nicht als *neuer Mann* ... das ist ja auch schon wieder ein Klischee, aber sagen wir einfach ... als liebenswerter Geschlechtsgenosse.

Giferto: Armin?

Autorin: Ja, Armin. Der Mann, dem es gelingt, Veras Liebe zu gewinnen, so wie du meine Liebe gewonnen hast. Schließlich habe ich ihn in den wesentlichen Charakterzügen nach dir gestaltet.

Giferto: Ich weiche unter Protest meinem Surrogat!

Die Autorin blickt ihrem Mann nach, bis seine Konturen verschwimmen.

Nein, Armin ist kein Surrogat, er ist nicht dein Abklatsch, Giferto. In vielen Details ist er anders, hat ein ganz anderes Leben geführt, ist eine Romanfigur mit ureigenen Macken. Aber wie du für mich der Mann warst, mit dem Liebe möglich war, so ist es Armin für Vera. Für Armin wäre eine unterwürfige Partnerin ein Graus, er will keine Macht über Vera ausüben, sondern will, dass es ihr gut geht. Und er möchte nicht in einer Welt leben, in der die eine Hälfte der Menschheit von der anderen unterdrückt wird.

Vera: Lange habe ich Armin nicht vertrauen können. Ich habe zwar bewundert, wie er als alleinerziehender Vater mit seinem Sohn umging, fand es toll, dass es ihm viel wichtiger war, Zeit für ihn zu haben, als Karriere zu machen, aber trotzdem …

Autorin *verständnisvoll*: Aber trotzdem. Die Angst war größer.

Vera *lacht*: Zum Glück war Armin so klug, sich hinterrücks meine Liebe zu erschleichen. Er hat erst ganz harmlos meine Liebe zum Segeln geweckt, zum Wattenmeer …

Ja, das Wattenmeer! Eigentlich hätte ich es auch zu meinem Dinner einladen müssen. In gleich dreien meiner Romane spielt es eine wichtige Rolle, wenn nicht sogar die heimliche Hauptrolle. Es ist mehr als Umgebung, mehr als nur die Folie, vor der die Handlung abläuft. Die Beschreibung dieser auf den ersten Blick wenig spektakulären Landschaft, die die Betrachterin erst nach und nach in ihren Bann zieht, hat es mir ermöglicht, etwas zu sagen, was sich nicht sagen lässt. Über etwas so Wesentliches wie die Liebe, zum Beispiel. Das Wesentliche bleibt unsagbar. Dennoch habe ich über die Liebe geschrieben wie unzählige Autoren vor mir, über die Liebe von Vera und Armin, über die Liebe von Rena und Hauke und damit auch über unsere Liebe, Giferto. Nichts, was sich in einer knackigen Sentenz à la *Liebe ist ...* zusammenfassen ließe. Die Liebe lässt sich nicht fassen, lässt sich in keiner Definition festnageln. Ihr ergeht es wie der Zeit, vor der schon Augustinus kapitulierte: *Wenn mich niemand darüber fragt, so weiß ich es; wenn ich es aber jemandem auf seine Frage erklären möchte, so weiß ich es nicht.* Arme Philosophen! Sie müssen auf ewig vergeblich um Definitionen ringen. Zum Glück habe ich mich nicht dieser Zunft angeschlossen.

Die Autorin zögert. Beim Stichwort Philosophie ist ihr eine Erinnerung in den Kopf geschossen, die an dieser Stelle überhaupt nicht passt.

Ich bin doch gerade beim zentralen Thema Liebe angekommen und natürlich interessiert Sie das am meisten, oder? Sie wollen es nicht zugeben, liebe Leserin, weil Sie eine Intellektuelle sind? Oder Sie sind gar ein männliches Wesen, das sich mit diesem ganzen Gefühlskram nicht abgibt? Es jedenfalls nicht zugibt, dass es sich damit abgibt? Sie müssen sich nicht schämen. Die größten Geister haben sich an der Liebe abgearbeitet, haben mit ihr gerungen, sind an ihr verzweifelt, haben sie besungen, verflucht, verherrlicht, haben sie genossen, sind ihr verfallen, haben sich von ihr in den Tod treiben lassen. Wenn etwas nichts, aber auch gar nichts mit sentimentalem Kitsch zu tun hat, dann die Liebe. Darum ist sie auch so vollkommen deplatziert in der Trivialliteratur, obwohl die von ihrer Behauptung lebt, von der Liebe zu erzählen. Die Liebe ist alles, nur nicht trivial. Na, jetzt habe ich mich tatsächlich doch noch dazu verleiten lassen, einen *Liebe ist*-Satz zu schreiben, obwohl der natürlich alles ist, nur keine Definition der Liebe. Aber bevor das jäh Erinnerte beim Stichwort Philosophie wieder in den Tiefen meines Langzeitgedächtnisses versackt, hier jetzt die kleine Anekdote aus meiner Schulzeit, bevor ich danach hoffentlich eine elegante Überleitung zurück zum zentralen Thema Liebe finde. Aber vielleicht führt uns die Philosophie ja auch viel weiter als die Liebe?

Doktor Jäger, mein Philosophielehrer am Gymnasium, war ein skurriler Typ, und das ist keine nachträgliche Charakterisierung, sondern so empfand ich es schon als seine Schülerin. Er war eingefleischter Heideggerianer, lief immer in Kniebundhosen und Trachtenjacke herum und erwartete, dass wir zackig aufsprangen, wenn er voll heiligem pädagogischem Elan in den Unterrichtraum stürmte. Dann begrüßte er uns mit *Salve, discipuli!* und ließ uns so lange *Salve, magister!* brüllen, bis es seinen Ansprüchen an eine folgsame Schülerschaft entsprach. Wahrscheinlich imaginierte er sich in einer Lateinschule des 19. Jahrhunderts oder im Hörsaal der Freiburger Universität zu Zeiten seines Heroen Heidegger, er musste jedoch in einem schleswig-holsteinischen Landgymnasium zur Zeit der

68er unterrichten. Den meisten meiner Mitschüler stand der Sinn aber durchaus nicht nach Revolte. Sie ließen seinen Unterricht apathisch über sich ergehen. Ich, angefixt vom aufmüpfigen Geist der Studentenbewegung, suchte nach Wegen, Doktor Jäger zu provozieren. Das gelang mir hervorragend mit einem Poster des auf dem Klo sitzenden Frank Zappa, das ich an das Schwarze Brett im Klassenzimmer hängte. Doktor Jäger blieb das *Salve, discipuli!* im Halse stecken, als er es sah, er holte tief Luft, schritt ans Schwarze Brett, riss es mit einem Ruck herunter, zerknüllte es und pfefferte es in den Papierkorb.

»Wer war das?!!!«

Ich stand auf.

»Du???«

Ich nickte.

Ich sah, wie er mit sich rang, ein paar Mal tief einatmete, dann befahl er:

»Du kommst nach dem Unterricht zu mir!«

Unter den teils bewundernden, teils schadenfrohen Blicken meiner Mitschüler setzte ich mich wieder. Bestimmt würde das einen Eintrag ins Klassenbuch geben, wenn nicht sogar einen Tadel durch den Direx! Nach diesem Eklat sollte der Unterricht seinen gewohnten Lauf nehmen, das war jedenfalls Doktor Jägers Plan. Doch nichts lief wie gewohnt. Ich beteiligte mich demonstrativ nicht und so schleppte sich die Stunde dahin. Normalerweise war ich die Einzige, die sich in seinem Unterricht freiwillig meldete, was mir eigentlich peinlich war, weil ich so in den Verruf geriet, eine Streberin zu sein. Doch ich hatte in meiner pubertären Wissbegier die Philosophie entdeckt und glaubte, sie könne mir Erklärungen für die existenziellen Fragen im Leben liefern. Mich interessierte brennend, was die anderen in meiner Klasse nur widerwillig schluckten wie Sauerbier. Oft bestand Doktor Jägers Unterricht im Wesentlichen aus der angeregten Diskussion zwischen uns beiden. Heimlich genoss ich diese Dispute und lernte viel von ihnen, und er war wahrscheinlich heilfroh, dass sich überhaupt jemand für seinen Unterrichtsstoff interessierte. War mir das damals schon klar? Ich habe wohl mehr gespürt als gewusst, dass auch ich nicht ganz machtlos ihm gegenüber war. Mein Schweigen war meine Waffe.

Nach dem Unterricht ging ich zu seinem Pult und sah ihm tapfer in die Augen. Das Donnerwetter blieb aus. Er schüttelte nur angewidert den Kopf und fragte:

»Was hast du dir denn bloß bei diesem ekelhaften Plakat gedacht?«

»Das ist Kunst«, behauptete ich.

Sein Gesicht lief rot an und ich befürchtete den Ausbruch seines berüchtigten Jähzorns, doch er seufzte nur und erklärte in einem fast entschuldigenden Tonfall:

»Wir beide können ja gerne darüber diskutieren, was Kunst ist, weißt du. Aber was du nicht bedacht hast: Es kommen doch auch Putzfrauen in diesen Raum! Was sollen die von uns Akademikern halten, wenn die so ein schweinisches Plakat sehen?«

Ich schwieg perplex. Sein Argument hatte mich entwaffnet. Diesmal war ich tatsächlich sprachlos. Sprachlos war ich auch, als er kurz darauf meine Eltern zu einem der gefürchteten Elterngespräche einlud. Die bestanden in der Regel daraus, dass sich die Lehrkraft bei den Eltern bitterlich über Versäumnisse und Fehlverhalten ihrer Sprösslinge beschwerte. Kam das dicke Ende jetzt doch noch? Meine Eltern waren aufgebracht, als die Einladung zum Elterngespräch in ihr mit viel Eigenleistung erbautes Gelbklinker-Haus flatterte, in dem ich seit meinem elften Lebensjahr zusammen mit meinen Großeltern lebte. Wir im ersten Stock, meine Eltern im Erdgeschoss. Was hatte ich angestellt? Würde ich Schande über sie bringen? Dann würde er mich sofort vom Gymnasium nehmen, drohte mein Vater.

Seltsamerweise fing mich Doktor Jäger einen Tag vor dem Gespräch in der Pause im Flur ab, bat mich in einen stillen Winkel und fragte:

»Sag mal, Mädel, dein Vater – was ist der eigentlich von Beruf?«

»Äh ... Tischler«, antwortete ich verwirrt.

Seine Mundwinkel gingen nach unten, er schwieg, dann gingen sie wieder nach oben und er erklärte mit einer wegwerfenden Handbewegung:

»Na, das macht nichts. Heideggers Vater war ja auch bloß Fassbinder.«

Am nächsten Tag, als meine Eltern aufgetakelt wie für eine Hochzeit mit ihrem auf Hochglanz polierten Opel zum Termin mit *dem Herrn Doktor* fuhren, sah ich sie mit Doktor Jägers Augen und schämte mich. Peinlich, diese Kleinbürger, die was Besseres darstellen wollten! Ich würde in seiner Achtung tief sinken. Als meine Eltern zurückkamen, sagten sie erstmal gar nichts. Nach dem Abendbrot baten sie mich hochoffiziell in ihr Wohnzimmer und teilten mir mit, Herr Doktor Jäger habe ihnen geraten, mich Philosophie studieren zu lassen, ich sei zweifelsohne eine

Begabung und er würde mich nach Kräften fördern. Ich war im ersten Moment nur erleichtert, dass er meinen Eltern nichts von meiner Untat mit dem Frank-Zappa-Plakat erzählt hatte. Dann überflutete mich eine Welle des Stolzes. Ich, eine Begabung! Und schon brandeten meine Zweifel dagegen an. Nur weil sich sonst niemand für Doktor Jägers dröge Vorträge über Hegel, Heidegger und Husserl (Er behandelte die Philosophen gemäß seiner eigentümlichen Pädagogik nach alphabetischer Reihenfolge.) interessierte, war ich noch lange keine Begabung. Ich pickte nur begierig mir wichtig erscheinende Wissenskörnchen aus dem von ihm wahllos verstreuten Weisheitsfutter. Und ich hatte keine Lust, mich in seinen Stunden zu Tode zu langweilen. Darum diskutierte ich lieber mit ihm über *das Ding an sich*, das *Sein zum Tode* oder die *Phänomenologie des Geistes*, wovon ich natürlich nur Bruchstücke verstand.

»Was sagst du denn zum Vorschlag deines Lehrers?«, wollte mein Vater wissen und schob, als ich nicht gleich antwortete, hinterher: »Das ist ja sehr ... wie soll ich sagen, eine Ehre und gut gemeint von dem Herrn Doktor, aber so ein richtig handfester Beruf ist das ja nicht, Philosoph, und schon gar nicht für eine Frau.«

Ich sah das zwar völlig anders, aber ich konnte meinen Vater beruhigen. Ich wollte nicht Philosophin werden. Hatte Karl Marx nicht gesagt *Die Philosophen haben die Welt nur verschieden interpretiert; es kömmt drauf an, sie zu verändern*? Ich wollte sie ganz dringend verändern. Und wie veränderte man sie? Indem man bei der Erziehung anfing. Ich wollte Lehrerin werden, um die nachwachsende Generation zu kritischen, mündigen Bürgern zu erziehen, die auch in der Lage waren, das kapitalistische System zu hinterfragen, die sich nicht einlullen ließen vom Konsum und den rein materialistischen Werten. Die nicht zu Menschen wurden wie die beiden, die vor mir saßen.

»Ich will Lehrerin werden«, erklärte ich und meine Eltern nickten zufrieden. Sie hörten: Unsere Tochter will Beamtin werden.

Wie bin ich jetzt bloß auf diese Kindheitserinnerung gekommen? Ach ja, Stichwort Philosophie. Der Herr Philosoph und das Kind aus einer Arbeiterfamilie. In letzter Zeit wird ja ein ziemliches Bohei um die Erkenntnis gemacht, dass der Aufstieg aus einer Arbeiterfamilie in das akademische Milieu mit erheblichen Spannungen und Verwerfungen einhergeht, sowohl zwischen den Herkunftsfamilien und den Aufgestiegenen als auch in diesen selbst. Aber manche Erfahrungen müssen anscheinend in jeder Generation neu gemacht werden. Und sie gewinnen eine ganz andere Dringlichkeit, wenn man sie am eigenen Leibe erlebt. In der eigenen Seele. Leichter hatte ich es damals, weil man in linken Kreisen einen Bonus hatte, wenn man aus der *Arbeiterklasse* stammte, dem Träger der heiß ersehnten Revolution. Dennoch sprach ich ungern über meine Herkunft, ja ich schämte mich, mir vieles an Bildungsgut, das meinen Kommilitonen selbstverständlich zuhanden war, erst auf dem Gymnasium aneignen zu müssen. Ich war nie in einem klassischen Konzert gewesen (von Hausmusik und eigenem Instrument ganz zu schweigen), nie im Theater, nie in einer Kunstausstellung, einem Museum. In meinem Elternhaus gab es keine Bibliothek, in der ich hätte stöbern können, es gab nur die Hauptvorschlagsbände aus dem Bertelsmann Lesering (zwei im Jahr) oder ab und zu mal ein Buch mit repräsentativem Ledereinband zur Zierde für das von meinem Vater getischlerte Regal. Die Bücher dienten wie Haus, Auto und Nerzmantel für meine Mutter vornehmlich dazu, den Neid der Nachbarn zu erwecken. Man hatte es zu was gebracht. Literatur, Musik, Kunst um ihrer selbst willen? Wozu sollte das gut sein? Davon hatte man doch nichts! Warum ins Theater gehen? Das Ohnsorgtheater kam schließlich via Fernsehen ins Haus. Wozu sich in einem Konzert was vorfiedeln lassen, wenn Heino doch viel schöner vom blauen Enzian sang? Und Romane lesen, die von wildfremden Menschen, womöglich noch aus anderen Ländern, erzählten? Da war ein Buch wie *Ganz einfach – Meinen Opel selbst reparieren* entschieden nutzbringender. So lässig wie meine Kommilitonen aus dem Bildungsbürgertum konnte ich also nicht auf tradiertes Kulturgut herabblicken, bevor wir später gemeinsam über *Kultur als Verblendungszusammenhang der Kulturindustrie* nachdachten.

Während die Autorin in der Vergangenheit weilt, dringt plötzlich die Stimme Monikas an ihr Ohr.

Äh, was will sie?

Autorin: Entschuldige, Monika, ich war wohl gerade ein bisschen weggedriftet. Was hast du gesagt?

Die Angesprochene schiebt mit einer heftigen Bewegung ihren leeren Teller mit der benutzten Serviette in Richtung Tischmitte.

Monika *sich mühsam beherrschend*: Ich habe dich gefragt, warum du mich eingeladen hast.

Autorin: Warum?

Monika: Nein, warum mich?
Autorin: Nun ... ich dachte, das wäre klar? Ich habe alle Hauptpersonen aus meinen Romanen eingeladen, um mich mit ihnen zu unterhalten, von ihnen zu lernen, mich zu erinnern, mich inspirieren zu lassen. Und du bist eine Hauptperson.
Monika: Ich bin eine Hauptperson? *lacht gekünstelt* So fühlt es sich für mich weiß Gott nicht an. Weder in deinem Roman noch heute Abend. Ich bin die Letzte an diesem Tisch, für die du dich interessierst.
Autorin: Na ja, irgendwer muss ja ...
Monika: Und in *Blind Copy* bin ich auch nur die notwendige Gegenfigur zur eigentlichen Hauptperson, zur Gehirnforscherin Sabine. Eine der tollen Wissenschaftlerinnen, mit denen du dich brüstest!
Autorin: Du bist immerhin ihre Zwillingsschwester! Von deren Existenz sie nichts wusste. Du bist zentral wichtig für die Story.
Monika: Genau das meine ich! Ich bin wichtig für die Story. Ich bin wichtig in meiner Funktion als Spiegelbild. Aber wichtig als ich selbst?
Autorin: Tjaaaa ... ich denke doch, dass ich dich als eine eigene Persönlichkeit geschildert habe. Biobäuerin mit Mann und zwei Kindern, sehr engagiert in Sachen nachhaltiger Landwirtschaft, tatkräftig, aktiv, aber auch sensibel ...
Monika: Sensibel? Du denkst an meine Depressionen, als die Kinder aus dem Haus waren?
Autorin: Ja, das typische *Leere-Nest-Syndrom*.
Monika: Typisch. Genau das ist das Problem! Ich habe dir als Typ gedient. Als Stellvertreterin. Und an mir konn-

test du genüsslich dein Mütchen kühlen, was deinen Rochus auf alternative Heilmethoden angeht!

Monika blickt die Autorin zornig an.

Autorin *korrigiert stumm*: Rochus auf die haltlosen Versprechungen esoterischer Pseudo-Heilmethoden, die sich unter dem Etikett *alternativ* vermarkten.

Autorin *einschmeichelnd*: Es tut mir leid, wenn ich dich gekränkt habe. Ich wollte dich nicht verletzen, glaub mir ...

Monika: Phhh! Das glaubst du doch selbst nicht.

Nein, das glaube ich mir selbst nicht. Ich habe ganz bewusst einen Keil zwischen Monika und ihre Zwillingsschwester Sabine getrieben mit einer Szene, in der Sabine scheinheilig so tut, als hätte sie eine Zusatzausbildung zur *Cranio-Sacral*-Therapeutin. Wie war das noch? Das müsste ich doch noch zusammenkriegen. Ich habe ja lange genug an der Szene gearbeitet. Also ungefähr so: Sabine erklärt Monika mit ernster Miene: Ich kann dir deine durch Traumata entstandenen Stauungen der Lebensenergie im Rückenmark wegmassieren und dich so von deinen depressiven Schüben heilen. Monika vertraut ihrer Schwester und lässt sich auf diese Massage ein, muss aber erleben, dass Sabine das Ganze nur als Experiment versteht, um ihr klarzumachen, wie leichtgläubig sie ist. Die *Cranio-Sacral*-Therapie ist keineswegs eine wissenschaftliche Methode, hält Sabine Monika vor, sondern sie bedient sich nur wissenschaftlich klingender Versatzstücke, um glaubwürdig zu wirken. Sie ist Humbug, reiner Humbug und Monika soll doch bitte in Zukunft ein bisschen kritischer sein und nicht jeden esoterischen Quatsch glauben. War mir denn nicht klar, wie sehr sich Monika gedemütigt, vorgeführt und im

Vertrauen zu ihrer Schwester betrogen fühlen würde? Aber sicher doch! Genau das wollte ich mit dieser Szene zeigen. Monika soll zutiefst verletzt sein und Sabine soll erkennen, wie gefühllos und rücksichtslos sie Monika behandelt hat. Monika dient zu Sabines Erkenntnisgewinn. Sie dient als Vorführmensch, als leicht durch obskure Heilsversprechen zu Verführende. Sie ist mein wandelndes *Quod erat demonstrandum.*

Autorin *kleinlaut*: Ich muss zugeben, dein Gefühl trügt dich nicht, liebe Monika. Jedenfalls in einigen Szenen habe ich dich weidlich ausgenutzt, dir viel zugemutet, dich dem Spott ausgesetzt. Manchmal hat man's halt nicht leicht als Romanfigur bei mir, hmmh?

Doch Monika geht auf das augenzwinkernde Friedensangebot der Autorin nicht ein, im Gegenteil, sie dreht die Empörungsschraube weiter:

Und wozu diene ich dir heute Abend? Wirst du mich gleich in ein Gespräch über Homöopathie verwickeln? Soll ich die dann verteidigen, damit du mir Dummchen erklären kannst, dass Hahnemanns Globuli nur wirkstofflose Placebo-Kügelchen sind? Damit du deine angeblich ach so wissenschaftlich fundierten Ansichten hier ausbreiten kannst? Damit du mich als abschreckendes Beispiel für Naivität vorführen kannst? Nein danke!

Auweia! Auweia! Monika und ich werden heute Abend nicht mehr warm miteinander. Schade. Es gibt so vieles, was ich an ihr schätze. Ich hätte gern mit ihr über ihr Verhältnis zur Natur gesprochen, über nachhaltige Landwirtschaft, gesunde Ernährung, über Kindererziehung, langjährige Liebesbeziehungen, das Verhältnis zu den eigenen

Eltern – so viele Gebiete, auf denen bestimmt ein fruchtbarer Austausch zwischen uns möglich wäre. Aber nein, das wird nichts werden. Wenn erstmal das Misstrauen geweckt ist, ist es unendlich schwer, Vertrauen wieder aufzubauen. Das werde ich heute Abend nicht schaffen, wo Monika nur eine unter vielen ist und die Zeit für uns begrenzt. Sei's drum! Es muss nicht immer alles harmonisch verlaufen. Das habe ich doch mühsam gelernt.

Die Autorin schielt verstohlen zum Tisch 5 hinüber, wo Romanfiguren auf sie warten, auf die sie sich sehr freut. Das werden bestimmt spannende Begegnungen!

Ich sollte jetzt rübergehen, statt hier noch mehr Porzellan zu zerschlagen. Ich sollte nicht meinen Zorn auf mich selbst bei Monika abladen, meinen Zorn darüber, dass ich nicht genug Widerstand geleistet habe, als peu à peu auch in den links-alternativen Kreisen, in denen ich mich zu Hause fühlte, die Esoterik fröhliche Urständ feierte. Freundschaften zerbrachen, weil ich anfangs noch unbefangen lachte, wenn mir jemand erklärte, er lege sich morgens die Tarot-Karten, bevor er aus dem Haus gehe, um zu wissen, was der Tag für ihn bereithalte. Ich hielt es für einen Scherz, aber für den Freund war mein Lachen offenbar eine Kränkung, denn er ließ die Freundschaft einschlafen. Irgendwann lachte ich nicht mehr und sagte auch nichts mehr, wenn mir jemand mit ernster Miene erzählte, man könne durch Meditation über dem Erdboden schweben, durch Handauflegen den Blinddarm entfernen oder sich durch ein Medaillon aus Achat vor Infektionen und Epilepsie schützen. Auch hier dachte ich wie bei den Religionen: Soll doch jeder nach seiner Façon selig werden! Heute frage ich mich, ob ich es mir mit meiner liberalen Haltung nicht zu bequem gemacht habe. Ich habe es hingenommen, dass die mühsam erkämpfen Werte der Aufklärung relativiert wurden. Ich hielt zwar stur an ihnen fest, nahm es auch in Kauf, als altmodisch verlacht zu werden, weil ich die Postmoderne, jedenfalls in ihrer *Anything goes*-Variante, für einen Irrweg hielt, aber gerade im Freundeskreis habe ich mich gerne vor solchen Diskussionen gedrückt. Der Schöpfungsmythos der Hopis und die Evolution? Das sind doch beides gleichwertige Narrative! Das Beharren auf faktenbasierten naturwissenschaftlichen Erkenntnissen? Postkolonialer Dünkel! Es gibt keine Wahrheit, nur verschiedene Narrative. Das neue Lieblingswort. Narrative – der Dünger für die alternativen Fakten, die uns heute kalt lächelnd oder breit grinsend zum Fraß vorgeworfen werden. Meinungen und Tatsachen – wo ist da der Unterschied? Wenn die ganze Wirklichkeit nur ein Konstrukt ist, dann sind Wahrheit und Lüge nur unterschiedliche Konstrukte und man nimmt sich halt das Konstrukt, das zur eigenen Weltsicht passt. News – fake news, just views. Habe ich durch meine Feigheit, meine Harmoniesucht, meine Angst, Freundschaften zu gefährden, dazu beigetragen, dass wir heute in einer Welt leben, in der ein amerikanischer Präsident nach Belieben lügen und die Medien, die seine Lügen durch Faktenchecks entlarven, als Verbreiter von fake news diffamieren konnte?

Huch!

Die Autorin meint eine Berührung an der Schulter gespürt zu haben und dreht sich erschreckt um. Hinter ihr steht Giferto. Er beugt sich zu ihrem Ohr hinunter:

Mon amour! Komm mal runter von deinem *Ich bin schuld am Elend der Welt*-Trip! Merkst du gar nicht, dass auch das eine Form des Größenwahns ist?

Die Autorin schließt die Augen und atmet tief aus.
Autorin: Danke!
Monika: Wie bitte?
Autorin: Ähh ... Entschuldige, Monika! Ich habe eben nicht mir dir, ich habe mit meinem Mann gesprochen.
Monika *schaut sich verstört um*: Mit deinem Mann? Der ist doch längst tot? Also wirklich, den Bären lass ich mir jetzt nicht aufbinden. Du, die Super-Rationalistin, sprichst mit einem Geist? Das ist das Letzte, was ich dir zutrauen würde.
Autorin: Tja, so kann man sich täuschen.
Monika *lacht laut auf*: Vorsicht! Lass dich nicht von Sabine erwischen. Meine Schwester würde dir knallhart beweisen, dass du dir deinen Mann nur einbildest.
Autorin: Er ist so real wie du und ich.
Vera *ruft dazwischen*: Es lebe der magische Realismus!
Sie zwinkert der Autorin zu. Die zwinkert zurück, denkt aber: Typisch Lektorin! Immer muss auf alles ein Etikett gepappt werden. Es ist wirklich Zeit für meinen Abgang hier, Zeit für den Dessert-Gang!

Tisch 5

Irène, Jonas 7, Paul, Simone

Tiramisu oder Himbeerquark

Als die Autorin sich an den Tisch 5 setzt, ist der Nachtisch schon serviert. Bis auf Paul löffeln alle mit offensichtlichem Genuss ihr Tiramisu.

Hmmmh! Ich liebe dieses Schoko-Schlackermaschü! Aber mein Magen drückt schon und dann noch diese Zucker-Fett-Bombe obendrauf?

Paul: Der Himbeerquark ist ein Gedicht!

Autorin: Wirklich?

Paul: Frische Himbeeren! Und der Quark ist so richtig locker und cremig. Keine Ahnung, wie die das hinkriegen. Kann ich nur empfehlen.

Autorin *zum Kellner, der geduldig neben ihr gewartet hat*: Dann also den Himbeerquark, bitte!

Paul: Wieder ein paar Gramm Hüftgold gespart.

Autorin *indigniert*: Habe ich das nötig?

Paul: Aber nein! Ich meinte natürlich nur mich. Mein Orthopäde warnt mich immer wieder vor Übergewicht.

Autorin: Ach ja, du hast ja ein künstliches Hüftgelenk.

Paul *neigt sich zu ihr und flüstert*: Inzwischen zwei.

Autorin *flüstert zurück*: Und?

Paul: Alles gut! OP, Reha, alles gut überstanden. Endlich kann ich wieder ohne Schmerzen laufen! Hätte ich früher nie gedacht, dass ich mal dankbar sein würde, laufen zu können, einfach schmerzfrei laufen zu können.

Autorin: Tja, mit dem Alter wird man bescheidener in seinen Ansprüchen.

Sogar du, Paul! In *Putzfrau bei den Beatles* bist du ja eher der *Forever young*-Typ. Während Ringo, George und John sich Gedanken darüber machen, wie sie die von Ringos Eltern geerbte Villa zu einem seniorengerechten Altersruhesitz umbauen lassen können, hast du dich darum herzlich wenig gekümmert. Es kommt, wie es kommt und dann kann man ja immer noch reagieren. Das war deine Devise. Dir lag die Einrichtung eures Tonstudios mit allen Schikanen am Herzen und nicht die Frage von höhenverstellbaren Toiletten. In deiner Selbstwahrnehmung warst du immer noch der Junge aus Eimsbüttel, der umschwärmte Frontsänger der *Beating Boys*, nur halt eben ein paar Jährchen älter. Okay, ein paar Jahrzehntchen älter. Im Gegensatz zu den drei anderen, für die die Musik im Lauf der Jahre zum schönen Hobby wurde neben ihren Berufen als Lehrer, Arzt und Physiker, bist du deiner Passion treu geblieben. In deinem Leben drehte sich alles um die Musik. Fast alles. Du warst ein gefragter Gitarrist, hast in vielen Bands mitgespielt, warst immer auf dem Sprung zur großen Solokarriere. Fühltest dich noch auf dem Sprung, als *deine* Musik, als der *gute ehrliche, handgemachte Beat* längst abgelöst wurde von *poppigem Mainstream, öder Perfektion aus digitalen Konserven, discotauglichen Endlosrhythmen*. Deine Worte! Das heißt, gesagt hast du das so nicht in meinem Roman, aber so habe ich gedacht, dass du gedacht hast. Zum Zeitpunkt deines Auftretens auf meiner literarischen Bühne, in deinem achtundsechzigsten Lebensjahr, hattest auch du erkannt, dass du nicht mehr auf dem Sprung warst, dass die Zeit über dich hinweggegangen war. Über dich würde kein Musikjournalist mehr schreiben: A star was born. Du gehörtest zur Resterampe des Musikbusiness, zu den alten Kämpen, die als Rente aus der Künstlersozialkasse nur ein Taschengeld erhielten. Dein Leben im *Yellow Submarine*, in der seniorengerecht ausgebauten gelben Villa samt eurer Putzfrau Jana, wurde dezent von John, Ringo und George gesponsert. So konntet ihr alle vier unbeschwert singen *We all live in a yellow submarine*. Bis eines Tages Leander an der Haustür klingelte.

Autorin: Paul, darf ich dich was fragen?

Paul: Nur zu!

Autorin: Fühlst du dich jetzt mehr als Opa oder ... wie soll ich sagen ...

Paul: Als *Forever young*-Typ?

Autorin: Na ja, so ungefähr. Du weißt, was ich meine, oder?

Paul: Vielleicht bin ich ein *Forever young*-Opa? Auf jeden Fall, eins kann ich dir versichern: Wenn Leander und ich die Bude rocken, dann bin ich wieder ein Zwanzigjähriger!

Autorin: Und danach?

Paul *singt*: When the music's over, turn out the lights.

Autorin: Damit man den ausgepowerten Alten nicht sieht?

Paul: Ausgepowerter Alter? Du gehst sehr sensibel mit deinen Geschöpfen um, das muss ich schon sagen.

Autorin: Komm, spiel nicht die beleidigte Leberwurst. Als meine Romanfigur kannst du dich nicht hinter schönen Fassaden verstecken. Du musst schon in dein Inneres blicken lassen. Wenigstens ein bisschen!

Paul: Ja, ja. Wir sollen unser Inneres entblößen, damit du dir daraus eine Fassade aus Fiktionen hochziehen kannst, die dein Inneres verbirgt.

Autorin: Lenk nicht ab! Wie fühlst du dich denn nun nach deinen Gigs mit Leander?

Paul: Scheinheilige Frage! Aber bitte schön: Mein Herz rast, meine Beine sind Wackelpudding, meine schönen neuen Hüftgelenke tun weh von meinen *Elvis the pelvis*-Darbietungen, ich sinke erschöpft in einen Sessel, schließe die Augen und atme tief durch.

Autorin: Und fühlst dich so richtig alt und am Ende.

Paul: Moment! Ich bin noch keineswegs am Ende. Denn dann kommt Leander und sagt: Das war richtig geil, Opa. Du bist echt ein Gitarrengott! Und ich fühle mich ... fühle mich ...

Autorin: ???

Paul: Keine Ahnung, wie ich das ausdrücken soll. Such du doch das richtige Wort! Ist schließlich dein Job als Autorin.

Autorin: Super.

Paul: Nein, viel zu schwach.

Autorin: Herrlich, großartig, grandios, fabelhaft, zum Bäume ausreißen, als Himmelsstürmer ...

Paul: Quatsch!

Autorin: Als Gitarrengott.

Paul: Genau! Als Leanders Gitarrengott. Und yeah, das reicht mir völlig.

Die Autorin bezweifelt das, aber wenn Paul es so sehen will, soll er. Es ist ja schließlich seine Figurenrede und da rede ich ihm natürlich nicht rein. Ich bin jedenfalls froh, dass er ein so liebevolles Verhältnis zu Leander entwickelt hat. Ob das gelingen würde, war mir durchaus nicht klar, als ich Leander plötzlich in der Kombüse des *Yellow Submarines* auftauchen ließ. Am Anfang zog Paul Leanders Behauptung, er sei sein Großvater, ins Lächerliche. Das wunderte mich nicht. Das passte zu Paul, der Probleme gern hinweglächelte in der Erwartung, sie würden sich dann von selbst in Wohlgefallen auflösen. Doch Leander löste sich nicht auf. Er stand da als Mensch gewordenes Ergebnis eines Backstage-Aktes, den Paul in seiner Jugend *Groupies vernaschen* genannt hatte. Das Groupie hieß Moni, auch das wusste er längst nicht mehr. Die Verwandlung des Groupies Moni zur Mutter Moni fand jenseits seines Lebens statt. Er wusste nichts von seiner Tochter Simone. Er war nie Vater. Und jetzt sollte er plötzlich Großvater sein? Holy shit, was für eine Zumutung! Was ging ihn dieser entwurzelte Zwölfjährige an? Nur weil da irgendwelche Blutsbande bestanden? Die interessierten ihn nicht. Hatten sie nicht dafür gekämpft, die unheiligen Familienbande zu lockern und stattdessen auf Wahlverwandtschaften gesetzt? Er hat Leander nicht als Enkel gewählt. Er will kein Opa sein, nein, bestimmt nicht!

Die Autorin spürt Pauls Empörung körperlich, so wie damals, als sie diese Szene schrieb:

Paul, was hat dich dazu gebracht, dich Leander anzunähern?

Paul: Du hast mich Monis Tagebuch lesen lassen! Du hast mich konfrontiert mit dem narzisstischen jungen Mann, der ich war. Verantwortung? Davon wollte ich nichts wissen. Ich war Künstler und nur für meine Kunst verantwortlich. Mich durch Monis Blick zu betrachten, das tat verdammt weh. Und noch viel schrecklicher war, was erst nach und nach in mich einsickerte: Ich habe eine Tochter gehabt. Und ich habe eine Tochter verloren. Sie hat fern von mir ihr viel zu kurzes Leben gelebt. Und ich werde nie die Chance haben, sie kennenzulernen.

Autorin: Das war hart. Das kann ich mir vorstellen.

Paul: Gar nichts kannst du dir vorstellen! Ich habe mich so abgrundtief beschissen gefühlt. Elend. Hundeelend!

Pauls Gesicht verzieht sich in der Erinnerung daran vor Schmerz. Er wendet den Kopf ab und schließt kurz die Augen, schüttelt sich, bevor er sich wieder der Autorin zuwendet:

Wenigstens hast du mich in meinem Unglück nicht allein gelassen. Du hast mir Jana geschickt.

Autorin: Die habe ich dir nicht geschickt, du hast Jana dabei erwischt, wie sie heimlich in Monis Tagebuch gelesen hat, schon vergessen? Damit wollte ich eigentlich nur die skrupellose Neugier von uns Schreibenden bloßstellen. Es ging ganz allein von dir aus, dass du dich ihr geöffnet hast, dass du deinen Schmerz und deine Selbstzweifel nicht vor ihr versteckt hast.

Paul: Ich konnte schlicht nicht mehr. So einfach war das. Und Jana hat phantastisch reagiert.

Autorin: Na ja, sie hat eigentlich wenig mitfühlend reagiert, finde ich. Sie ist dich doch ganz schön angegangen wegen deines Künstlergehabes, deiner Verweigerung, Verantwortung zu übernehmen ... Hat sie dich nicht sogar als abgelutschte Rock-Legende beschimpft? Live hard, die young? Und wenn's nicht klappt mit dem Tod im magischen 27sten Jahr, dann muss man vielleicht mal erwachsen werden ...

Paul: Genau! Genau! Diese Göre in ihren Zwanzigern fordert mich alten Mann auf, doch mal erwachsen zu werden. Das war saukomisch! Ich musste so lachen!

Paul lacht auch jetzt wieder und die Autorin lässt sich anstecken. Lachen ist die beste Medizin. Manchmal treffen die alten Volksweisheiten ins Schwarze, denkt sie. Und über sich selbst lachen zu können, kann ein Schlüssel zur Veränderung sein. Paul hat damals die Chance ergriffen. Seiner verunglückten Tochter konnte er nur noch in seiner Fantasie näherkommen, doch sein Enkel stand erwartungsvoll vor ihm und forderte seine Hilfe ein. Paul tat, was er konnte: Er griff zur Gitarre. Und er gab Leander eine Gitarre. Sie spielten. Sie spielten zusammen. Sie spielten sich zusammen. Sie fanden den gemeinsamen Groove, erst in der Musik, dann auch im Leben.

Autorin *augenzwinkernd*: Auf ein Schiff gehört ein Schiffsjunge, auch auf euer *Yellow Submarine*. Ich glaub das siehst du heute auch so, oder, Paul?

Paul: Ohne Leander wäre unser altersschwacher Kahn längst abgesoffen.

Die Autorin lehnt sich selbstzufrieden zurück. Die Beatles und Jana und Leander. Eine tolle Crew. Das habe ich gut gemacht. Oder? Zu idyllisch? Zu Happy End? Aber in meinem Roman ist es ja noch lange nicht das Ende! Es ist erst der Anfang ihrer gemeinsamen Reise. Ihr *Yellow Submarine* muss viele Klippen umschiffen, so schroffe Klippen wie Fahndung durch das Jugendamt, Herzinfarkte und Demenz. Doch die eigentliche Gefahr lauert natürlich da, wo man sie nicht vermutet. Die Gefahr für die tolle Crew droht von einem Tollgewordenen, der sich für den Tollsten hält. Great! Really great! Absolutely great! The greatest ever! Er kommt an die Macht im mächtigsten Staat der Erde und mit ihm kommt das Ende. Das Ende der Reise meines gelben U-Bootes, das Ende meines Romans, das Ende der Welt von gestern und der Beginn einer neuen Ära, in der all die schönen 68er-Ideale auf dem Müllhaufen der Geschichte zu landen drohen. Demokratie, Menschenrechte, Gewaltenteilung, Emanzipation, soziale Gerechtigkeit, Umweltschutz … gone with the wind of change, der jetzt heftig von rechts weht. Doch nein, da spiele ich meine Macht als Autorin aus und lasse einfach Hillary Clinton die Wahl gewinnen. Ob und wie das den Lauf der Geschichte wesentlich geändert hätte, weiß ich natürlich nicht, aber mein *Yellow Submarine* steuert in diese andere Zukunft weiter.

Bei den Gedanken an den Zustand der Welt droht die Autorin in Resignation und Melancholie zu fallen.

Eine andere Welt ist möglich? Ja, aber leider nicht nur eine bessere, sondern auch eine schlechtere. Ich glaube längst nicht mehr daran, dass am Ende das Gute siegt. Und dennoch! *Wo aber Gefahr ist, wächst das Rettende auch.* Schön gesagt, Herr Hölderlin, stimmt aber leider durchaus nicht immer. Manchmal kommt das Rettende nicht oder es kommt zu spät. Und dennoch! Manchmal scheint jahrzehntelang alles festgefügt und unveränderbar und plötzlich fällt die Berliner Mauer und ein Imperium implodiert. Undenkbares kann geschehen! Wohin haben sich meine Gedanken schon wieder verstiegen? Heute will ich mich doch nicht mit den Problemen der realen Welt beschäftigen, sondern feiern und in meiner ureigenen fiktiven Welt aufgehen. Mag die reale Welt den Bach runtergehen oder die Klippen noch überwinden, heute schert's mich nicht, heute bin ich auf dem Ego-Trip, hier und heute ist mir nur wichtig, wie es mit mir und meiner fiktiven Welt und meinen erschriebenen Gästen weitergeht. Also: Wem an diesem Tisch wende ich mich zu? Jonas 7? Simone? Irène?

Jonas 7, der Klon, und Irène, die Stammzellforscherin, sind gerade in ein Gespräch über springende Gene vertieft, da will ich nicht stören. Also Simone. Simone, meine Hauptfigur aus *Unter Markenmenschen*. Was hat sie mir zu sagen? Zuerst einmal erinnert sie mich an die Zeit, als meine Tochter plötzlich unbedingt Markenklamotten haben musste. Alles andere war peinlich. Es waren die 80er Jahre und sie war in der Pubertät. Die Turnschuhe mussten von Adidas oder Reebok sein, das T-Shirt von Nike usw. Wer *No-name*-Produkte trug, war out, wurde in der Klasse geschnitten, bestenfalls bemitleidet. Ich hasste das perfide Marketing, mit dem diese Mammut-Konzerne es doch tatsächlich schafften, den Jugendlichen einzureden, sie seien nur wer, wenn sie sich mit ihren krass übertrueten, von armen Menschen zu Hungerlöhnen und häufig unter umweltzerstörenden Bedingungen produzierten Waren ausstaffierten. Und nicht nur den Jugendlichen. Bald liefen auch immer mehr Erwachsene mit angesagten Labels auf ihren Textilien herum. Okay, sollten sie ihr Geld doch ausgeben, wofür sie wollten, ich würde diesen Quatsch bestimmt nicht mitmachen. Machte ich auch nicht, aber meine Tochter bestand nun mal auf Markenklamotten. Was tun? Ich wusste, es wäre sinnlos, einer Pubertierenden Vorträge über Moral zu halten. Es hatte mich in dem Alter nicht interessiert, dass meine Eltern Miniröcke für unmoralisch hielten; es würde meine Tochter nicht interessieren, warum ich Markenröcke für unmoralisch hielt. Und natürlich wollte ich nicht, dass sie zur Außenseiterin in der Klasse würde, dass sie leiden müsste unter den verschrobenen Vorstellungen ihrer Mutter, die ihre Klamotten trug, bis sie fadenscheinig wurden und deren liebstes Kleid zwanzig Jahre alt war. Was tun? Ich gab ihr monatlich einen festen Betrag für ihre Klamottenkäufe und überließ ihr selbst die Verantwortung.

Giferto: Wir überließen ihr …

Autorin: Ja, natürlich. Du bist natürlich mitgemeint. Wegen so einer Lappalie mischst du dich ein?

Giferto: Ich meine mich zu erinnern, dass eine gewisse Frau, mit der ich mein Leben verbracht habe, es gar nicht goutiert hat, wenn man ihr den Status einer Mitgemeinten zugewiesen hat. Ich erinnere mich zum Beispiel an ihre Empörung, als ein Verlag sich weigerte, sie im Vertrag als Autorin zu bezeichnen. Bei der Bezeichnung Autor sei sie selbstredend mitgemeint.

Autorin: Herrje, ja! Wie blöd von mir. Verzeih mir!

Giferto: Schon geschehen. Exit Ghost.

Autorin: Ach, nö! Verweile doch …!

Giferto: …

Autorin: Erinnerst du dich an dieses knallgelbe Sweatshirt, mit dem unsere Tochter eine Zeitlang rumgelaufen ist? Mit dem riesigen Nike-Symbol vorne drauf?
Giferto: ...
Autorin *spricht unbeirrt weiter, als könne sie Giferto durch ihre Hartnäckigkeit doch wieder herbeizitieren*: Das habe ich doch später als Arbeitspulli angezogen. Beim Tapezieren und Lackieren. Das lag noch jahrelang schön vollgekleistert und -gekleckst irgendwo ganz hinten im Schrank.
Tochter: Meine Markenklamotten-Phase hat nur ganz kurz gedauert. Höchstens ein Jahr oder so!
Autorin: Hey! Was machst du denn hier? Ich wollte meine Kinder doch raushalten aus meinen Fiktionen.
Tochter: Ach ja? Meinen Auftritt in deinen *Vier Liebeszeiten* schon vergessen?
Autorin: Das war die fiktive Tochter meiner fiktiven Protagonistin Rena. Und die war ein Puzzle aus ...
Tochter: Ich weiß, ich weiß. Ich bin auch ein Puzzle, okay? Und diese deine gepuzzelte Tochter bittet dich, sie deinen Leser*innen hier nicht nur als markengeile Pubertierende vorzuführen, die ich in Wirklichkeit nur ganz, ganz kurz mal war!
Autorin: Wirklich nur ganz kurz, das kann ich bestätigen. Schon bald darauf bist du nur noch in Schwarz und im Hoodie mit Aufdrucken wie *Eat the rich* oder *Fck Nzs* rumgelaufen. Und du bist ständig auf antikapitalistischen und antifaschistischen Demos mitgelatscht, warst überhaupt radikal anti-*Alles Böse auf der Welt*.
Tochter: Bin ich immer noch. Du doch auch, oder etwa nicht?

Autorin. Klar! Ich würde es heute nur wesentlich differenzierter ...

Tochter: Oh nein, bitte jetzt keine Vorträge zum Bösen an und für sich, aus soziologischer und philosophischer Perspektive und was Hannah Arendt dazu sagt! Ich wollte sowieso grad wieder verschwinden. It's your party!

Die Autorin würde ihre Tochter liebend gern aufhalten, doch sie weiß, dass es sinnlos wäre.

Eine selbstbewusste junge Frau, wie eine feministische Mutter sie sich nur erträumen kann! Sie weiß, was sie will, und setzt es meistens durch. Leider auch gegen mich.

In dem Seufzer, den die Autorin ausstößt, klingt zu viel Stolz mit, um echtes Bedauern auszudrücken.

Mein Töchterlein hat ja recht. It's my party. Und ich sollte jetzt mit Simone sprechen, der Wildwüchsigen in einer Welt von Markenmenschen. Ich fürchte nur, auch sie wird mir mit Beschwerden kommen. Vielleicht sollte ich gar nicht lange um den heißen Brei herumreden, sondern gleich in medias res gehen.

Autorin: Simone?

Simone: Ja?

Autorin: Bist du mir böse, dass ich dich als *No name* in eine Welt gesetzt habe, in der nur Markenmenschen etwas gelten? Eine Welt, in der das Ansehen eines Menschen sich danach richtet, ob seine Eltern sich ein Marken-Genom für ihr Kind leisten konnten?

Simone *nach längerem Nachdenken*: Was soll ich sagen? Ich habe gelitten, na klar. Am meisten natürlich als Kind. Mein Äußeres hat nun mal kaum Ähnlichkeit mit den drei beliebtesten europäischen Markengenomen. Jeder sieht sofort, dass ich weder eine *Dike*-Frau, noch eine *Berok*- oder *Idadis*-Frau bin.

Die Autorin betrachtet versonnen die zierliche kleine Frau mit den langen schwarzen Haaren und den mandelförmigen Augen, die ihr gegenübersitzt:

Ich finde dich wunderschön.

Paul: Verzeihung, wenn ich mich einmische. Ich wollte nur sagen: Ich auch.

Alter Charmeur! Er kann es nicht lassen. Aber Simone fühlt sich vom Kompliment des alten Mannes offensichtlich keineswegs belästigt, sonst würde sie ihm nicht so unbefangen zulächeln.

Simone: Danke. Wisst ihr, es ist so toll hier heute Abend für mich unter lauter Kraut- und Rüben-Menschen. Richtig entspannend. Keiner taxiert mich. Keiner schaut mich mitleidig an ...

Autorin: Auf Mitleid reagierst du besonders allergisch, hmmh?

Simone: Wundert dich das? Du hast mich als Wildwüchsige in einer Umgebung von lauter Marken-Kids aufwachsen lassen. Jeden Tag konnte ich in ihren Augen lesen, dass ich nicht zu ihnen gehöre, obwohl sie sich tapfer lächelnd bemühten, mir ihren Abscheu nicht zu zeigen. Wildwüchsige – das waren in ihren Augen die People in den heruntergekommenen Satellitenvierteln. Die gingen sonst nicht auf unsere ehrwürdige Schule.

Autorin: Sie konnten es ganz einfach nicht begreifen, dass eine Wildwüchsige wie du aus einem sehr wohlhabenden Elternhaus stammt.

Simone: Ich konnte es ja selbst nicht begreifen. Warum hatte meine Mutter mir das angetan? Ein ungestaltetes Baby zur Welt zu bringen! Wie konnte sie nur?
Autorin: Schlimm für dich.
Und gut für meinen Roman. So konnte ich deine verzweifelten Tagebucheinträge schreiben, die Anklagen gegen deine tote Mutter, deinen Versuch zu verstehen, wie diese hoch angesehene, rationale Wissenschaftlerin sich viele Jahre nach dem Tod ihres steinreichen Mannes auf eine Amour fou mit einem Inder einlassen konnte. Die sie zu schlechter Letzt das Leben kostete. Für dich hätte es natürlich kaum einen schlimmeren Start ins Leben geben können als mit einer Mutter, die bei der Geburt stirbt, und einem unbekannten Vater. Doch immerhin habe ich dir deinen achtzehn Jahre älteren Halbbruder Benjamin zur Seite gestellt, der sich sehr liebevoll um dich gekümmert hat! Benjamin, der perfekte *Dike*-Mann, 192 Zentimeter groß, schlank, blond, blaue Augen, ebenmäßiges Gesicht mit hoher Stirn, einer geraden schlanken Nase, vollen Lippen; Benjamin, der dich, seine kleine wildwüchsige Schwester Simone von Herzen liebte, später sogar zu sehr liebte, der mit seiner mühsam unterdrückten erotischen Leidenschaft kämpfte ... Wie bin ich nur auf das Inzest-Motiv gekommen? Überhaupt auf die erotischen Unterströmungen, die den Roman durchziehen? Nicht unbedingt naheliegend bei einer Dystopie über eine Gesellschaft von Designer-Menschen. Aber klar: Schuld war das *Festival International de Science-Fiction* in Frankreich, gleich nach der Übersetzung von *Duplik Jonas 7* ins Französische. Dreimal haben sie mich zu diesem Festival eingeladen, zweimal

nach Poitier, einmal nach Nantes. Und gleich auf dem ersten Festival wurde ich vom Verlag *J'ai lu* eingeladen, mich an einer *Anthologie feminine* zu beteiligen. Erotische Science-Fiction von Frauen aus europäischen Ländern sollte in einem Buch versammelt und auf dem nächsten Festival präsentiert werden. Ich sagte zu. Natürlich habe ich zugesagt. Wie schmeichelhaft, in einer Anthologie zusammen mit bekannten europäischen Science-Fiction-Autorinnen veröffentlicht zu werden! Mit stolzgeschwellter Brust fuhr ich nach Deutschland zurück, setzte mich an meinen PC und fing an nachzudenken. Und dachte nach. Und dachte nach. Ganz langsam schwante mir, auf was ich mich eingelassen hatte. Erotische Science-Fiction? Was, um Himmels willen, sollte das sein? Sex zwischen Aliens? Zwischen Menschen und Aliens? Schwerelose Orgasmen in den Weiten des Weltalls? Koitus auf dem Mars bei Erdaufgang? Nicht mein Ding! Überhaupt diese ganze Science-Fiction, von der ich keine Ahnung hatte. Nur weil ich eine Dystopie zur Gentechnologie geschrieben hatte, galt ich plötzlich als Science-Fiction-Autorin. Es war höchst lächerlich. Ich sollte meine Teilnahme an der Anthologie absagen! Was ich natürlich nicht tat. Stattdessen grübelte und grübelte ich, bis ich Kopfschmerzen bekam. Erst als ich meine Gedanken aus dem Gefängnis dessen befreite, was gemeinhin unter Science-Fiction verstanden wird, konnte ich sie herumstromern lassen, bis sie Simone begegneten in ihrer Welt der genoptimierten Menschen. Und schon bald gesellte sich ihr Bruder dazu, der seiner viel jüngeren Halbschwester in inzestuösem Begehren verfallen war. Doch er tat alles, um sie nicht mit seinen Gefühlen zu belästigen, nur heimlich beobachtete er sie durch einen Voyeur-Spiegel bei ihrem Liebesspiel – zuerst mit sich selbst und später mit ihrem Geliebten Jean-Paul, dem Klon eines weltberühmten Sängers. Mir gefiel die Spannung, die im Text durch die Gleichzeitigkeit des Ungleichzeitigen entstand: Das aus *galanten Epochen* stammende erotische Motiv des heimlichen Beobachtens durch einen Voyeur-Spiegel in einer Gesellschaft, die auf die pragmatische Triebabfuhr ihrer schönen Markenmenschen ausgerichtet ist. Das gefiel mir und dem Herausgeber der Anthologie gefiel die Geschichte auch. Ich hatte ihr den Titel *Spiegel, verkehr*t gegeben, was dann die Übersetzerin vor ein Problem stellte. Mein Wortspiel mit dem deutschen Ausdruck spiegelverkehrt und der verkehrten Nutzung des Spiegels durch Simones Bruder ließ sich nicht direkt ins Französische übertragen. Sie wählte *Inversion, jeu de miroir*. Spiegelspiel.

Autorin: Simone, ist dir eigentlich bewusst, dass du ein Vorleben hast? Ein Leben, in dem man [Simɔn] zu dir sagte und in dem du Französisch gesprochen hast?

Simone: Quatsch! Der einzige französische Satz, den ich kann, ist: Je ne parle pas français.

Ich weiß es zwar besser, aber ich werde sie nicht verunsichern. Das würde nur ihr fragiles Selbstbewusstsein gefährden. Was hätte sie auch von ihrem Wissen, dass ihr Ursprung in einer nur auf Französisch veröffentlichten Kurzgeschichte liegt, aus der ich erst später meinen Roman *Unter Markenmenschen* entwickelt habe? Sie hat als *No name* genug damit zu tun, sich in der Zukunftswelt, in die ich sie gesetzt habe, nicht unterkriegen zu lassen. Apropos unterkriegen: Werden wir Menschen mit unserem aus der

Evolution stammendem Genom in einer zukünftigen Welt gegenüber Gen-Optimierten überhaupt eine Überlebenschance haben? Stephen Hawking hat auf diese *große Frage* kurz vor seinem Tod die *kurze Antwort* gegeben: vermutlich nicht. Und ich fürchte, er hat vermutlich recht. Deshalb habe ich ja 2002 meine zukünftige Markenmenschenwelt erschaffen. Die jetzt gar nicht mehr so zukünftig ist.

Autorin: Simone, weißt du, dass am 26.11.2018 von einem chinesischen Forscher die Geburt der ersten genmanipulierten Menschen verkündet wurde?

Simone *verwundert*: Na klar! Die ersten CRISPR-Babys, die Zwillinge Lulu und Nana. Designt von Professor He Jiankui. Das weiß doch jedes Kind.

Autorin: Ja, natürlich. Für dich ist das Vergangenheit. Für mich war das nur eine vage Möglichkeit am Horizont, als ich dich und deine Welt erschaffen habe. Aber weißt du, was wirklich schräg ist? Nur wenige Wochen vor der Geburt dieser CRISPR-Babys hatte sich der Verlag duotincta entschieden, meinen Roman *Unter Markenmenschen* noch einmal neu zu veröffentlichen.

Simone: Duplizität der Ereignisse, so nennt man das wohl.

Autorin: Ich hätte mir gewünscht, es wäre nicht zu diesem Dammbruch gekommen. Selbst Jennifer Doudna, eine der Mütter der CRISPR/Cas9-Methode, hatte ein Moratorium für Eingriffe in die Keimbahn des Menschen gefordert.

Simone: So was ist doch immer vergebliche Liebesmüh. Wenn eine wissenschaftliche Entdeckung erstmal in der Welt ist, werden sich immer verantwortungslose Menschen finden, die sie zu den schändlichsten Zwecken missbrauchen.

Autorin: Die schändlichen Zwecke sind nur ein Teil des Problems. Zum Beispiel will niemand Atombomben in der Hand von Terroristen. Viel gefährlicher sind die guten Zwecke. Mit der Aussage *Wir wollen den Übermenschen züchten* oder *Wir wollen den Menschen abschaffen* wird man nur ein paar Transhumanisten begeistern, aber mit *Wir wollen Krankheiten bekämpfen* fängt man viele ein.

Simone: Ja, Gesundheit ist das Zauberwort. Gesundheit und Schönheit. Bei uns sind das nicht einfach erstrebenswerte Zustände, sondern ein absolutes Muss. Wer diese Normen nicht erfüllt, gilt als asozial. *sie seufzt* Auch ich konnte es meiner Mutter lange nicht verzeihen: Warum hatte sie mich ungestaltetes Kind in die Welt gesetzt? Warum war sie so verantwortungslos? Und jetzt bin ich selbst schwanger und muss mich entscheiden, ob ich ... ob ich ...

Simone schlägt die Hände vors Gesicht. Die Autorin streichelt behutsam über ihre Unterarme.

Mein Mitgefühl ist heuchlerisch, denn ich bin daran schuld, dass sie sich mit der Frage abquälen muss: Kann ich es verantworten, mein undesigntes Kind zur Welt zu bringen? Zur Welt der Markenmenschen. Arme Simone! Was mute ich ihr zu? Und bleibt das ein fantastisches Problem oder werden in der Zukunft Frauen wirklich vor solche Entscheidungen gestellt? Wie würde sich eine Welt genoptimierter Menschen entwickeln? Stephen Hawking glaubt, die Menschen würden dem Menschen die Aggressivität abzüchten und so Kriege vermeiden. Und sie würden weltraumtaugliche Wesen aus sich machen, um der zerstörten

Erde zu entfliehen und den Weltraum zu besiedeln. So sehr ich Stephen Hawking bewundere, mir erscheint das wenig wahrscheinlich. Das Grundproblem ist, dass es der alte Adam und die alte Eva sind, die den neuen *Übermenschen* nach ihrem Wunschbild formen werden. Spricht irgendetwas dafür, dass sie sich dabei vom Wohl der Menschheit leiten lassen werden? Warum bekämpfen sie dann nicht jetzt schon mit aller Kraft gemeinsam die Zerstörung der Erde? Es gibt Menschen, die es tun, es gibt Menschen, die sich mit bewunderungswürdigem Engagement für das Wohl der Menschheit einsetzen. Aber werden es die friedliebenden, nachhaltig lebenden, international denkenden und am Gemeinwohl interessierten Menschen sein, nach deren Leitbild der neue Mensch designt wird? Oder werden sich in unserer kapitalistischen, vom Wettbewerb und der Werbung geprägten Welt nicht diejenigen durchsetzen, die den Menschen ein Genom versprechen, mit dem sie sich am besten gegen ihre Konkurrenten durchsetzen können? Ich fürchte, der neue Mensch wird dem alten Ziel nachstreben: Ich will der/die Beste sein (Ich = ich, meine Familie, meine Gruppe, mein Sportverein, meine Literatur, meine Nation, meine Religion ad infinitum). Und für dieses Ziel wird er im Kampf ich gegen die anderen seine *verbesserten* genetischen Fähigkeiten einsetzen.

Während die Autorin weiter Simones Unterarme streichelt, ist sie mit ihrem Gefühl nicht bei ihr, sondern denkt abstrakt über ihre Schuld an Simones Verzweiflung nach.

Ich habe sie in der Markenmenschenwelt ausgesetzt, um meine Leser in diese Welt zu versetzen. In der Hoffnung, eine solche Welt verhindern zu können? Literatur als Mittel, die Welt zu verändern? Wer glaubt denn heute noch daran? Littérature engagée – littérature passée! Heute muss man doch ... muss man doch ... Ach, diese sich ständig ändernde Liste von Forderungen, wie man heutzutage schreiben muss. Moment! Was ist das für eine Stimme? Bist du das, Giferto? Nein, da flüstert der Herr Herrndorf aus dem Jenseits, in das er viel zu früh entschwunden ist. Leise, aber apodiktisch verlangt er: *Wer in der Literatur Bestimmtes verlangt, soll es sich selbst schreiben oder sich ins Knie ficken.* Danke für die Unterstützung, lieber Wolfgang Herrndorf! Ein Freund der engagierten Literatur warst du aber nicht, sondern deine Wertschätzung galt dem psychologischen Roman. Ich wiederum verstehe nicht, warum ein psychologischer Roman nicht auch engagiert sein kann und vice versa? Für mich ist *Der Untertan* von Heinrich Mann, den du als Schrott geschmäht hast, einer der besten engagierten psychologischen Romane. Dein Schrott ist mein Meisterwerk.

Die Autorin schaut sich furchtsam um.

Wird der streitlustige Tschick-Schöpfer den Weg aus dem Totenreich zu mir finden? Kann ich ihn etwa auch herbeizitieren wie Giferto? Nein, so weit reicht meine Autorinnen-Macht nicht. Wie auch immer, ich will endlich aus diesem unfruchtbaren Labyrinth raus, in dem ich mich verlaufen habe. Ich sollte energisch dem Ausgang zustreben! Mich nicht ablenken lassen von Schildern am Denk-Wegesrand: Schreib magisch oder neu realistisch, auf keinen Fall mehr engagiert oder angesichts der bedrohlichen Weltlage doch wieder, schreib à la Nouveau Roman, schreib den modernen, postmodernen, postpostmodernen oder lieber wieder den narrativen Roman, schreib authentisch, autofiktiv, autorfiktiv, autorinnenfiktiv, psychologisch, fragmentarisch, filmisch, schelmisch ... Hilfe! Der Zeitgeist hat sich an meine Fersen geheftet. Wo ist der Ausgang? Da wartet ein Türhüter nur auf mich? Weg mit ihm! Zur Seite! Ich will zu meinen Seiten. Ich will in mein Paradies, wo ich schreiben kann, wie ich will. Hier weht ein freier Wind, hier kann ich freudig umherwandeln, kann jedem Pfad folgen, der mich verlockt. Aber ich will ja gar nicht frei assoziieren. Écriture automatique – gut und schön als Lockerungsübung in Schreibseminaren, aber dies ist doch ein ernsthaftes Romanprojekt und das bedeutet vor allem: Disziplin und Sitzfleisch! Und wo bleibt die Empathie mit meinen Romanfiguren, ohne die sie nur blutleere Buchstabenwesen sind? Simone leidet und ich streichle sie mechanisch, während meine Gedanken ganz woanders sind. Das muss aufhören!

Die Autorin will gerade ein paar aufbauende Worte an Simone richten, als ihr das von Irène abgenommen wird. Staunend schaut die Autorin zu, wie Irène es schafft, dass Simone sich nicht mehr hinter ihren Händen versteckt. Sie sieht, wie Simone Irène aufmerksam zuhört, doch sie achtet nicht auf die Worte der beiden Frauen, weil sie abgelenkt wird von Irènes linkem Mundwinkel, in dem ein bisschen vom Tiramisu kleben geblieben ist.

Warum irritiert mich das nur so? Ach ja, die Loriot-Szene. *Sie haben da was am Mund. Sagen Sie jetzt nichts, Hildegard!*

Die Autorin verkneift sich ein Kichern und ruft sich zur Räson.

Ich sollte jetzt wirklich dem Gespräch von Simone und Irène zuhören. Deshalb sitze ich doch hier!

Irène: Ich weiß nicht, ob es je eine Welt gab oder geben wird, in die man als verantwortungsvoller Mensch ein Baby setzen darf. Selbst wenn einem die Situation im Moment gut erscheint ... wie schnell kann sich das ändern! Und man muss ja die Verantwortung für ... na, sagen wir achtzig, neunzig Jahre übernehmen.

Simone: Ich weiß aber jetzt schon, dass mein Kind es in unserer Welt der Markenmenschen als *No name* schwer haben wird. Und ich glaube nicht, dass sich das so schnell ändert. Es wird höchstens noch schlimmer ...

Irène: Das haben viele Dissidenten in der DDR auch gedacht und quasi über Nacht gab es die DDR nicht mehr.

Simone: Okay. Das ist tatsächlich mal ein Beispiel, das Hoffnung macht.

Irène: Wir kennen die Zukunft schlicht nicht. Deshalb ist der Anspruch auch vermessen. Man kann nicht verantwortungsvoll ein Kind in die Welt setzen. Man kann es in die Welt setzen. Punkt.

Simone: Oder nicht.

Irène: Oder nicht.

Simone: Hast du ein Kind in die Welt gesetzt?

Irène: Ich habe eine Tochter.

Simone: Und hast du es jemals bereut?

Irène: Uhhh ... Das ist eine lange Geschichte.

Ja, das ist eine lange Geschichte in meinem umfangreichen Familienroman *Warten auf den Anruf*. Die lange Geschichte von Irènes Tochter, von Irène als Tochter, von Irène als Tochter einer Tochter. Emma – Wilhelmine

– Irène. Zuerst waren sie nur Namen für mich, Namen, auf die Rückseite eines Mahnbriefes geschrieben. Emma = Chemie, Wilhelmine = Physik, Irène = Biologie. Namen als Verkörperungen. Aber hier und heute sind sie Körper, sind für mich so lebendig wie ich selbst. Emma, mit der ich ja schon gesprochen habe. Und jetzt ihre Enkelin Irène. Irène, für die es leicht war, Emmas Enkelin zu sein. Und schwer, die Tochter von Wilhelmine zu sein.

Die Autorin wirft einen Blick hinüber zum Tisch 6, an dem die uralte Wilhelmine aufrecht sitzt und lebhaft gestikuliert.

Unverwüstlich! Wilhelmine, die hartnäckige Kämpferin gegen die atomare Aufrüstung. Was sie mir wohl nachher zur aktuellen Weltlage sagen wird? Aber nicht vorgreifen, jetzt geht es um Irène. Die hat genug unter einer Mutter gelitten, die so mit der Weltrettung beschäftigt war, dass sie für die kleine Irène kaum Zeit und Aufmerksamkeit übrighatte. Und wenn, dann hörte Irène von ihrer Mutter am Frühstückstisch die ewig gleichen Mahnungen, dass ein Wissenschaftler Verantwortung für seine Forschung übernehmen müsse. Spätestens in der Pubertät war Irène klar: Sie würde auf keinen Fall in die Fußstapfen ihrer Mutter treten und Physik studieren. Sie wollte nicht etwas entdecken, das zum Bau einer Bombe führte, die die Menschheit auslöschen konnte. Nein, danke! Sie liebte die Natur, die Vielfalt dessen, was spross, schwamm, kreuchte und fleuchte. Also studierte sie das harmlose Fach Biologie. Das würde ihr später garantiert keine moralische Verantwortung aufbürden, glaubte sie. So schien alles bestens geregelt im Leben der Studentin Irène Vonderwied. Sie studierte in Hamburg, wohnte in einem Studentenheim, sie war fleißig, fühlte sich ein bisschen einsam, doch dann kam die 68er-Bewegung und sprengte viele Regeln, dann kam Claas, der zärtliche SDS-Mann, dann kam ihr Umzug in eine WG, dann kam ihre Entjungferung. Dass sie den Akt als ernüchternd erlebte, lag nicht am behutsamen Claas, sondern an ihrer eigenen Liebesunfähigkeit, analysierte sie hinterher. Und an der war ihre gefühlskalte Mutter schuld!

Irène ließ sich auf eine *Zweierbeziehung* mit dem Pädagogikstudenten Claas ein, auch wenn sie die von da an regelmäßigen Sexualakte mit ihm als das empfand, was dieser Ausdruck evoziert. Ihre Träume von großer Liebe und Leidenschaft erfüllten sich darin jedenfalls nicht. Ansonsten verstanden sie sich auf fast allen Gebieten hervorragend. Ihr Zusammenleben verlief erstaunlich ruhig und geregelt in dieser unruhigen und regelbrechenden Zeit. Bis, ja bis Irène auf einer Fete in einer Hippie-WG (Motto: *Make Kartoffelsalat, not war*) einen schwarzlockigen Enrico aus Chile kennenlernte und sich mit ihm vor dem x-ten Abnudeln von *California Dreaming* in den abgelegensten Teil des Gartens flüchtete. Wo sie sich prompt von seinem umwerfenden Charme ins Gras werfen ließ und alle Hemmungen und diverse Kleidungsstücke abwarf. Claas weilte derweil für ein Auslandssemester in London, so dass sie, als sie ihre Schwangerschaft bemerkte, keinen Zweifel hatte, wer der Vater war: Enrico, der schöne Chilene, dessen Nachnamen sie nicht kannte, und der nur ein Übernachtungsgast in der Hippie-WG gewesen war. Aber dort hatte er sich als Ernesto vorgestellt und als Kubaner, meinten die WG-Genossen auf ihre Nachfrage. Oder Brasilianer? Nichts Genaues wusste keiner. Wo er abgeblieben sei? Schulterzucken.

Irène wusste also nichts über den werdenden Vater und wusste auch nicht, ob sie eine werdende Mutter werden wollte. Sie musste eine Entscheidung treffen und schwankte hilflos zwischen zwei gleich starken Gefühlen hin und her: Ich kann doch kein Kind bekommen! Ich kann es doch nicht abtreiben!

Als Claas aus London zurückkam, hatte sie immer noch keine Entscheidung getroffen. Sie musste sich andauernd erbrechen, fühlte sich total erschöpft, und vielleicht hoffte sie, Claas würde ihr die Entscheidung abnehmen, indem er sie vor die Entscheidung stellte: Entweder du fährst nach Amsterdam oder das war's mit uns.

Claas war naturgemäß wenig erbaut von ihrem Zustand. Doch er erwies sich als großer Liebender wie es sie sonst nur im Roman gibt. Nach einer Nacht im Gefühlschaos von Wut, Gekränktheit, Verzweiflung, Eifersucht und Enttäuschung, in der er Zuflucht in einer Kneipe bei Alkohol und Nikotin suchte, kam er zu Irène zurück und sagte die großartigen Worte:

Wie heißt es so schön: Gemeinsam sind wir stark. Wir werden das Kind schon schaukeln.

Ein klassischer Nullachtfuffzehn-Liebesroman hätte an dieser Stelle ein passendes Happy End gefunden, doch in Irènes Leben folgte auf ein kurzes Gefühl der Erleichterung auch hier Ernüchterung. Sie gestand sich ein, dass sie Claas mochte, schätzte, ja bewunderte, aber nicht liebte. Sie begehrte ihn nicht und würde es niemals tun, das gab ihr Körper ihr deutlich zu verstehen. Und der ließ sich nicht mit

Vernunftgründen bestechen. EnricoErnestoIrgendwer hatte sie den Unterschied gelehrt. Das konnte sie nicht mehr vergessen. Dazu kam: Claas ging ganz selbstverständlich davon aus, sie würde nach der Geburt ihr Studium abbrechen, um sich um das Kind zu kümmern. Außerdem müssten sie raus aus der immer chaotischer werdenden WG. Sie sah eine triste und graue Zukunft als Hausfrau und Mutter vor sich, eingesperrt in einer Etagenwohnung, abhängig von einem Mann, den sie nicht liebte, dem sie aber zu ewiger Dankbarkeit verpflichtet war. Nein! Nein! Nein!

Sie trennte sich von Claas. Für ihn war es unfassbar, aber sie ließ sich von seinen verzweifelten Versuchen, sie zurückzugewinnen, nicht von ihrem Entschluss abbringen, im Gegenteil, sie erlebte ihn als einen Akt der Befreiung. Sie wurde von einem regelrechen Energieschub erfasst, fühlte sich auf einmal stark genug, alle Herausforderungen zu bewältigen, auch ein Leben als alleinstehende Studentin mit Kind! Warum nicht? Ihre Mutter hatte genug Kohle und würde schon dafür sorgen, dass ihre Tochter nicht verhungerte. Irène erstellte einen Plan. Solange ihre Mutter in den USA forschte und lehrte, könnte sie zurück in ihr Elternhaus ziehen. Das stand ja leer nach dem Tod ihres Vaters und von Oma Emma. Nach der Geburt ihres Kindes würde sie auf jeden Fall weiterstudieren, auch wenn ihre Vorstellungen davon, wie das gehen sollte, nur sehr vage waren. Es wurden doch überall Kinderläden gegründet oder notfalls würde sie das Kind eben mit in die Vorlesungen und Seminare nehmen. Es würde sich schon ein Weg finden. Sie war so euphorisch, dass sie sich alles zutraute. Sie dachte nicht mehr an eine Fahrt nach Amsterdam. Sie würde ihr

Kind auf dieser Welt willkommen heißen, und jetzt ging es nur noch darum, konkrete Vorbereitungen zu treffen. Was brauchte man denn so für ein Baby? Wiege. Kinderwagen. Laufstall? Wickelkommode? Strampelhosen, Windeln, Schnuller ...

Ach ja! Ich kann mich noch gut hineinversetzen in diesen herrlichen Gefühlsüberschuss einer Schwangeren, wenn die von Übelkeit geplagten ersten drei Monate vorbei sind. Diese Kraft, diese Energie, dieses: Platz da! Hier kommen wir, mein Kind und ich! Versucht bloß nicht, uns aufzuhalten! So habe ich es bei meinen beiden Schwangerschaften auch erlebt. Ich war nicht nur körperlich raumgreifender, ich habe auch geistig und emotional neue Räume ergriffen, habe mich über mein Ich hinausbewegt zu einem Wir mit dem noch Unbekannten in mir. Was für eine großartige Erfahrung, diese ganz besondere Zweisamkeit! Natürlich erleben das nicht alle Frauen so. Verschieden, wie wir sind, und unterschiedlich, wie die Situationen sind, gibt es viele Arten, eine Schwangerschaft zu erleben. Bei Irène hielt die Euphorie des Anfangs nicht an.

An das Ohr der Autorin dringen Fetzen des Gesprächs, in das Simone und Irène immer noch vertieft sind. Offenbar legt Irène vor der sehr viel jüngeren Frau aus der Zukunft eine Art Lebensbeichte ab:

Irgendwie war dann doch alles viel schwieriger, als ich es mir vorgestellt habe. Dass meine Mutter nicht das geringste Verständnis für mich aufbrachte – geschenkt. Sie hat genau das von sich gegeben, was ich erwartet habe: Du bist noch viel zu jung. Du versaust dir deine Karriere, ach was, dein ganzes Leben! Willst du ein banales Frauenleben führen? Ein Kind ist nun mal ein Klotz am Bein einer Frau et cetera pp. Ja, danke! So habe ich mich auch immer gefühlt, als ihr Klotz am Bein. Dabei hatte sie Oma Emma, die für mich gesorgt hat. Und ich? Ich hatte niemanden.

Simone: Sei mir nicht böse, aber ... Claas? Ich meine, er hat dir doch seine Hilfe geradezu aufgedrängt ...

Irène: Eben! Aufgedrängt! Nein, nein. Hilfe, um den Preis, zu ihm zurückzukehren, das wollte ich auf keinen Fall. Ich wollte niemals Liebe heucheln müssen. Da war ich radikal. Ach ja ... *sie horcht in sich hinein, lacht kurz auf* Na, wie auch immer, jedenfalls ... meine Energie ist schnell verpufft, als ich erstmal in meinem leeren Elternhaus angekommen bin. In dem spukte nur noch der Geist von Oma Emma herum, die hier nach ihrem Schlaganfall allein verreckt ist. Zum Telefon hat sie's nicht mehr geschafft. Tja, so war das. Oma Emma hat sich ihr Leben lang für ihre Familie aufgeopfert, auch für mich, ihr einziges Enkelkind, und am Schluss ... da war keiner für sie da. Ich natürlich auch nicht. Ich habe ja weit weg studiert, in Hamburg ... ganz normal. Trotzdem haben mich Schuldgefühle heimgesucht. Und dann ... zu allem Überfluss habe ich auch noch eine Allergie gegen Lo Po entwickelt. Mein geliebter Kater hat mir eine laufende Nase, rote Augen und nächtlichen Dauerhusten beschert. Und gegen Ende der Schwangerschaft hat mein dicker Bauch völlig das Regiment übernommen, ich war seine Gefangene, gestraft mit nächtlichem Druck auf die Blase, Wadenkrämpfen ... Ich wollte nur noch, dass das Baby endlich rauskommt! Das ist es schließlich ja auch, aber ...

Irène stockt und blickt Simone an.

Ich sehe es geradezu hinter ihrer Stirn arbeiten. Und ich verstehe, warum Irène nicht weiterspricht. Ich habe ihr viel von meiner ersten Gebärerfahrung zugemutet und Irène will der schwangeren Simone nichts von diesem Horrortrip erzählen. Sie will ihr keine Angst machen, denn die ist bekanntlich nicht gerade förderlich für einen guten Geburtsverlauf. Auf der anderen Seite könnte Simone aber auch aus Irènes Erfahrungen lernen. Wie ich aus meinen für die Geburt meines zweiten Kindes. Für mich stand fest: Nicht wieder in die Uniklinik! Aber wohin dann? In ganz Hamburg gab es immer noch keine Klinik, in der ich mir sicher sein konnte, bei einer natürlichen Geburt unterstützt zu werden. Doch in dreißig Kilometer Entfernung gab es sie. Traumhafte Bedingungen: Ein Kreißsaal, der wie ein Wohnzimmer eingerichtet war, ein Bad mit großer Wanne, in dem sich die Gebärende während der Eröffnungswehen entspannen kann, einen Gebärhocker, falls sie in der Austreibungsphase die Schwerkraft mithelfen lassen will. Sie kann Musik hören, herumgehen, der werdende Vater ist von Anfang an dabei, ein Wehenzimmer, meine Schreckenskammer, gab es nicht.

Giferto: In der Realität sah dann doch alles ein bisschen anders aus.

Autorin *spitzt ihre Lippen zu einem Luftkuss*: Ich wusste, dass du mich bei dieser Erinnerung nicht allein lässt.

Giferto: Weißt du noch, der Taxifahrer?

Autorin: Dem armen Kerl stand die reinste Panik ins Gesicht geschrieben, als ich mich mit meinem dicken Bauch auf den Rücksitz quetschte und ihm klar wurde, ihm steht eine *Storchenfahrt* bevor.

Giferto: Und das auch noch raus aus der Stadt! Der sah sich schon als Geburtshelfer auf dem Randstreifen der Autobahn.

Autorin *lacht*: Prompt hat er sich vor lauter Nervosität verfahren.

Giferto: Ich hätte ihn erwürgen können, als er stundenlang in seinem Straßenatlas blätterte!

Stundenlang war in der Realität minutenlang, aber auch für mich, die ich mich auf dem Rücksitz bemühte, die in immer kürzeren Abständen einsetzenden Wehen mit einem gelassenen Lächeln zu *veratmen*, waren es sehr lange Minuten. Ich war trotzdem ganz ruhig, voller Zuversicht, wir erreichten die Klinik ohne Müh und Not und wurden freundlich von einer Hebamme empfangen. Sie wirkte allerdings etwas gehetzt auf mich, obwohl sie sich bemühte, es sich nicht anmerken zu lassen.

»Offenbar ist heute ein beliebter Tag bei unseren Babys«, versuchte sie die Situation locker zu nehmen, »jedenfalls geht bei uns zurzeit gewaltig die Post ab. Der Wohnzimmer-Kreißsaal ist leider belegt, die Wanne auch. Ich muss Sie erstmal in unserem nicht ganz so komfortablen kleinen unterbringen.«

Seltsamerweise störte mich diese Abweichung von der imaginierten perfekten Situation für eine Geburt überhaupt nicht. Die Hebamme stellte bei ihrer Untersuchung meines Muttermundes fest, er sei schon fünf Zentimeter eröffnet, und ich verbrachte die nächsten Stunden größtenteils damit, in dem kleinen Raum herumzugehen. Immer, wenn eine Wehe kam, stützte ich mich ab, meistens am Waschbecken, und atmete einfach ruhig ein und aus.

Ich ließ Giferto einen feuchten Waschlappen auf meine Stirn drücken, damit er sich nicht nutzlos fühlte, die Hebamme kam und ging, eine Frauenärztin untersuchte mich und teilte mit, alles laufe prima. Es war anstrengend, es tat weh, aber ich fühlte mich stark und hatte nie das Gefühl, es nicht aushalten zu können. Bis kurz hintereinander einige Wehen kamen, die mich laut stöhnen ließen:

»Ich kann nicht mehr!«

Giferto klingelte panisch nach der Hebamme. Sie kam, ich legte mich auf die Liege, sie untersuchte mich und strahlte mich an:

»Prima! Das Baby kommt. Jetzt dürfen Sie pressen!«

Plötzlich war auch die Frauenärztin da, erst jetzt wurde ich an den Wehenschreiber angeschlossen, die Herztöne des Babys erschallten im Raum, Giferto gab sein Bestes mit dem Waschlappen und ich presste, presste, presste eine Seele aus meinem Leib. Die Seele steckte in einem Jungenkörper. Schon lag er auf mir, noch glitschig, noch mit mir durch die Nabelschnur verbunden. Er bewegte sein Köpfchen und schaute mich an.

»Sie dürfen jetzt Mutter und Kind trennen!«, sagte die Hebamme und drückte Giferto eine Schere in die Hand.

Giferto: Ich dachte, die Frau ist wahnsinnig geworden. Ich? Die Nabelschnur durchtrennen? Niemals! Aber es war wieder eine Lektion in Vatersein. Man muss über sich hinauswachsen. Also schnitt ich. Und weinte.

Autorin: Seltsam, dass die Augen sowohl in Momenten tiefsten Leids als auch höchsten Glücks überfließen. Ist eigentlich schon mal erforscht worden, warum? Das sind doch total konträre Gefühlsregungen.

Giferto: Aber beide extrem. Jedenfalls war ich so glücklich, dass mir heute noch die Tränen kommen, wenn ich mich in die Situation zurückversetze.

Autorin: Ach ja, dieser Glücksrausch hat die folgenden Stunden so überstrahlt, dass ich das Profane, was der Geburt folgte, das Herauspressen der Nachgeburt, das Nähen des kleinen Dammrisses, das Wiegen, Messen und Bepunkten des Babys nach dem APGAR-Test kaum wahrnahm. Und dass wir die Nacht nach der Geburt im Gymnastiksaal der Klinik verbringen mussten, weil in keinem Zimmer Platz war, fand ich höchst amüsant. Ich machte sowieso kein Auge zu und betrachtete nur abwechselnd unser tief schlafendes Söhnchen und dich, Giferto, wie du völlig ermattet auf einer Turnmatte hingestreckt lagst. Giferto?

Die Autorin dreht sich vergeblich nach ihrem Mann um. Er hat wohl das Gefühl, seine Schuldigkeit getan zu haben. Sie selbst kann sich noch nicht von den Gedanken an die beiden Geburten ihrer Kinder lösen, die sie so unterschiedlich erlebt hat.

Wenn ich heute höre, dass inzwischen ein Drittel aller Geburten Kaiserschnitte sind, also eine segensreiche Notfall-Operation zur normalen Option für einen Geburtsverlauf geworden ist, erfüllt mich das mit Traurigkeit. Eine natürliche Geburt wird wieder als Gefahr für die Gebärende dargestellt. Auch hier ein Rollback! Wenn ich da an meine feministische Müttergruppe in den 70ern denke! Alles war doch auf einem guten Weg! Wann fing das denn zu kippen an? Irgendwie habe ich es gar nicht mitbekommen, weil sich der Fokus meiner Wahrnehmung im Lauf der Jahre auf ganz andere Fragen verschob. Erst als sich meine Enkelin ankündigte, stellte ich erschreckt fest, dass Geburten heute wieder als Hoch-Risiko-Ausnahmesituationen betrachtet werden, die man nur durch Einsatz von High-Tech in hochgerüsteten Kliniken bewältigen kann. Geblieben von unseren Bemühungen damals sind nur die begleitenden Väter, das Rooming-in und die flexiblen Stillzeiten. Immerhin. Aber das Gebären scheint für immer mehr Frauen trotz oder oft gerade wegen all der hochentwickelten Geburtstechnik wieder zum traumatischen Erlebnis zu werden.

Ein traumatisches Erlebnis war es auch für Irène, als sie ihre Tochter zur Welt brachte, und sie hat danach keine so traumhafte Geburt eines zweiten Kindes erleben dürfen wie ich. Soll ich mich in das Gespräch zwischen Irène und der schwangeren Simone einklinken und ihnen davon erzählen? Nein, ich werde nur zuhören. Irène hat sich offenbar entschieden, Simone nicht mit der Schilderung der Geburt ihrer Tochter zu verängstigen. Sie geht über das Thema Geburt hinweg, als wäre sie nur ein unbedeutender Übergang von Schwangerschaft zu Mutterschaft.

Irène: Als Verena dann endlich auf der Welt war, fingen die Probleme erst so richtig an, weißt du. Die Kinderschwester legte sie mir in den Arm, ich betrachtete ihr rotes Gesicht mit den fest zugekniffenen Augen und ich empfand: Nichts. Absolut nichts.

Irène schließt kurz die Augen und schweigt einen Moment, bevor sie weiterspricht:

In den schlauen Büchern, die ich während der Schwangerschaft verschlungen hatte, stand was von Hormonrausch und überwältigendem Liebesgefühl, das die Mutter für ihr Baby empfinden und das für eine unzerstörbare Bindung sorgen würde. Und ich, ich fühlte mich nur leer und ausgepumpt. Und das wurde auch nicht besser, als ich mit Verena zu Hause war, im Gegenteil. Ich war todtraurig, so traurig, wie ich nicht mal nach Oma Emmas Tod war.

Die Autorin erinnert sich, wie schwer es ihr gefallen ist, Irènes Gefühle zu beschreiben, weil sie selbst es auch nach der schwierigen ersten Geburt so ganz anders erlebt hat.

Ich war einfach nur unendlich erleichtert, dass mein Baby die Geburt überstanden hatte. Der Glücksrausch überschwemmte mich lehrbuchmäßig und prägte mich auf dieses hilflose Wesen wie die Graugans auf Konrad Lorenz. Und danach? Klar, in der ersten Zeit mit unserer Tochter waren Giferto und ich oft erschöpft, übermüdet, hilflos und überfordert, aber traurig? Nein, das konnte ich mir nicht einmal vorstellen. Und doch gibt es Mütter, die nach der Geburt in eine tiefe Depression verfallen. In der Öffentlichkeit war das damals kaum bekannt. Es herrschte ungebrochen der Mythos von der instinktiven Mutterliebe, und Frauen, die sie nicht empfinden konnten, waren abartige Wesen, verdorben durch die Emanzipation. Die Frauen, die so mutig waren, sich zu äußern, sprachen oft davon, es sei gerade dieser Anspruch auf überwältigende Liebesgefühle gewesen, weshalb sie sich als Versagerinnen fühlten. Auch von der Erwartung, als Mütter wüssten sie automatisch, richtig mit einem Kind umzugehen, fühlten sie sich überfordert. Am schlimmsten war aber für viele die Einsamkeit, egal ob sie einen Partner hatten oder nicht. Die meisten Frauen blieben mit dem Kind allein zu Hause und fühlten sich als eigenständige Wesen ausgelöscht. Ich war mir sehr bewusst, wie privilegiert ich war. Das Wichtigste war, dass ich mit Giferto unsere Kleine gemeinsam betreute, aber auch, dass wir mit anderen Probleme besprechen konnten, eine Krabbelgruppe gründeten, uns gegenseitig darin bestärkten, nicht vermeintlichen Idealbildern von Erziehung hinterherzulaufen. Wir wussten, wir würden unendlich viele Fehler machen, machten aber nicht den Fehler, perfekt sein zu wollen. Wir vertrauten uns und unseren Kindern. Wir würden das schon wuppen. Diese gelassene Haltung hat uns das Leben mit unseren Kindern ungemein erleichtert und unseren Kindern wohl auch das Leben mit uns. Die Situation, in die ich Irène gestellt habe, sah völlig anders aus. Nach dem traumatischen Geburtserlebnis kommt sie mit ihrer Tochter Verena zurück in ihr Elternhaus, in die große leerstehende Villa, in der sie nur ihr Kater Lo Po erwartet. Statt von Glücksgefühlen überwältigt, ist sie traurig und antriebslos, würde am liebsten den ganzen Tag auf dem Bett liegen und gar nichts tun. Aber ihr Kind hat sich von einer Idee zu einer höchst anspruchsvollen Realität gewandelt, die sie am Tag und vor allem nachts in Trab hält. Irène füttert, wickelt, wäscht Wäsche, sterilisiert Fläschchen (vom Stillen hat man sie in der Klinik schnell abgebracht, als es nicht gleich klappte, und hat ihr zum Abschied eine Werbepackung Säuglingsmilch in die Hand gedrückt), sie versucht alles, um Verenas Bedürfnisse zu erfüllen, und doch ist dieses Kind immer unzufrieden! Es nölt, knötert, schreit stundenlang. Irène schleppt sich lustlos durch die Tage, erledigt mechanisch, was sie glaubt, erledigen zu müssen, und ist entsetzt über sich selbst. Verena bleibt ihr fremd.

Irène: Es war schrecklich! Ich hatte das Gefühl, alles falsch zu machen, eine Rabenmutter zu sein, ein Monster. Liebesgefühle? Nur für meinen Kater! Dabei reagierte ich immer allergischer auf die Katzenhaare, lief den ganzen Tag mit tränenden Augen und verstopfter Nase herum und nachts wachte ich auf und rang nach Luft. Ich war so erschöpft ... ein paarmal bin ich sogar vor meinem Bett zusammengebrochen, weil ich zu schnell aufgestanden bin, als Verena schrie. Ich konnte kaum noch was essen, bin wie eine Betrunkene durch die Gegend getaumelt ...

Simone: Furchtbar! Wie hast du das nur ... Hast du dir denn nicht Hilfe gesucht? Ich meine ...

Irène: Meiner Mutter habe ich bei ihren wöchentlichen Anrufen aus den USA auf ihre Frage »Wie geht's dir?« immer geantwortet »Gut!« und ihre Schilderungen von den spannenden Forschungen, die sie da betrieb, mit Schilderungen meines tollen Alltags mit meinem Baby gekontert. Sie hatte mich gewarnt. Und ich konnte ihr mein Scheitern nicht eingestehen. Ich konnte es einfach nicht! Noch nicht.

Simone: Das verstehe ich.

Irène: Ich verstehe es heute nicht mehr. Jedenfalls ... irgendwann war ich wirklich an dem Punkt, wo ich wusste: Du musst dir Hilfe suchen. Ich bin zu meiner Frauenärztin gegangen und habe ihr geschildert, wie ich mich fühle und dass ich gar keine Freude an meinem Kind habe. Sie hat mich vertröstet, das komme schon noch, ich müsse mich gedulden, der Körper brauche Zeit sich umzustellen, ich solle mir keine Gedanken machen. Ach, es war zum Heulen! Diese Frau hatte offenbar noch nie was gehört von einer Post Partum-Depression, vom Baby Blues, und das als

Frauenärztin! Den einzigen Rat, den sie mir gab, war der, meinen Kater abzuschaffen. Sonst würde ich Asthma kriegen. Aber ich wollte mich um nichts in der Welt von Lo Po trennen. Niemals! ... Ach, mein Gott, ja ... Und am Ende habe ich mich von beiden getrennt.

Simone: Was?

Irène antwortet mit dem traurigsten Lächeln, das die Autorin jemals gesehen hat, auf die Fassungslosigkeit in Simones Gesicht.

Irène: Ich habe meinen Kater abgeschafft. Den hat der unerklärlich hilfsbereite Claas zu sich genommen. Und dann habe ich meine Tochter ... abgeschafft.

Die Autorin spürt in ihrem Magen, wie sich Simones Magen beim letzten Wort zusammenzieht, wie ihr aufkeimendes Verständnis für Irène erstickt, wie sie ihr fremd wird.

Nicht doch, Simone! Urteile nicht vorschnell! Abgeschafft – das ist kein Ausdruck von Herzenskälte, ganz im Gegenteil! Irène benutzt dieses Wort doch nur, weil sie verachtet, was sie getan hat. Sie bestraft sich selbst, indem sie von ihrer Tochter spricht wie von einem Möbelstück, das man sich anschafft und bei Nichtgefallen wieder abschafft. Dabei gibt das in keiner Weise die verzweifelte Situation wieder, in der sie sich damals fühlte. Halt, stopp, nicht einmischen! Es ist nicht meine Aufgabe, Simones Verständnis für Irène zu wecken. Ich sollte dem Gespräch der beiden Frauen einfach nur zuhören.

Irène: Einmal, nachdem mich Verena die halbe Nacht wachgehalten hatte, bin ich todmüde in mein Bett gekrabbelt, als sie endlich schlief. Kurz vorm Einschlafen war ich mir plötzlich nicht mehr sicher: Habe ich die Kinderzimmertür zugemacht? Ich hatte nämlich mal irgendwo gelesen, dass sich eine Katze auf das Gesicht eines schlafenden Babys gelegt und es erstickt hätte. Wahrscheinlich war das Quatsch, aber diese Vorstellung hat mich geradezu verfolgt und ich habe immer darauf geachtet, dass Lo Po nicht ins Kinderzimmer reinkonnte, wenn ich nicht dabei war. Ich lag also im Bett und sagte mir: Du musst aufstehen und nachsehen, sonst ist Verena in Gefahr. Aber ich habe meiner Müdigkeit nachgegeben, bin eingepennt und am nächsten Morgen machte mir Verenas Schreien unmissverständlich klar, dass sie am Leben war. Doch das half mir nicht. Ich habe mich plötzlich selbst verdächtigt, die Tür mit Absicht offengelassen zu haben. Habe ich mir nicht im Geheimen gewünscht, Lo Po möge mich von diesem Albtraum erlösen, in dem ich seit Verenas Geburt gefangen war? War ich nicht auf dem Weg, zur Mörderin meines Kindes zu werden? Ich habe mir selbst nicht mehr getraut und das war furchtbar. Als ich ein paar Tage danach vor Erschöpfung einschlief, während ich Verena das Fläschchen gab und sie von meinem Schoß auf den harten Küchenfußboden rutschte, war ich endgültig überzeugt: Verena hat etwas Besseres verdient als mich. … Und dann habe ich sie zur Adoption freigegeben.

Simone: Aber es hätte doch bestimmt andere Möglichkeiten …

Irène *erregt*: Natürlich hätte es das! Aber für mich damals nicht! Ich weiß auch nicht, woher dieses Radikale in mir kommt, aber genauso abrupt, wie ich entschieden hatte: Ich trenne mich von Claas und ich bekomme dieses

Kind und ich ziehe es allein groß, genauso plötzlich wusste ich, ich muss dieses Kind weggeben, sonst werden wir beide unglücklich.

Simone nickt, doch nicht nur die Autorin sieht ihr an, dass sie Irènes Verhalten nicht wirklich versteht, auch Irène selbst erkennt es. Ihre Miene verschließt sich.

Ich fürchte, sie bereut, sich Simone geöffnet zu haben, ihr so viel erzählt zu haben von dem schmerzhaftesten Kapitel ihres Lebens.

Irène *kurz angebunden*: Ich habe das durchgezogen mit der Adoption und dann habe ich mich mit aller Kraft auf mein Studium gestürzt, es abgeschlossen, promoviert, mich habilitiert ... bin in die USA ... Na ja, und jetzt sitze ich dir hier als weltweit anerkannte Stammzellforscherin und Kandidatin für den Nobelpreis gegenüber. Voilà!

Der spöttische Ton, in dem Irène die letzten Sätze hervorgestoßen hat, schmerzt die Autorin.

Ich kenne ja die Trauer, die sich dahinter verbirgt. Ich weiß, dass es ihr am Anfang ganz gut gelungen war, sich in die Arbeit zu retten, dass sie all ihre Energie in ihre Forschungen steckte, dass sie die Existenz ihrer Tochter über weite Strecken vergaß. Es grauste sie nur jedes Jahr, wenn Verenas Geburtstag nahte. Sie packte sich diesen Tag so voll mit Terminen, dass möglichst kein Spalt blieb, durch den der Gedanke *Wie es Verena wohl geht? Was sie wohl heute macht?* in ihr Bewusstsein schlüpfen konnte. Doch er fand immer einen Weg und wenn es Tage später war. Und je älter sie wurde, umso hilfloser war sie diesem Eindringling in ihre aufgeräumte Welt ausgeliefert. Bald wurde er auch noch von einer stetig wachsenden Armada von Schuldgefühlen begleitet, so dass sie an Verenas 18. Geburtstag in Panik geriet bei dem Gedanken, ihre jetzt volljährige Tochter würde von ihrem Recht Gebrauch machen, ihre Original-Geburtsurkunde einzusehen, würde sie aufspüren und ihr heftigste Vorwürfe machen, sie im Stich gelassen zu haben. Vielleicht war es Verena in ihrer Adoptiv-Familie gar nicht so gut ergangen, wie sie vorausgesetzt hatte? Und warum hatte sie sie überhaupt weggegeben? Sie hat in ihrem Leben ein großes Forschungsinstitut geleitet und soll nicht in der Lage gewesen sein, ein Kind großzuziehen? Der Baby Blues wäre irgendwann vorübergegangen! Warum hatte ihr das Jugendamt nicht geholfen, statt sie in ihrem Wunsch nach einer Adoption auch noch zu bestärken? Aber nein, sie selbst, sie ganz allein war schuld. Diese Gedanken kreisten wieder und wieder in Irènes Kopf. Mit den Jahren wandelte sich die Angst, Verena könne sie aufspüren, zu dem Wunsch, Verena möge Kontakt zu ihr aufnehmen. Und so wartete sie sehnsüchtig auf diesen Anruf. Lange Zeit vergeblich. Am Abend des 5. Oktober 2008 hatte sie die Hoffnung bereits aufgegeben. An diesem Abend wartete sie auf den Anruf aus Stockholm. Würden ihre Forschungen an Mäusen zur Reprogrammierung von ipS-Zellen mit dem Nobelpreis ausgezeichnet werden? Ihr Kollege James Thomson war zuversichtlich, dass sie zusammen mit ihm und Shinya Yamanaka den Preis erhalten würde. Ihre Erkenntnisse eröffneten schließlich völlig neue Wege für die Stammzellforschung. Sie selbst war skeptischer, jedenfalls, was ihre Chancen anging. Thomson und Yamanaka hatten zwar auf ihren Erkenntnissen aufgebaut, aber sie hatten später auch menschliche Stammzellen reprogrammiert und erst das hatte weltweit für Aufsehen gesorgt. Andererseits: Das Nobelpreiskomitee wusste natürlich um die Bedeutungslosigkeit des Unterschieds zwischen Mäusen und Menschen in der Grundlagenforschung. Also würde vielleicht in dieser Nacht doch noch das Telefon klingeln.

Das ist die Situation, in der Irène sich in meinem Roman *Warten auf den Anruf* auf der Gegenwartsebene befindet. Und auch Irène, wie sie heute hier sitzt, weiß noch nicht, dass sie stattdessen den Anruf erhalten wird, auf den sie schon nicht mehr zu hoffen gewagt hat. Ach, dieses Prinzip Hoffnung! Wie realistisch ist es, dass ein adoptiertes Kind später im Leben Kontakt zu seinen biologischen Eltern aufnehmen will? Ich kenne keine Statistiken, aber ich habe viele Berichte von Adoptierten gelesen, die als Erwachsene unbedingt ihre Eltern kennenlernen wollten, auch wenn es ihnen in der Familie, in der sie aufgewachsen waren, gut ergangen war. Wenn die Begegnung dann tatsächlich zustande kam, waren manche enttäuscht, weil die Mutter, seltener der oft nicht zu ermittelnde Vater, so gar nicht ihren Idealisierungen entsprach. Andere erlebten die Begegnung als großes Glück, es entwickelte sich ein nahes Verhältnis, und viele schildern das Gefühl als Ankommen, Grund unter die Füße bekommen, endlich zu wissen, wer man ist.

Und ich? Wie empfinde ich es denn selbst? Sind meine biologischen Eltern wichtig für mich? Nein. Im Gegenteil. Ich hatte als Kind oft das Gefühl, sie wären meine Adoptiveltern, weil sie mir so fremd waren. Und fremd sind sie mir geblieben. Da gab es keine tieferen Bindungen allein aufgrund der Tatsache, dass ich von ihnen abstamme. Also:

1:0 für das Identitätskonzept, das die Abstammung für irrelevant hält. Andererseits: Meine Kinder. Ich bin sowohl ihre biologische Mutter als auch ihre soziale Mutter, also eine denkbar ungünstige empirische Ausgangslage, um zu differenzieren, warum ich mich ihnen so nah fühle. Ich bin mir sicher, dass ich auch zu adoptierten Kindern eine innige Bindung entwickelt hätte, ich bin mir allerdings auch sicher, dass mir meine biologischen Kinder keine Fremden wären, wenn ich sie erst als Erwachsene kennenlernen würde. Woher ich diese Sicherheit nehme? Keine Ahnung. Reines Gefühl, ohne jede Beweiskraft, reine Einbildung, Fantasie, subjektives Empfinden ohne objektive Relevanz. Wahrscheinlich ist die Antwort auf die Frage, wie Identität entsteht und was Bindungen prägt, mal wieder das gute alte Kuddelmuddel, das Gewebe von unentwirrbaren Wechselwirkungen, das noch dazu in jedem Menschen anders gewirkt wird und wirkt. Und wenn man dazu noch bedenkt ...

Chrrrr ...

Die Autorin reißt den Kopf hoch und die Augen auf.

Oh nein, jetzt bin ich doch tatsächlich eingeschlafen! Wie peinlich! Auf meiner eigenen Feier! Es ist aber auch warm hier und dann der volle Bauch ... Worüber habe ich zuletzt nachgedacht? Weg. Egal. Ich habe Irène zugehört, das weiß ich noch, Irènes Gespräch mit Simone. Doch Simone spricht jetzt wieder mit Paul und die beiden lachen viel, während Irène mit Jonas 7 in ein offenbar ernstes Gespräch vertieft ist, wenn ich mir so ihre Mienen betrachte. Worum geht es da? Die beiden sprechen so leise! Oder brauche ich langsam mal ein Hörgerät?

Die Autorin hört *Stammzellen* und *Gentechnologie* aus dem Stimmengewirr heraus.

Ach, na klar. Das ist natürlich etwas, was die beiden verbindet. Letztlich ist Jonas 7 ein Produkt der gentechnologischen Forschung, der Irène sich verschrieben hat. Besser gesagt: in die sie hineingeraten ist. Sie hatte geglaubt, mit dem harmlosen Fach Biologie auf der sicheren Seite zu sein, niemals in einen moralischen Konflikt geraten zu können wie ihre Mutter Wilhelmine als Nuklearphysikerin mit der Atombombe. Irène forschte an Zellen. Im Kern der Zelle lauert kein todbringendes Potenzial wie im Kern des Atoms. Dachte sie. Im Kern der Zelle steckt das Leben. Doch die Entwicklung in der Biologie vollzog sich mit rasender Geschwindigkeit und 1996 wurde das erste geklonte Säugetier geboren und mit dem Schaf die Vision vom geklonten Menschen. Irène begriff, dass auch ihre Wissenschaft sich jetzt vor die Frage gestellt sah: Wollen wir, was wir können? Können, sollen, dürfen wir Menschen klonen? Zu welchem Zweck? Als Kind für unfruchtbare Eltern? Als Duplizierung der Besten? Als massenhafte Produktion von Arbeitssklaven? Oder als Organlieferanten?

Über Klone als Ersatzteillager spricht Irène gerade mit dem Klon Jonas 7. Die Autorin beugt sich über den Tisch, um die beiden besser belauschen zu können. Versucht die Stammzell-Forscherin Irène gerade, sich vor dem Produkt ihrer Forschungen zu rechtfertigen?

Irène: Ich habe mich immer für ein Moratorium eingesetzt. Den geklonten Menschen darf es nicht geben! Zum Glück haben das auch fast alle meiner Kollegen so gesehen. Bei Tieren ja, da kann man diese Technik anwenden, aber niemals bei Menschen. Der Mensch darf niemals nur Mittel zum Zweck sein!

Jonas 7: Ihr habt es aber offenbar nicht verhindern können, wie man an mir sieht.

Es dauert ein paar Sekunden, bis sich Irènes Gesichtsausdruck von kämpferisch zu schmerzlich verwandelt.

Arme Irène! Diese Niederlage hat sie mir zu verdanken, meiner Fantasie über eine Zukunft, in der der Wunsch nach Organen, die sich ohne Immunreaktionen verpflanzen lassen, größer ist als alle ethischen Bedenken. Und so, wie man in der Vergangenheit den Todeszeitpunkt umdefiniert hat, weil es sich gar nicht gut anhörte zu sagen, man entnehme Sterbenden Organe, definiert man in meiner Zukunft den Menschen um. Ein Duplik, der als Mittel zur Gesunderhaltung produziert wird, ist kein Zweck an sich und folglich auch kein Mensch. Und damit hat man sich all des lästigen Ballasts wie Menschenrechte und Menschenwürde elegant entledigt.

Die Autorin fühlt sich Jonas 7 sehr nah, nicht nur in diesem Moment.

Nah war er mir schon in der Zeit, als er langsam in mir Gestalt annahm, als ich versuchte, die Welt ganz mit seinen Augen wahrzunehmen. Deshalb entschied ich mich, ihn, den zum Ding erklärten Klon, aus der Ich-Perspektive erzählen zu lassen, während ich über den in seinem Menschsein nicht angezweifelten Jonas Helcken in der dritten Person schrieb. Doch wie sieht Jonas 7 die Welt? Er sieht sie gar nicht, denn das, was er sehe, sei nicht die Welt, wird ihm erklärt. In der Welt leben die Frauen, sagen ihm seine Horterinnen, die Welt sei ein lebensgefährlicher Ort für

Dupliks, die deshalb geschützt und betreut von den Frauen im Hort leben müssen. Warum ist die Welt für die Frauen kein lebensgefährlicher Ort, fragt sich Jonas 7, doch er gibt sich selbst die naheliegende Antwort: Die Frauen sind ganz andere Lebewesen als die Dupliks. Das kann man ja schon rein äußerlich sehen. Sie haben keinen Bart, hohe Stimmen und die Brust unter ihren Kitteln ist merkwürdig breit.

Die Autorin hört wieder das unterdrückte Kichern bei ihren Schullesungen aus *Duplik Jonas 7*, wenn sie diese Stelle vorlas.

Ach ja, eigentlich beruhigend, dass der Unterschied zwischen den Geschlechtern die Pubertierenden immer noch beunruhigt.

Autorin: Jonas? Darf ich dich was fragen?

Jonas 7: Dazu bin ich doch hier, oder?

Autorin: Und zum Feiern.

Jonas 7: Aber hauptsächlich als Stichwortgeber, als Trigger für deine Erinnerungen.

Autorin: Ja, okay.

Es war richtig, dass ich Jonas 7 in meiner Einladung ausdrücklich darüber informiert habe, welche Rolle er bei meinem *Dinner 70* einnehmen soll. Ich habe ihn in meinem Roman *Duplik Jonas 7* schon so sehr instrumentalisiert und ihn lange Zeit völlig im Unklaren über seine Funktion als Organlieferant gelassen, dass ich ihm diesmal nicht wieder eine falsche Wirklichkeit vorspiegeln will.

Autorin: Was ich von dir wissen möchte: Sind dir nie Zweifel gekommen? Hast du wirklich geglaubt, man würde euch Organe entnehmen, um euch von dieser ominösen Krankheit, dem Fraß, zu heilen?

Jonas 7: Ja, das habe ich geglaubt. Natürlich habe ich das geglaubt! Wie auch nicht? Die Frauen haben uns großgezogen, haben für uns gesorgt ... Wie hätte ich glauben können, dass sie ...

Er atmet tief aus und wendet seinen Blick ab.

Autorin: Aber nach deiner Flucht, als dir klargeworden ist, dass du nur ein Ersatzteillager für deinen Menschen ...

Jonas 7: Für meinen Zwillingsbruder! Wir sind nicht Mensch und Duplikat. Jetzt fällst du auf deine eigene manipulative Sprache rein, die du doch entlarven willst.

Autorin *beschämt*: Tut mir leid. Du hast natürlich völlig recht.

Die Macht der Sprache! Ja, auf die Macht der Sprache hinzuweisen, das war mir wichtig, besonders in meinen Dystopien *Duplik Jonas 7* und *Unter Markenmenschen*. Darum wird Jonas Helcken von seinem Vater, einem Befürworter der *humanen Duplikhaltung*, auch so vehement zurechtgewiesen, als er über die Geburt eines Dupliks spricht:

»Geburt! Bei Dupliks nennt man das *Entnahme*, das weißt du genau! Man muss auch sprachlich sauber trennen, sonst kommt es nämlich zu diesen unseligen Vermengungen von völlig verschiedenen Vorgängen.«

Heute würde man das wohl als *Framing* bezeichnen. Der Rahmen, in dem Jonas Helcken nach dem Wunsch seines Vaters denken und fühlen soll, ist aus diesem Holz geschnitzt:

Ein Mensch wird von seiner Mutter *geboren* = Große Freude! Ein Duplik wird einer Leihmutter als tadelloses Endprodukt ihrer bezahlten Arbeit *entnommen* = Vertragsgemäße Stückgutablieferung.

Der Autorin schaudert ob der Kaltschnäuzigkeit dieser Sprache, der Eiseskälte, die ihr entströmt.
Es fällt mir verdammt schwer, solche Sätze zu schreiben! Aber ich zwinge mich dazu, in der Hoffnung, durch die schauderhafte Sprache die schaurige Realität entbergen zu können, die ... Oh! Was ist los? Warum schaut mich Jonas 7 so erwartungsvoll an? Statt Reflexionen über die Sprache anzustellen, sollte ich ihm lieber zuhören. Was hat er gerade gesagt? Hat er von seiner Flucht aus dem Hort geredet?
Autorin: Äh, ja, Jonas, wie hast du dich gefühlt, als du die dir unbekannte Welt erblickt hast ...
Jonas 7 *zynisch*: Erblickt?
Oh nein! Wieder ins Fettnäpfchen getreten. Jonas 7 ist ja blind bei seiner Flucht, weil man seine Augen Jonas Helcken transplantiert hat. Er kann nichts erblicken!
Doch bevor sich die Autorin entschuldigen kann, winkt Jonas 7 ab und redet einfach weiter:
Nach meiner Befreiung habe ich die sogenannte Welt erstmal nur durch das kennengelernt, was Ilka mir erzählt hat. Sie war ja bei mir in der Wohnung, in der ich mich verstecken musste. Und was ich da durch sie erfahren hab, war verwirrend genug, glaub mir! Ich dachte immer, es gäbe die Dupliks und die Frauen, so wie ich es im Hort gelernt hatte. Als Ilka mir sagte, ich sei ein Mann, wusste ich nicht, was das ist – ein Mann.
Wer weiß das schon? Aber im Ernst: Warum habe ich Horte mit männlichen Dupliks errichtet, die nur von Frauen *gehortet* wurden, und Horte mit weiblichen Dupliks, die nur von Männern *gehortet* wurden? Ganz einfach: Dieser

simple psychologische Trick macht den vermeintlichen Unterschied für die Dupliks augenfällig und glaubwürdig. Für Jonas gibt es den Hort, in dem die Dupliks leben, und draußen die Welt, in der die Frauen leben. Männer? Unbekannt. Deshalb muss er nach der Flucht erst lernen, dass er ein Mann ist und was das bedeutet. Auch habe ich dafür gesorgt, dass im Hort sein Geschlechtstrieb mit Medikamenten unterdrückt wird. Der hätte nur Unruhe erzeugt. Nach seiner Flucht wird Jonas 7 dann plötzlich von Hormonen und Gefühlen überflutet, mit denen er überhaupt nicht umgehen kann. Die Fotos von nackten Frauenstatuen aus Marmor, die Ilka ihm in ihrem Schnellkurs zur Geschichte Europas zeigt, rufen seltsame Körperreaktionen bei ihm hervor, die ihn tief verwirren. Aber danach werde ich ihn jetzt nicht fragen, oh nein! Bloß nicht in noch ein Fettnäpfchen treten!

Autorin: Soweit ich mich erinnere, hattest du noch so einige andere Probleme, die Welt zu verstehen, in die Ilka dich entführt hat.

Jonas 7: Allerdings. Sie hat sich viel Mühe gegeben mit ihren Erklärungen. Was ich verstanden habe: Es gibt Geld, mit dem sich wenige viel und viele wenig kaufen können. Die Menschen töten sich gegenseitig in sogenannten Kriegen. Sie schmeißen Essen weg, während andere Menschen verhungern. Sie verhätscheln manche Tiere und schlachten andere, um sie zu essen. Und uns Dupliks schlachten sie aus, um selbst länger und gesünder zu leben. *Ein rätselhaftes Lächeln überzieht sein Gesicht.* Ich weiß noch, wie ich Ilka gefragt hab: Warum essen sie uns Dupliks nicht auch? Und sie hat geantwortet ...

Wie könnte ich die Antwort vergessen? Wahrscheinlich zu teuer, hat Ilka achselzuckend gesagt. Ich weiß sogar noch, wie ich gezögert habe, diesen Satz hinzuschreiben. Kann ich mir wirklich eine zukünftige Welt vorstellen, in der Menschen nur deshalb keine anderen Menschen essen, weil es ökonomisch nicht profitabel ist? Leider musste ich mir die Antwort geben: Ich will es nicht, aber das Ausmaß der Ökonomisierung aller Lebensbereiche, das wir heute schon erreicht haben, lässt mir selbst das nicht unmöglich erscheinen.

Autorin *abwehrend*: Ich weiß, was Ilka geantwortet hat, Jonas, und mir hat der Atem gestockt. Ich habe es mit deinen Ohren gehört, war ja ganz in dich hineingekrochen. Du warst entsetzt und hast gedacht ...

Jonas 7 *bringt die Autorin mit erhobener Hand zum Schweigen*: Ich habe gedacht: Was ist das für eine Welt, diese Welt der Menschen, in die Ilka mich gebracht hat? Das ist ein schrecklicher Hort, in dem ich nicht leben möchte. Ich will zurück in meinen Hort, zu meinen Mitdupliks, zu meinem Kleeblatt, zu Jan, Martin, Tim und dem kleinen Hannes. Bei uns schießt niemand auf den anderen. Wir helfen uns immer gegenseitig. Kein Duplik würde einen anderen verhungern lassen.

Autorin: Dein Hort als Paradies auf Erden?

Jonas 7: Das Ilka mir versperrt hat! Jetzt wusste ich ja, wozu wir Dupliks wirklich da sind. Von da an wollte ich nur noch eins: Meine Mitdupliks befreien!

Ja, diesen Impuls habe ich, geschlüpft in die Haut von Jonas 7, intensiv empfunden. Er hat mich geleitet, hat mir gezeigt, wie die Geschichte weitergeht. Ich wusste jetzt, dass Jonas 7 sich nicht damit zufriedengeben würde, selbst befreit zu sein. Sein Bruder Jonas Helcken arbeitete mit aller Kraft daran, ihn heimlich außer Landes und in Sicherheit zu bringen, kam aber gar nicht auf die Idee, sein glücklich befreiter Duplik könnte etwas anderes wollen. Sein Fluchtplan sah vor, Jonas 7 raus aus Europa und an einen sicheren Ort in Tibet zu bringen. Doch die europäische Grenze konnte Jonas 7 nicht überwinden, solange er blind war, das war Jonas Helcken klar. Selbst wenn er seinem Duplik seine Genkarte für den Grenzübertritt mitgäbe, würde sich Jonas 7 durch seine Blindheit verraten. Jonas Helcken kam auf den heroischen Gedanken, seinem Duplik ein Auge zurückzugeben. Eine OP. Die Rücktransplantation eines Auges, so dass sie beide einäugig wären und sein Duplik seinen Häschern entkommen könnte. Jonas Helcken fand sogar einen Arzt für die geheime Rücktransplantation, und so trafen sie sich in dessen Klinik zum ersten Mal: der Mensch Jonas Helcken und sein als Duplik definierter blinder Zwillingsbruder Jonas 7. Diese Szene spielte sich beim Schreiben in meinem Kopf ab wie in einem Film und ich fragte mich gespannt: Wie werden die beiden aufeinander reagieren? Ich sehe Jonas 7 und höre ihn gleich nach der knappen Begrüßung fragen:

»Du willst mir also ein Auge zurückgeben, Mensch Jonas?«

Jonas Helcken ist zuerst irritiert, weil sein Duplik so gar keine Gefühlsregung zeigt, aber er erläutert bereitwillig seinen Fluchtplan, den er mit einem Satz beendet, der noch einmal sein generöses Angebot bekräftigt:

»Wir werden beide ein sehendes Auge haben, beide das rechte.«

Bei der Antwort, die Jonas 7 ihm darauf gibt, zuckt Jonas Helcken zusammen. Und auch ich konnte nicht fassen, was mein Füller aufs Papier schrieb:

»Du schuldest mir aber zwei Augen, Mensch Jonas!«

Das geht ja nun wirklich zu weit, schoss es mir durch den Kopf. Nein, das streiche ich wieder. Immerhin hat Jonas Helcken doch seinen Duplik nicht nur aus dem Hort befreit, er ist auch noch bereit, ihm ein Auge zu opfern. Und der fordert mit unbewegter Miene beide Augen von ihm? Unverschämtheit! Erst nach dieser Aufwallung meiner Empörung drang langsam die Erkenntnis zu mir durch, dass ich in dem Moment ganz aus Jonas Helckens Sicht dachte und fühlte und keineswegs als unparteiische Autorin. Jonas 7 hatte vollkommen recht. Es waren schließlich seine Augen! Beschämt ließ ich seine Forderung stehen. Doch er beschämte mich daraufhin erst recht, denn er sprach sofort weiter:

»Ich schenke dir ein Auge. Behalte es. Ich wünsche niemandem, in Finsternis leben zu müssen. Und jetzt lass uns so verfahren, wie du vorgeschlagen hast.«

Was mir Jonas 7 in den Füller diktierte, ist für mich auch heute noch eine der zentralen Szenen des Buches.

Die Autorin schüttelt sich, versucht sich von der Erinnerung an diese Szene zu befreien, versucht aufzutauchen, zurückzufinden in die reale Welt, in der die Welt von Jonas Helcken und seinem Duplik nur ein Romanstoff ist. Später ist sie dann auch in Schulen und an Theatern in Szene gesetzt worden. Und im Jahr 2001 rief mich die für Lizenzen zuständige Mitarbeiterin von dtv an und teilte mir mit, der französische Regisseur Philippe Muyl wolle mein Buch verfilmen und sie stünden schon in konkreten Verhandlungen. Sie schickte mir seine Filmographie, der ich begeistert entnahm, dass er sogar schon nach Cannes eingeladen worden war. Meine Dupliks in Cannes? Das mochte ich nicht glauben. Aber als die erfahrene Verhandlerin mir Monate später versicherte, der Verlag und der Regisseur hätten sich in einem hundertseitigen Vertrag auf alle Bedingungen einschließlich meines Honorars einigen können, es käme nur noch auf mein Einverständnis an, kamen mir meine Zweifel langsam lächerlich vor. Was sollte jetzt noch schiefgehen? Ich fing vorsichtig an, mich zu freuen. Und dann hörte ich nichts mehr von dtv. Bei meinen telefonischen Nachfragen hieß es, der Vertrag liege jetzt beim Produzenten zur Überprüfung für letzte Details. Nach einem weiteren halben Jahr bekam ich schlussendlich die Auskunft, der Produzent habe einen Rückzieher gemacht. Das Projekt sei finanziell nicht zu stemmen. *La fin!* Das flimmerte leider nur vor meinen Augen, nicht auf einer Leinwand nach einer umjubelten Premiere. The first cut is the deepest. Danach nahm ich die weiteren gescheiterten Anläufe zur Verfilmung relativ stoisch zur Kenntnis. Am weitesten waren die Verhandlungen einer Filmagentin mit einer deutschen Produktionsfirma gediehen. Sie scheiterten am Ende daran, dass zu der Zeit ein anderer Film gedreht wurde, der auch das Thema Klonen behandelte. Ich höre noch die bedauernden Worte der Filmagentin: »Zwei Filme übers Klonen trägt der Markt einfach nicht.« Der Film *Blueprint* floppte zwar ziemlich, aber für den deutschen Film war das Thema damit *abgefrühstückt*, und so war es Hollywood, das 2005 einen sehr erfolgreichen Film über Klone machte, die als Ersatzteillager gehalten werden und schließlich fliehen: *Die Insel*. Natürlich lag dabei der Schwerpunkt auf der Action und nicht auf ethischen Fragen. Trotzdem bekam ich Unmengen Mails von Schülern und Schülerinnen, die überzeugt waren, *Die Insel* sei eine Verfilmung von *Duplik Jonas 7*. Ich hatte das Thema Verfilmung oder vielmehr Nicht-Verfilmung von *Duplik Jonas 7* schon lange als interessante Erfahrung verbucht, als ich 2017 die Mail eines Filmstudenten bekam, der das Buch in seiner Schulzeit gelesen hatte und es jetzt unbedingt verfilmen wollte. Ich versprach, ihm die Rechte zu geben, die ich mir inzwischen von dtv zurückgeholt hatte, und vergaß die Sache schnell wieder. Das wird ja doch auch wieder scheitern! Ob ich wieder recht behalte, weiß ich noch nicht. Der Filmstudent hat sein Projekt engagiert und mit viel Elan begonnen und ist mit den bisher gedrehten Szenen von *Duplik Jonas 7* zum Filmdozenten geworden. Mir haben sie auch sehr gefallen, aber danach sind jede Menge Hürden aufgetaucht, zuletzt eine schwere Erkrankung des Regisseurs. Auch wenn vor Kurzem eine neue Anfrage einer Filmagentur kam und ich ein nettes Gespräch mit einem weiteren jungen Regisseur hatte, bleibe ich skeptisch, ob es eine Verfilmung jemals geben wird. In den Szenen, die mir der erkrankte Regisseur schon geschickt hat, nahm der Hauptdarsteller vor meinen Augen die Gestalt sowohl von Jonas Helcken als auch von Jonas 7 an. Und er tat es so überzeugend, dass Jonas 7, mit dem ich jetzt am Tisch sitze und spreche, ihm verdammt ähnelt. Seltsam. Meine fiktive Gestalt hat die Gestalt eines realen Menschen angenommen, der jetzt wiederum meinen fiktiven Gesprächspartner formt.

Noch ganz in ihre Gedanken über die verschwimmenden Grenzen zwischen Vision, Buch, Film und Fiktion versunken, betrachtet die Autorin Jonas 7, sieht seinen Mund, der sich bewegt, aus dem offenbar Worte kommen, Worte, die sich an sie richten.

Was sagt er? Irgendwas über seine Mitdupliks? Genau! Über die wollte ich doch mit ihm reden.

Autorin: Jonas, ich weiß noch genau, dass du am Ende meines Romans vollkommen die Regie übernommen hast. Dein Impuls, dein Wunsch, deine Mitdupliks zu retten, war so stark, dass ich dich ins Studio geschrieben habe, in diese unsägliche Live-Sendung *Heiß und aktuell*. Und als du dort angefangen hast zu reden, konnte ich nur noch gebannt zuhören, wie du mit einfachen Worten über deine Kindheit gesprochen hast, über dein Leben im Hort, die ständige Bedrohung durch den Fraß, deine Liebe zu deinen Nächsten, zu Jan, Tim, Martin und dem Neugekommenen Hannes. Du hast gehofft, durch deine Worte die Menschen zum Aufstand gegen das System der Duplikhaltung zu bewegen – und du hast gewusst, dass dein Auftreten in diesem Studio dein Leben in höchste Gefahr bringen würde.

Jonas 7 schaut die Autorin nur schweigend und mit unbewegter Miene mit seinem einen Auge an, so dass sie hastig weiterspricht:

Ich weiß nicht ... Hat man dir gesagt, dass die Leiterin deines Hortes ultimativ deine Rückgabe gefordert hat? Für sie warst du ja schlicht entwendetes Eigentum! Aber dich einfach wieder in deinen Hort zurückbringen ... das ging aus ihrer Sicht auch nicht. Du hättest natürlich deinen Mitdupliks erzählt, was es mit dem *Fraß* wirklich auf sich hat, und das hätte den ordnungsgemäßen Ablauf ihrer Geschäfte erheblich gestört.

Den letzten Satz spricht die Autorin so, dass man die distanzierenden Anführungszeichen bei »ordnungsgemäßen Ablauf ihrer Geschäfte« nicht überhören kann, ja ihren ganzen Abscheu vor diesem zynischen Vokabular, das eine schlichte Tatsache verschleiern soll: Hier werden Menschen ermordet, um sie auszuweiden.

Ist mein von mir vor fast drei Jahrzehnten ausgemaltes Szenario nicht doch ein bisschen arg weit hergeholt? Ist es wirklich denkbar, dass Menschen systematisch ermordet werden, um an ihre Organe heranzukommen? Als ich *Duplik Jonas 7* geschrieben habe, hoffte ich noch, es möge nur denkbar sein, aber nicht geschehen. Kurz nach der Veröffentlichung des Buches 1992 hörte ich dann zum ersten Mal von Leichen mit fehlenden Organen, die man in Indien gefunden hatte. Später gab es auch Berichte aus anderen Ländern. Und heute kennt jeder den Begriff *Organ-Mafia*. Schlimm, aber das sind eben Kriminelle, denen man das Handwerk legen muss, heißt es dann. Doch systematischer staatlicher Organraub? Am 19. Juni 2019 erklärte in London die Jury eines unabhängigen Tribunals von internationalen Menschenrechtsanwälten unter dem Vorsitz von Sir Geoffrey Nice nach einer einjährigen Anhörung von Zeugen und Sichtung von Beweisen in einem Zwischenbericht:

Es gibt keinen vernünftigen Zweifel daran, dass in China politischen Häftlingen Organe zwangsweise entnommen werden, und zwar seit geraumer Zeit. Es hat dabei eine erhebliche Anzahl an Opfern gegeben.

Bereits zwei Tage zuvor hatte der Deutschlandfunk über das Tribunal berichtet. Ich hörte die Nachricht noch im Bett in den Frühnachrichten und dachte: Das wird die Topnachricht des Tages. Doch wann immer ich im Lauf des Tages wieder einschaltete: Nichts. Die Nachricht wurde nicht wiederholt, war offenbar aussortiert worden wegen wichtigerer Ereignisse wie *Koalition einigt sich auf Grundsteuer-Reform, die CDU-Vorsitzende Annegret Kamp-Karrenbauer bejubelt Sieg über AfD in Görlitz, Frauen-Fußball: Deutschland vor Gruppensieg*. Auch in anderen Medien fand ich kaum etwas. Man musste schon aktiv danach suchen. Und so wunderte ich mich dann nicht mehr, dass in meinem Bekanntenkreis noch niemand vom mörderischen Organraub an Gefangenen in China gehört hatte, auch hatte keiner den schon 2016 ausgestrahlten Dokumentarfilm *Human Harvest* und die sich daran anschließende Diskussion *Ausgeschlachtet – Organe auf Bestellung* gesehen, geschweige denn von den Bundestagsdebatten zu dem Thema etwas mitgekriegt. Ich muss gestehen: Ich auch nicht. Ich kann nur ernüchtert konstatieren: Meine Fiktion vom organisierten staatlichen Organraub scheint Wirklichkeit geworden zu sein – und es gibt keine erschütterte Weltöffentlichkeit, es gibt so gut wie gar keine Öffentlichkeit für das Thema. Der Organraub vollzieht sich unterhalb des Radars. Auch die Machthaber in China können sich offenbar auf einen schon von Hannah Arendt beschriebenen Mechanismus verlassen:

Er (der totale Machthaber) weiß, daß der beste Schutz für ihn in der Normalität der normalen Welt liegt, die solche Dinge, wie sie sich in seinem Herrschaftsbereich ereignen, doch selbst dann für schlechthin unmöglich hält, wenn ihr Dokumente, Filme und andere Beweise unleugbar vor Augen stehen. [...] Die Ungeheuerlichkeit der begangenen Untaten schafft automatisch eine Garantie dafür, daß den Mördern, die mit Lügen ihre Unschuld beteuern, eher Glauben geschenkt wird als den Opfern, deren Wahrheit den gesunden Menschenverstand beleidigt.

Mit diesen dunklen Gedanken im Hinterkopf wendet sich die Autorin wieder Jonas 7 zu, dem entflohenen Duplik, den seine Verfolger unbedingt fassen wollen, um keinen Präzedenzfall zuzulassen, und natürlich auch, weil er auf dem Markt mit nicht genidentischen Organen durchaus noch gewinnbringend zu verwerten wäre:

Jonas, als du im Studio gesessen hast ... bei *Heiß und aktuell* ... im Scheinwerferlicht ... *erregt* Warum bist du da hingegangen? Du hast doch gewusst, dass deine Schlächter schon vor der Studiotür warten werden. Du bist ja sehenden Auges ins offene Messer gelaufen!

Jonas 7: Das war mir wichtig.

Autorin: Ins offene Messer zu laufen?

Jonas 7: Es nicht blind zu tun.

Wie ich diesen jungen Mann bewundere! Er, dem die Gesellschaft das Menschsein abgesprochen hat, trifft eine wahrhaft humane Entscheidung. Er verzichtet darauf, seinen Häschern zu entfliehen, geht freiwillig in das Studio und versucht, seine Mitdupliks zu retten. Damit riskiert er sein Leben. Diese heroische Tat hat er mir, seiner Schöpferin, abgepresst, obwohl ich so gar nichts von Heroismus halte.

Autorin: Ich habe dich gewarnt: Dein Opfer wird sinnlos sein. Es wird nichts bewirken.

Jonas 7: Es war das Richtige. Nur das hat für mich gezählt.

Autorin: Ich fürchte, du hast diese Entscheidung mit dem Leben bezahlt.

Jonas 7: Anzunehmen. Aber vielleicht auch nicht? Du hast dich ja gedrückt und das Ende offengelassen.

Jonas 7 hat recht. Über das offene Ende waren auch viele Schülerinnen und Schüler unglücklich. Sie beschweren sich und fragten: Wie geht es denn weiter? Wird Jonas 7 doch noch in letzter Minute gerettet? Was wird mit Ilka und Jonas Helcken geschehen? Und die Dupliks? Wird man sie weiter ausschlachten? Oder wird die Gesellschaft umkehren und die Menschen sich vor dem erschrecken, was sie getan haben? Wird in der Zukunft der von mir ausgemalten Zukunft eine Vergangenheitsbewältigung einsetzen? Und immer wieder die Frage: Wird es eine Fortsetzung von *Duplik Jonas 7* geben? Ich musste meine jugendlichen Leser enttäuschen. An eine Fortsetzung habe ich nie gedacht. Beeindruckt war ich davon, wie viele Gedanken sie sich machten. Etliche schrieben sogar selbst ein Ende oder spannen die Geschichte fort. Hätte ich ein Happy End geschrieben, hätten sie das Buch zugeklappt: Alles gut. Alle Probleme erledigt. Nichts, worüber man noch länger nachdenken müsste.

Autorin: Das offene Ende des Buches hat den Vorteil, dass ich dir jetzt unbefangener gegenübersitzen kann, als wenn du meinen Roman nicht überlebt hättest, Jonas. Ich kann dir als einem mutigen Menschen begegnen, einem Menschen, der bereit ist, sein Leben für andere zu opfern. Und ich darf hoffen, dass du es nicht tun musst, dass es aller Wahrscheinlichkeit zum Trotz gut für dich ausgeht.

Jonas 7 lächelt die Autorin in einer Mischung aus wissend, spöttisch und liebevoll an.

Schwer zu dechiffrieren. Er weiß viel mehr über mich als ich über ihn. Ach, am liebsten würde ich mich noch stundenlang nur mit ihm beschäftigen, würde ihn tiefer zu ergründen versuchen.

Aber so langsam zeigen sich bei der Autorin doch erste Anzeichen von Erschöpfung. Diese Begegnungen mit ihren Romanfiguren wühlen doch mehr in ihr auf, als sie erwartet hat.

Da sind so viele schwelende Konflikte und unbeantwortete Fragen! Es ist nicht die Aufgabe der Literatur, Antworten zu finden, heißt es immer. Sie soll im Gegenteil die einfachen Antworten infrage stellen, gewohnte Denkmuster hinterfragen. Bitte schön! Das habe ich getan. Mehr kann ich notorische Zweiflerin auch nicht. Ich habe keine Antworten. Wie gut, dass ich als Literatin so billig davonkomme! Zum Glück bin ich nicht Philosophin geworden, wie mein schräger Philosophielehrer es gewollt hat; da könnte ich mich nicht so elegant vor Antworten drücken. Alles, was ich gemacht habe: Ich habe fiktive Figuren erschaffen, die jetzt einen fiktiven Saal bevölkern. Reicht das, um mein Leben zu rechtfertigen? Ein Saal voller Kopfgeburten? Oder zählen nicht doch nur die beiden realen Leben, die ich geboren habe? Okay, okay, Giferto, du brauchst nicht zu kommen, um mir eine Standpauke zu halten. Ich muss mein Leben nicht rechtfertigen, ich weiß es ja selbst. Das geschieht jetzt auch nur, weil meine Kräfte erlahmen. Ich brauche dringend einen Espresso! Dann werde ich auch noch die Begegnung mit meinen vier Gästen am letzten Tisch überstehen.

Tisch 6

Sonja, Wilhelmine, George, Hauke

Käse, Obst

Der Espresso steht schon am Platz der Autorin, als könnten die Kellner ihre Gedanken lesen. Ihre Gäste am letzten Tisch bevorzugen andere Getränke: Sonja einen Cappuccino, Wilhelmine einen Latte macchiato, George einen Jogi-Tee und Hauke einen klassischen Filterkaffee. Dazu greifen sie eifrig zu den Käsehäppchen oder den appetitlich dekorierten Obststücken.

Ich fürchte, selbst das winzigste Stückchen Ananas würde meinen Magen zum Platzen bringen! Aber der Espresso tut gut. Letzte Runde, also. Mit wem soll ich das Finale einleiten? Ach, mir ist unbedingt nach Jugend! Das wird mich beleben. Die achtzehnjährige Sonja, die gerade ihr Abitur in der Tasche hat, sie wird mir frische Impulse geben. Ist sie mir im Alter von achtzehn Jahren ähnlich? Auf den ersten Blick vielleicht. Äußerlich? Ehrlich gesagt, weiß ich gar nicht genau, wie sie aussieht. Nicht nur weil der Jugendroman *Sonjas Logbuch* aus ihrer Perspektive erzählt wird, so dass man sie nicht von außen sieht, sondern auch weil mir das Äußere einer Person im Leben wie in der Literatur nie sehr wichtig war. Diese langatmigen Schilderungen über schroffe Kinne, feingeschnittene Gesichtszüge (was immer das sein soll), hohe Wangenknochen, dicke Nasen, weit auseinanderstehende Augen habe ich in Büchern meistens überflogen. Ebenso wenig hat es mich interessiert, ob jemand dick oder dünn, groß oder klein, wohl gebaut (Frauen) oder kräftig gebaut (Männer), blond, brünett oder schwarzhaarig ist, es sei denn, diese äußeren Merkmale spielten eine Rolle für die Handlung oder die Psyche der geschilderten Person. Mein Bild von Romanfiguren wird geprägt von dem, was ich über ihr Wesen, ihren Charakter erfahre, durch ihre Handlungen, ihre Äußerungen, ihre Interaktionen. Und so sitzt Sonja mir jetzt auch nicht als eine junge Frau gegenüber, die ich wie auf einem Foto beschreiben könnte. Aber ich weiß viel von ihr und so bin ich mir ziemlich sicher: Sie ist mir als junger Frau nicht sehr ähnlich. Sie ist nicht so verkopft, sie ist selbstbewusst, hat liebende Eltern, die ihr viel Freiraum lassen, sie interessiert sich wenig für fiktive Welten, dafür umso mehr für die maritime.

Autorin: Sonja, hast du deinen Jollenkreuzer *Rodion* noch? Oder hast du das Segeln aufgegeben?

Sonja: Das Segeln aufgeben? Never ever!

Autorin: Ich dachte nur, nach dem schrecklichen Drama auf deinem ersten selbständigen Segeltörn ...

Sonja *nachdenklich*: Das stimmt, damals war ich kurz davor. Danach habe ich erst wirklich verstanden, was der Segler Karlheinz Neumann in seinem Band über die Nordseeküste mit seinen warnenden Worten *Jeder Schiffsführer trägt auf See eine sehr große Verantwortung. Er muss ihr gewachsen sein* gemeint hat. Ich bin ihr nicht gewachsen gewesen. Ganz und gar nicht.

Autorin: Obwohl du dich doch intensiv mit allen Sicherheitsvorkehrungen an Bord beschäftigt hast, von der Feuerbekämpfung über das Abdichten von Lecks, Notsignalen, Mann-über-Bord-Manöver, Erste Hilfe und und und. Das habe ich dich alles sorgfältig studieren lassen.

Sonja: Das habe ich auch im Schlaf beherrscht. Nur meine Gefühle, die habe ich nicht beherrscht. Die haben leider mich beherrscht. Vor allem das banalste aller Gefühle: Eifersucht!

Arme Sonja! Ich habe sie, die fröhliche, unternehmungslustige Achtzehnjährige, die sich auf den ersten Törn mit ihrem eigenen Boot freut, gleich in schwere Stürme geschickt, in Gefühlsstürme, in Bewährungsproben, an denen auch Erfahrenere und Befahrenere scheitern. Am Anfang ist sie überglücklich, als die Eltern ihr zum Abitur ihren alten Jollenkreuzer schenken, auch wenn damit viel Arbeit auf sie zukommt. Allein der ewige Kampf gegen den Rost! Aber für sie ist *Rodion* ein zweites Zuhause. Auf dem Boot ist sie gezeugt worden, ist mit drei Monaten zum ersten Mal zur See gefahren, gut abgepolstert in der Hundekoje, später festgeleint am Schotbalken, dann stand sie selbst am Ruder. Jetzt plant sie voller Begeisterung ihren ersten eigenen Törn. Ihr Freund Jannes soll natürlich mit von der Segelpartie sein und auch dessen Freund Felix, obwohl der ein ziemlich flippiger Typ ist. Nur die vierte in der Crew kann Sonja nicht recht einschätzen: Cornelia, Felix' neue Flamme. Schon am ersten Tag entpuppt Cornelia sich als echte Landratte, rattert mit zwei riesigen Rollkoffern über den Steg, obwohl sie verabredet hatten, jeder solle nur das absolut Notwendige mitnehmen. Sie könne doch nicht jeden Tag in denselben Klamotten rumlaufen, empört sich Cornelia, doch Sonja zeigt ihr stumm das kleine Schapp, das ihr für ihre persönlichen Sachen zur Verfügung steht. Das reicht noch nicht mal für ein Viertel der Kofferinhalte. Immerhin ist sie nicht mit High-Heels hier aufgekreuzt, mokiert sich Sonja gegenüber Jannes und lästert, dass Cornelias schneeweiße gebügelte Bluse in ein paar Tagen bestimmt nicht mehr so kreuzfahrtmäßig aussehen wird. Am Anfang sind es noch harmlose Sticheleien, doch im Lauf der Fahrt geht Cornelia Sonja so richtig gegen den Strich. Muss die eigentlich immer alles tun, um die gängigen Vorurteile gegen Frauen zu bestärken? Muss diese blonde Tussi immer süß, nett und harmlos tun? Was soll ihr ewiges Gekicher? Und ihr Rumgeflirte, nicht nur mit Felix, nein, auch mit Jannes! Und der fährt voll darauf ab, oder täuscht sie sich da? Bisher ist sie sich sicher gewesen, Jannes und sie würden auf einer Wellenlänge schwimmen. Er ist auch Segler von Kindesbeinen an, sie beide lieben das Wasser und sie lieben sich. Oder? Er fällt doch nicht auf diese Cornelia rein. Oder? Der Keim der Eifersucht ist gelegt und er findet leicht Nahrung. Als Sonja Cornelia angiftet, weil die sich trotz Wasserknappheit an Bord schon wieder die Haare gewaschen hat, verteidigt Jannes Cornelia auch noch und findet, Sonja solle nicht so zickig sein. Sie und zickig! Das gibt ihr den Rest. Als sie allein ist, heult sie, obwohl sie das seit Kindertagen nicht mehr getan hat. Und stellt kurz darauf fest, dass ihre Tage eingesetzt haben. Ist sie deshalb so überempfindlich? Liegt die Verstimmung zwischen Jannes und ihr gar nicht an ihm, sondern am prämenstruellen Syndrom?

Wie bitte? Das Rechtschreibprogramm unterkringelt *prämenstruell* rot. Kennt es nicht. Mannomann! Das erinnert mich doch fatal an einen kurzen Text, den ich vor drei Jahrzehnten (!) über meine Erfahrungen mit der automatischen Rechtschreibkorrektur meines PCs schrieb.

Die Autorin beamt sich kurzentschlossen aus dem Festsaal zurück an ihren Schreibtisch und durchforstet ihren PC. Digital gespeichert ist der Text nicht.

Habe ich irgendwo noch einen Ausdruck?
Sie blättert in ihren Aktenordnern und ...
Ja, da ist er!
Die Autorin liest und lacht bitter.
Wie wenig hat sich geändert in den letzten dreißig Jahren!

A MAN'S WORLD

Nun bin ich endlich auch stolze Besitzerin eines PCs, nachdem einige Schriftstellerinnen schon wieder zum Bleistiftstummel als Hardware greifen. Aber wie gewinne ich eine libidinöse Beziehung zu diesem kalten Monstrum in meinem kleinen Kuschelarbeitszimmer? Dazu muss ich natürlich erst einmal wissen, ob ich es mit einem Er oder einer Sie zu tun habe. Lange war ich unschlüssig. Doch seit ich die Rechtschreibkorrektur ausprobiert habe, ist die Sache klar.

Zuerst war ich sehr dankbar, dass mir endlich jemand Fehlleistungen meiner allzu flinken Finger wie finklen und heruas herausfiltert, die ich auch bei fünfmaligem Lesen überlese. Und natürlich erwartete ich nicht, dass dem Programm Wörter wie Bleistiftstummel oder libidinös bekannt sein müssten (was sie erstaunlicherweise sind). Doch bei Besitzerin oder Schriftstellerin streikte es zu meiner Verblüffung.

Ich mache die Probe aufs Exempel. Redakteurin nicht gefunden, steht auf dem Monitor. Schöffin nicht gefunden. Ärztin nicht gefunden. Redakteur, Schöffe, Arzt gehen unbeanstandet durch. Seltsam. Sollte die Software schon im 19. Jahrhundert ausgearbeitet worden sein?

Ich teste weiter. Kennt er vielleicht gar keine Wörter mit der Endung -in? Weit gefehlt! Er kennt die Köchin, Gespielin und sogar die Buhlin! Mann oh Mann! Die Geschlechtsfrage ist geklärt. Ich habe einen Chauvi im Arbeitszimmer!

Aber dieser Chauvi verschließt sich der weiblichen Neugier auf sein geheimnisvolles Innenleben nicht. Bereitwillig offenbart er mir sein Weltbild. Er kennt keine Dauerwelle, keine Seidenbluse und keine Wimperntusche. Aber eine Nockenwelle, Sockenhalter und eine Rohrzange. It's a man's world. Kennt er Samenfluss? Selbstverständlich. Zyklustag? Nie gehört. Kindbett? Nein. Kindfrau? Ja. Frauenzeitschrift? Ungültige Wortkombination, beschimpft er mich. Aber Playgirl gehört zu seinem deutschen Grundwortschatz. Eibläschen? Er schlägt mir Einäschern vor.

A man's world. Ich werde ihn also belehren müssen: It would be nothing without a woman or a girl. Wie Frauen, die zu sehr lieben, gebe ich ihm behutsam Nachhilfeunterricht. Asylbewerberinnen, tippe ich ein, und Anwältinnen und Richterinnen ... nanu? Täterinnen kennt er schon.

Ich werde immer tollkühner und belaste seine männliche Unschuld mit Mehrlingsschwangerschaft, Gebärmutterschleimhaut und Retortenbabys. Er schluckt kommentarlos meinen Befehl: Aufnehmen in Standardwörterbuch.

Auch Venushügel und Klitoris nimmt er sachlich auf. Kann ihn denn gar nichts reizen? Total emotionslos, der Kerl. Wie Männer eben sind. Außer meinem. Der kocht vor Eifersucht. Verbringst du jetzt auch noch deine Nächte mit diesem Frauenfeind?

Frauenfeind nicht gefunden, meldet der coole Rivale.

Prämenstruell habe ich meiner aktuellen Rechtschreibkorrektur offenbar immer noch nicht beigebracht. So, nachgeholt. Äh, was hat mich jetzt zu diesem Umweg verleitet? Ach ja, das Wort prämenstruell. Moment, da war doch noch was?

Eine Erinnerung blitzt auf. Während sich die Autorin zurück in den Festsaal an den Tisch 6 zur von Eifersucht geplagten Sonja beamt, bleibt ihr Gedächtnis irgendwo auf dem Weg hängen.

Es begab sich zu der Zeit, als Sonja noch keine Figur in meinem Buch war, sondern ein prekäres Wesen im Manuskript. Anno 1996 musste sie noch das Lektorat überstehen. Als meine Lektorin mich schließlich anrief, äußerte sie sich wohlwollend über Sonja, druckste dann aber lange herum, bevor sie mich fragte:

»Also, ich weiß nicht, muss das wirklich sein in einem Jugendbuch ... also das Thema Menstruation, das finde ich doch ziemlich ... wie soll ich sagen ... hart. Irgendwie unappetitlich. Verstehen Sie, was ich meine?«

Ich verstand, was sie meinte, und es jagte mich auf die Palme:

»Wieso soll der natürlichste Vorgang der Welt in einem weiblichen Körper tabuisiert werden? Ja, wo leben wir denn? Und in welchem Jahrhundert? Wieso soll schamhaft über etwas geschwiegen werden, mit dem sich jede geschlechtsreife Frau alle vier Wochen auseinandersetzen muss?«

Die Lektorin ruderte zurück, sie selbst fände das ja auch durchaus mutig von mir, aber der Verleger, also, der sei fast umgekippt, als er das gelesen habe. Der Verlag arbeite ja eng mit der katholischen Kirche zusammen und da müsse ich verstehen …

Ich bestand darauf, dass meine Sonja auf ihrem Segeltörn auch menstruieren durfte. Und ich war mir sicher, dass man spätestens in der Generation meiner Tochter über solche vorsintflutlichen Haltungen nur noch lachen würde. Aber da war ich alte Pessimistin viel zu optimistisch. Heute werden junge Frauen, die sich erdreisten, Menstruation zum Thema zu machen, im Internet mit Kübeln voller Häme überschüttet.

Autorin: Manchmal möchte man nur noch schreien!

Sonja: Ich weiß nicht. Ich war eher verunsichert, fühlte mich immer mickriger …

Wovon spricht Sonja? Natürlich! Von ihrer Eifersucht auf Cornelia. Ich habe mich von meinen Gedanken und Gefühlen wegtragen lassen. Sorry, Sonja! Aber jetzt bin ich wieder ganz im Hier und Jetzt, ganz bei dir, versprochen.

Autorin: Du hast Jannes nicht mehr vertraut, hast geglaubt, er ließe sich von Cornelia einwickeln …

Sonja: Ich fand sie ja, ehrlich gesagt, auch viel schöner als mich selbst. Und unkomplizierter. Und … na ja … eben sexy. Sie hatte zwar vom Segeln null Ahnung, aber war es wirklich das, was für Jannes zählt? Auf einmal war ich mir unsicher. War er nicht schon auf dem Weg, in mir nur noch die prima Segelkameradin zu sehen und nicht mehr … nicht mehr …

Autorin: Die geliebte und begehrte Frau.

Sonja: Weiß nicht. Das sind nicht die Worte, in denen ich gedacht habe, aber inhaltlich trifft's wohl so ungefähr. Auf jeden Fall tat das verdammt weh. Ich habe zum ersten Mal erlebt, dass Herzschmerz nicht nur ein Wort für Liebeskummer ist, sondern was ganz Reales!

Oh ja! So habe ich das auch erlebt, aber daran will ich mich jetzt keinesfalls erinnern. Es ist zu banal, jeder kennt es, jede hat es durchlitten.

Autorin: Ich habe dich nicht aus Sadismus in die Hölle der Eifersucht gestoßen, glaub mir. Das war für die Romanhandlung zentral. Wie auch das Buch, das ich an Bord geschmuggelt habe. *Schuld und Sühne* von Dostojewskij.

Sonja: Das Lieblingsbuch meiner Mutter. Eine uralte, in schwarzes Leinen gebundene Ausgabe, auf der die Goldbuchstaben *F.M.D.* prangten, die Kanten abgestoßen, die Seiten vergilbt, mit Kaffeeflecken und allem. Das hat sie mir vor der Abfahrt in die Hand gedrückt. Wir haben uns dann tatsächlich abends gegenseitig daraus vorgelesen und heftig darüber diskutiert. Zum Beispiel, ob dieser Raskolnikow recht hat, dass es wertvolle und nicht so wertvolle Menschen gibt.

Autorin: Nicht so wertvolle wie Cornelia zum Beispiel.

Sonja: Das habe ich nicht gedacht!

Autorin: Unterbewusst?

Sonja: Mein Unterbewusstsein kennst nur du.
Autorin: Ein wenig. Darum habe ich ihm die Gelegenheit verschafft, sich dir bemerkbar zu machen.
Sonja: Verstehe ich nicht.
Autorin: Na, der Abend, als Felix auf dem am Anker ruckenden Boot im Halbdunkel des Petroleumlichtes die Szene vorliest, in der Raskolnikow den Doppelmord begeht. Wie der erst die alte habgierige Pfandleiherin erschlägt und danach auch auf deren ganz und gar unschuldige Schwester mit dem Beil losgeht.
Sonja schweigt.
Wie alt war ich, als ich zum ersten Mal diese Szene gelesen habe? Vielleicht fünfzehn, sechzehn.

Er stürzte sich mit dem Beil auf sie; ihre Lippen zuckten so kläglich wie bei kleinen Kindern, wenn sie sich vor etwas fürchten, und, starr auf den Gegenstand ihrer Frucht blickend, sich zum Schreien anschicken.

Ganz und gar eingetaucht in Dostojewskijs Welt schrie ich Raskolnikow an: »Nein! Nein, tu's nicht!«, doch er, er schlägt zu ...

Die Autorin schüttelt sich, schüttelt das Entsetzen der jugendlichen Leserin ab und aktiviert ihren mühsam erworbenen Zynismus-Panzer.

Na ja, Kollateralschaden, würde man heute sagen. Eigentlich wollte er ja nur die Wucherin umbringen, die so viele Arme unbarmherzig ausgebeutet hat. Ein wertloser Mensch, seiner Ideologie nach, eine Frau, die seine Mutter und Schwester und viele andere ins Unglück stürzte und deshalb beseitigt werden durfte. Mit dem Geld, das er bei diesem Raubmord zu erbeuten gedachte, könnte er viele

Menschen retten, so hatte Raskolnikow es sich in seinen Grübeleien zurechtgelegt. Dass jetzt zufällig die Schwester der Alten als potenzielle Zeugin seines Mordes auftaucht – Pech für sie. Da muss er eben auch ihr den Schädel spalten.
Autorin: Was hast du empfunden, als Felix diese Szene vorgelesen hat?
Sonja: Mich hat das bis in den Schlaf verfolgt. Nachts bin ich aus einem Alptraum aufgewacht. Nur dass ... dass ...
Sonja *zögert, es auszusprechen, aber dann wird ihr wohl klar, dass sie vor der Autorin keine Geheimnisse wahren kann*: In meinem Traum war es Cornelia, die mit gespaltener Stirn zu Boden stürzt.
Autorin: Voilà: Auftritt – dein Unterbewusstsein.
Sonja: Schon verstanden. Im Traum konnte ich Cornelia ungehemmt hassen. Was ich mir tagsüber natürlich nicht durchgehen ließ. Da hatte ich mich voll im Griff. Glaubte ich jedenfalls.
Autorin: Der Keim des späteren Unglücks.
Sonja: Ich dachte echt, Gefühle, die ich fest in mir verschlossen habe, können keinen Schaden anrichten.
Autorin: Hättest du lieber Freud gelesen als Instruktionen zum Feuerlöschen an Bord.
Sonja: Du hast mich meine Lektion über die Macht verdrängter Gefühle jedenfalls bitter lernen lassen.
Autorin: Bitter, aber nicht zu bitter.
Ich bin gnädig mit Sonja verfahren. Die entscheidende Szene findet sich erst gegen Ende des Buches. Nach einem schweren Gewittersturm ankert die *Rodion* vor der Hallig Süderoog. Alle sind erschöpft, aber der Wind hat zum

Glück auf 4–5 Beaufort nachgelassen. Das bringt das Boot zwar immer noch heftig ins Schaukeln, stellt aber keine Gefahr mehr dar. Nachts liegt Sonja, von ihrer Eifersucht geplagt, schlaflos in ihrer Koje, als sie hört, wie jemand das Vorderluk öffnet. Cornelia? Die gleich darauf einsetzenden Würgegeräusche bestätigen ihre Vermutung. Mein Gott, die ist schon wieder seekrank! Plötzlich hört Sonja ein Poltern, einen kurzen Schrei, irgendwas klatscht ins Wasser. Irgendwas? Sonja liegt wie erstarrt, unfähig zu denken, unfähig aufzustehen. Cornelia? Cornelia über Bord? Das kann doch nicht sein! Wieder glaubt sie einen Schrei, ein Rufen zu hören, das aber gleich vom Wind und dem Klatschen der Wellen verschluckt wird. Einen Moment sieht sie das Bild vor sich: Cornelia, im dunklen Wasser, von der Strömung erfasst und fortgetrieben, gegen die Wellen ankämpfend, vergeblich, vergeblich. Erleichterung fühlt sie, ungeheure Erleichterung, als hätte eine unbekannte Macht ihre geheimsten Wünsche für sie in die Tat umgesetzt. Ich habe sie nicht geschubst, ich bin unschuldig, summt es in ihr – bis schlagartig, als hätte jemand mit einem Klick eine andere Wahrnehmungsebene eingeschaltet, nur noch das Warnsignal aufleuchtet:

Gefahr! Lebensgefahr!

Und jetzt endlich schreit Sonja:

»Cornelia ist über Bord! Alle Mann an Deck!«

Ich habe lange über diese entscheidende Szene nachgedacht. Und noch länger haben mich die Folgen beschäftigt. Wird Sonjas Zögern, werden ihre um Sekunden zu spät eingeleiteten Rettungsmaßnahmen zu fatalen Konsequenzen führen? Wird Cornelia überleben? Ihre Chancen stehen in der reißenden Strömung und bei Nacht schlecht. Sehr schlecht. Der Jollenkreuzer hat keinen Funk an Bord, um Hilfe von außen herbeizuholen, und das Handy wurde noch nicht erfunden. Sonja kann nur den Anker lichten und in Richtung der Strömung fahren, wobei ihre Crew mit Taschenlampen wenige Meter um das Boot herum absucht. Realistisch betrachtet ist Cornelias Lage aussichtslos. Nur ich konnte sie noch retten. Oder wollte ich es verantworten, mein Jugendbuch tödlich enden zu lassen und meine Hauptfigur Sonja bis ans Ende ihres Lebens mit der Schuld an Cornelias Tod zu belasten? Nein, keine Sorge, das wollte ich nicht. Ich hole mein geliebtes Wattenmeer zur Hilfe, das immer wieder Sände aufschwemmt. Und dem hatte es gefallen, vor langer Zeit den Süderoogsand aufzuschwemmen und ihn einem Nebenarm der Strömung in den Weg zu legen, so dass Cornelia, zu Tode erschöpft, aber nicht tot, auf dem Sand stranden kann. Die Ebbe half mir, Cornelia über viele Stunden Land unter ihrem bewusstlos daliegenden Körper zu gewähren; Zeit genug für Sonja, auf die Hallig Süderoog zu gelangen, im einzigen Haus dort und per Telefon die Seenotretter zu alarmieren, Zeit genug auch für die Sonne, die Szenerie mit Tageslicht zu beleuchten, Zeit genug für einen Hubschrauberpiloten, Cornelia auf dem Sand zu entdecken und zu bergen.

Autorin: Zuerst warst du natürlich unendlich erleichtert, als du erfahren hast, dass Cornelia überlebt hat, Sonja, das ist ja klar. Aber wie hast du später …

Sonja: Ich glaub, ich hätte mich umgebracht, wenn Cornelia … Mir wird heute noch schlecht, wenn ich es mir nur vorstelle!

Autorin: So leicht bringt man sich nicht um, glaub mir. Aber es wäre eine entsetzliche Bürde für dein Leben gewesen. Das wollte ich dir wirklich nicht antun.

Sonja *aufbrausend*: Soll ich dir dafür etwa dankbar sein? Danke, liebe Autorin, dass du mich nur einer schweren Prüfung ausgesetzt hast, durch die ich reifen durfte, ohne dass Leichen meinen Weg pflastern! Oder wie?

Autorin: Nun übertreib mal nicht. Sag mir lieber, wie du später mit deiner Schuld umgegangen bist.

Sonja: Das war nur ein winziger Moment! Ein ganz kurzes Zögern!

Autorin: Ein Zögern, das nicht wieder gut zu machende Folgen hätte haben können.

Sonja: Ja, ja, verdammt noch mal! Du hast ja recht. Ich habe lange gebraucht, um mir das einzugestehen. Und noch länger, um mit Jannes darüber zu reden. Ich dachte, er würde dann mit mir nichts mehr zu tun haben wollen. Heute weiß ich, dass nicht nur meine Eifersucht völlig unbegründet war, sondern er hat mir auch geholfen, dass ich mir selbst verzeihen konnte. Jannes ist … *Sie lächelt und blickt versonnen auf ihren Cappuccino, bevor sie der Autorin direkt in die Augen schaut.* Wir sind immer noch zusammen.

Autorin: Das freut mich.

Und das meine ich ehrlich. Jannes ist schon ein toller Typ! Vielleicht hätte ich ihn heute Abend einladen sollen und nicht Cornelia, die mir prompt eine schnöde Absage erteilt hat. Jedenfalls stelle ich mir gern Sonja und Jannes zusammen vor. Vielleicht nicht für immer, nein, das wäre denn doch zu unwahrscheinlich, aber noch eine lange Weile. Und wenn sie sich trennen, dann soll kein Scherbenhaufen zurückbleiben, sie bleiben gute Freunde ... Ach, ich versteige mich in rosa Träume, ich hätte besser Heftchen-Romane schreiben sollen, dann könnte ich in der Erinnerung durch blühende Landschaften lustwandeln und müsste mich nicht durch das Dickicht meiner sperrigen Fiktionen schlagen. Selbst meine beiden Jugendbücher *Duplik Jonas 7* und *Sonjas Logbuch* sind nur gut getarnte Minenfelder, auf denen man mit jedem Tritt eine ethische Sprengladung zünden kann.

Die Autorin spürt wieder die Müdigkeit in ihren Knochen. Sie linst zu Wilhelmine hinüber, die in ihrem Latte macchiato rührt, ein Getränk, das sie erst vor kurzem in ihrem exklusiven Seniorensitz mit Elbblick, dem Augustinum in Hamburg, kennen und lieben gelernt hat.

Wilhelmine, eine uralte Frau, hoch in den Neunzigern, die dennoch nicht hinfällig wirkt. Sie sitzt sehr aufrecht und schaut mich mit ihren wachen, neugierigen Augen an. Eine freundliche Greisin, und doch weiß ich, dass sich in ihr die bisher explosivste ethische Sprengfalle verbirgt. Will ich mich ihr wirklich nähern? So spät am Abend noch?

Die Autorin winkt den Oberkellner herbei:

Noch einen Espresso, bitte!

Mit so viel Koffein im Blut werde ich heute Nacht trotz meiner Müdigkeit keine Sekunde Schlaf erobern. Egal. Ich brauche eine Stärkung, um mich dem Gespräch mit Wilhelmine Vonderwied zu stellen. Wilhelmine ist die mittlere Generation in meinem Familien- und Wissenschaftsroman *Warten auf den Anruf*, die Tochter von Emma und die Mutter von Irène. Während ihre Mutter Emma nur die

Frau eines Wissenschaftlers ist, ist Wilhelmine selbst Wissenschaftlerin. Mit ihr habe ich eine Protagonistin kreiert, in der sich die mühsame Emanzipationsgeschichte von Frauen in der Wissenschaft spiegelt, aber die Zeit, in der sie lebte, stellte Wilhelmine noch vor ganz andere Herausforderungen. Als sie ihr Physikstudium am 1. April 1933 an der Friedrich-Wilhelms-Universität in Berlin aufnahm, hatte sie eine Hürde nicht mehr zu überwinden: Frauen durften seit 1909 in Preußen studieren. Sie musste auch nicht mehr, wie noch Lise Meitner, den Hintereingang benutzen, um zu ihren Vorlesungen zu gelangen. Dennoch war ihr Wunsch, Physik zu studieren, zu ihrer Zeit noch sehr ungewöhnlich. Ihre Mutter Emma befürchtete, Wilhelmine würde dann nie einen Mann abbekommen und als alte Jungfer versauern, und auch ihren Vater, den Chemieprofessor Erich Hartkopf, musste sie erst überzeugen. Doch er konnte seiner Tochter selten etwas abschlagen. Nach dem Tod seiner beiden Söhne aus erster Ehe war Wilhelmine sein einziges Kind und durfte sich Freiheiten herausnehmen, die sonst ihren Brüdern vorbehalten gewesen wären. Eine unerwartete Hürde für Wilhelmine tat sich allerdings durch die neue Regierung unter Adolf Hitler auf, den ihr Vater immer nur *diesen österreichischen Gefreiten* nannte. Der Anteil von Frauen an den Universitäten sollte unter zehn Prozent gedrückt werden, was aber zum Glück nicht für Studentinnen wie Wilhelmine galt, die schon immatrikuliert waren. Es stand ihrer Beschäftigung mit dem Planck'schen Wirkungsquantum und anderen spannenden Dingen also nichts mehr im Wege. Während sie sich in ihre Lehrbücher vertiefte und fasziniert war von der neuen Zeit, die mit den Erkenntnissen der Quantenmechanik in der Physik angebrochen war, brachte die neue Zeit in der Politik erhebliche Unruhe an die Universität und die Kaiser-Wilhelm-Institute. Das Gesetz mit dem wohlklingenden Namen *Zur Wiederherstellung des Berufsbeamtentums* hatte in Wirklichkeit nur ein Ziel: Juden raus! Wilhelmine erlebte ihren früher für sie übergroßen und gestrengen Vater ebenso fassungs- wie hilflos. Sein Chef und Freund Fritz Haber, der *Vater des deutschen Gaskriegs*, geriet unter Beschuss wie alle anderen Juden auch. Zwar fiel er noch unter eine Sonderregelung für Veteranen des Weltkriegs, doch als Direktor des Kaiser-Wilhelm-Instituts für Chemie hätte er jetzt seinen jüdischen Mitarbeitern die Entlassungsurkunden ausstellen müssen. Er setzte alles in Bewegung, um ihnen Stellen im Ausland zu verschaffen, trat von seinem Posten zurück, ging ins Exil und starb kurz darauf.

Autorin: Wilhelmine, darf ich dich was zu deinem Vater fragen?

Wilhelmine *erstaunt*: Zu meinem Vater? Nicht zur Atombombe?

Warum überrascht mich diese Gegenfrage nicht? Anscheinend sieht sich Wilhelmine selbst vor allem als die *Atombombenfrau*. Natürlich wird der Bau der Atombombe zu einem zentralen Punkt in ihrem Leben werden, aber es war mir auch wichtig, sie als junge Frau darzustellen, die erstmal ganz andere Probleme hat. Zum Beispiel einen Vater, den sie nach dem Tod seiner Söhne, einem Herzinfarkt und dem Zusammenbruch seiner gewohnten Welt, in der national gesinnte Wissenschaftler wie sein verehrter Fritz

Haber hochangesehene Männer waren und keine verfolgten Parias, plötzlich als gebrochenen alten Mann erlebt. Zu mehr als einem Brief, in dem die Mitarbeiter am Institut ihr tiefstes Bedauern über den Rücktritt Habers ausdrücken, kann aber auch er sich nicht ermannen.

Autorin übergeht Wilhelmines Frage nach der Bombe: Hattest du Verständnis für den kleinlauten Widerstand deines Vaters gegen die Nazis?

Wilhelmine: Ich fand das schon ziemlich feige. Aber von den Koryphäen der deutschen Wissenschaft kam auch nicht viel mehr. Oh nein! Wie stolz waren sie auf ihren Mini-Widerstand bei der Gedenkfeier zu Habers erstem Todestag. Es war ihnen ja ausdrücklich untersagt, daran teilzunehmen, und sie haben das unterlaufen, indem sie ihre Frauen, Schwestern und Töchter in den Festsaal schickten! Mein Vater auch. Ich saß dann da und schaute mir die Reihen an. Von den Wissenschaftlern hatten sich nur Max Delbrück, Otto Hahn, und Fritz Straßmann dem Verbot widersetzt, vielleicht noch ein zwei andere, mag sein. Und Lise Meitner, die war auch da. Die meisten Herren kamen aber von der chemischen Industrie, die sich mit dem Haber-Bosch-Verfahren eine goldene Nase verdient hatten. Denen konnten die Nazis nicht befehlen, wen sie zu ehren hatten und wen nicht. Ansonsten, wie gesagt, nur Frauen. Max Planck hielt die Gedenkrede, ein Oberst wies noch einmal auf Habers Verdienste um den Gaskrieg hin, ein Streichquartett spielte Schubert und das war's. Habers Institut wurde da schon von einem überzeugten Nazi geleitet, alle Mitarbeiter wurden ausgetauscht, auch mein Vater ... Mein Vater durfte gerade noch Erstsemester in die Anfangsgründe der Chemie einweihen. Er ist dann bald wegen seines kranken Herzens emeritiert worden.

Autorin: Mich interessiert eigentlich mehr euer persönliches Verhältnis.

Wilhelmine: Ach, das ist alles schon so lange her! Das war damals sowieso alles ganz anders. Er war eben mein Vater. Punkt. Zum Vater hatte man kein persönliches Verhältnis. Der Vater ernährte die Familie, sagte, wo's langgeht und ansonsten ... für alles andere war die Mutter da.

Autorin: Aber jetzt war dein Vater alt, schwach, verstand die Welt nicht mehr ...

Wilhelmine: Ja, das war für mich wirklich schwer auszuhalten. Ich hätte lieber wieder den Westentaschen-Tyrannen gehabt. Vati lebte nur noch in der Vergangenheit, schrieb an einem Buch über Fritz Haber, das wollte er veröffentlichen, wenn der Nazi-Spuk vorbei wäre. Na ja, das Manuskript ist dann später mitsamt meinem Elternhaus im Bombenhagel verbrannt.

Autorin: Hast du mit deinem Vater mal über seine Rolle bei der Entwicklung der Chemiewaffen gesprochen?

Wilhelmine: Nein. Als ich alt genug war, um das zu verstehen, ich meine, dass mein Vater mitverantwortlich für die ersten Massenvernichtungswaffen in der Weltgeschichte war, da war er zu gebrechlich, um ihm Vorhaltungen zu machen. Man tritt nicht auf Darniederliegende ein, oder?

Bevor die Autorin antworten kann, redet Wilhelmine hastig weiter:

Mein Vater hat sich bis zu seinem Lebensende darauf berufen, dass er nur getan hat, was die Politiker und die Militärs wollten. Die trügen ganz allein die Verantwortung.

Nicht er als Wissenschaftler. Der Meinung war ich ganz und gar nicht! Darum habe ich ja später im Kampf gegen die Atomwaffen ...

Die Autorin empfindet gerade großes Verständnis für Wilhelmines Tochter Irène, die nur noch innerlich schreiend die Flucht ergriff, wenn ihre Mutter ihr einen ihrer endlosen Vorträge über die Bombe und die Verantwortung der Wissenschaft hielt. Das ist zu Wilhelmines Lebensthema und Trauma geworden, aber kann sie jetzt nicht mal, bitte schön, von sich als junger Frau erzählen, vor dem ganzen Bombenschlamassel? Wozu habe ich über diese Zeit in ihrem Leben so viele Seiten in meinem Roman geschrieben? Ich habe ihr doch sogar eine heimliche Liebe gegönnt. Vielleicht sollte ich schleunigst einen gewissen Namen ins Gespräch bringen:

Die Verantwortung des Wissenschaftlers ... das war ja auch ein Lebensthema von Carl Friedrich von Weizsäcker.

Endlich kommt der Glanz schöner Erinnerungen in Wilhelmines alte Augen.

Wilhelmine: Dass ich ihn kennenlernen durfte, das war, nein, ich übertreibe nicht, wenn ich sage, das war ein großes Glück in meinem Leben. Ich werde nie vergessen, wie Lise Meitner mir den *Assistenten mit dem brillanten Kopf* vorstellte, bei dem ich mein Praktikum ableisten sollte, und wie sie sagte ...

Endlich habe ich Wilhelmine so weit, sich an ihre erste Zeit mit Carl Friedrich zu erinnern! Zuerst schien er ihr ziemlich blasiert zu sein, wie er so en passant von *meinem Freund Heisenberg* sprach, dem Mann, der mit 25 Jahren Professor in Leipzig geworden war und als 31jähriger mit dem Nobelpreis ausgezeichnet wurde, dem Mann, der die Welt der Physik mit seiner Unschärferelation auf den Kopf gestellt hatte. Aber von Weizsäcker und Heisenberg waren tatsächlich schon lange befreundet, ja, Heisenberg war es gewesen, der den elf Jahre Jüngeren von seinem Studienwunsch Philosophie abgebracht hatte mit dem Rat, wenn man relevante Philosophie fürs zwanzigste Jahrhundert betreiben wolle, dann müsse man als junger Mensch Physik studieren. Mit der Philosophie könne man sich noch nach dem fünfzigsten Lebensjahr beschäftigen. Wilhelmine merkte sehr schnell, dass der 24jährige Carl Friedrich durchaus kein Blender und Angeber war, sondern tatsächlich der brillante Kopf, als den Lise Meitner ihn angekündigt hatte. Und sie trafen sich in ihrem Ehrgeiz, der Natur ihre Geheimnisse zu entreißen. Carl Friedrich legte nach ihrem Praktikum beim stellvertretenden Direktor des Kaiser-Wilhelm-Institut für Physik Max von Laue ein gutes Wort für Wilhelmine ein, so dass der sich bereit erklärte, ihr Doktorvater zu werden. Carl Friedrich und Wilhelmine blieben im ständigen Austausch, suchten gemeinsam nach Lösungen für die Probleme, mit denen sich Wilhelmine bei ihrer Doktorarbeit konfrontiert sah, aber sie führten auch gern Gespräche über Goethe, Kant und die Welt.

Die Autorin hört Wilhelmine konzentriert zu, die jetzt von Carl Friedrich und ihrer lebenslangen Freundschaft erzählt, doch dann kommt Wilhelmine übergangslos auf ihren gemeinsamen Kampf gegen die Atombombe in der Nachkriegszeit zu sprechen.

Autorin: Moment, Moment! Ich bin mit meinen Gedanken noch in der Vorkriegszeit. Und hast du dir da nicht etwas mehr von Carl Friedrich gewünscht als nur Freundschaft?

Wilhelmine *peinlich berührt*: Das war eine alberne Schwärmerei. Das hat sich dann bald erledigt, als er Gundalena geheiratet hat.

Na gut, ich will die alte Wilhelmine nicht weiter mit Erinnerungen bedrängen, die sie offenbar erfolgreich verdrängt hat. In meinem Roman muss die junge Wilhelmine allerdings alle Qualen unglücklicher Verliebtheit durchleiden. Ihrem eisernen Willen gelingt es zwar, ihre Sehnsüchte und Gefühle erfolgreich zu unterdrücken, doch sie bezahlt dafür mit einer Magersucht, die mit ihrem schwindenden Körper auch die Lebensgrundlage für ihren Geist bedroht. Lange Zeit aber ist der voll leistungsfähig und sie arbeitet wie besessen an ihrer Doktorarbeit, läuft dabei aber immer wieder gegen eine Wand. Ihre Berechnungen sind in sich schlüssig, ergeben aber einen Zerfall des Atomkerns. Das ist nach dem gültigen Atommodell wegen der starken Kernbindungskräfte unmöglich. Wo liegt der Fehler? Immer wieder bespricht sie sich mit Carl Friedrich, doch sie kommen beide nicht weiter, bis er sie im Dezember 1938 zu sich ruft und ihr von seinem Telefongespräch mit Otto Hahn vom Vortag berichtet.

Hahn: »Also, Herr von Weizsäcker, können Sie sich ein Radium vorstellen, das bei jeder chemischen Trennung von Radium und Barium nicht mit Radium, sondern mit Barium geht?«

Weizsäcker: »Ja, haben Sie so etwas?«

Hahn: »Ja, so etwas habe ich.«

Weizsäcker: »Es könnte ja vielleicht Barium sein?«

Hahn: »Ja, das sage ich mir auch. Aber dann ist der Kern zerplatzt.«

Dieses Telefongespräch, das für Laien wie mich anfangs nach unergründlichem Fachchinesisch klang, enthält im letzten Satz eine Ankündigung, die nicht nur die Welt der Physik verändern wird, sondern die Geschichte der Menschheit. Otto Hahns Erkenntnis *Der Kern ist zerplatzt* läutet das Atomzeitalter ein. Für Wilhelmine bedeutet Hahns Entdeckung der Uranspaltung erstmal eins: Die Wand, gegen die sie bei ihrer Doktorarbeit vergeblich angerannt war, ist zerbröselt. Wenn Hahns experimentelle Erkenntnisse richtig sind, und daran zweifelt sie keinen Moment, dann gibt es keinen Widerspruch mehr zu ihren Berechnungen. Heureka! Sie kann ihre Arbeit zügig beenden und endlich kommt der große Tag, an dem Max von Laue auf seine berüchtigte umständliche Art dem *ersten Fräulein Doktor, für das ich die Ehre habe, Doktorvaterpflichten übernommen zu haben*, zur mit summa cum laude erlangten Doktorwürde gratuliert. Ich sehe Wilhelmine vor mir auf einem nie geknipsten Foto, die junge, in den schwarzen Talar gekleidete, abgemagerte, aber strahlende Wilhelmine, auf dem Kopf der eckige Doktorhut, in der Hand ein Glas Sekt, neben ihr Carl Friedrich, der sie wie ein Bräutigam liebevoll betrachtet, im Hintergrund ihr stolzer Vater Erich und ihre vor Rührung weinende Mutter Emma. Ein schöner Augenblick, bei dem ich gern verweilen würde. Aber die kommende Zeit wird keine für schöne Augenblicke prädestinierte Zeit sein. Am 1. September 1939 beginnt mit dem Überfall der deutschen Wehrmacht auf Polen der Zweite Weltkrieg. Mit dabei: Carl Friedrichs

Brüder Heinrich und Richard. Heinrich fällt am zweiten Tag des Krieges, ist einer der ersten von Millionen Toten, die ihm nachfolgen werden. Zeit, innezuhalten. Ich habe meine Wilhelmine in einem Moment, in dem sich die Menschheitsgeschichte fokussiert, an den entscheidenden Ort gestellt: das KWI für Physik nach Hahns Entdeckung der Kernspaltung. Als klar wurde, dass es eine Kettenreaktion geben konnte und dass diese, wenn ungebremst, in einer Explosion endete mit der Sprengkraft, ganze Städte auszuradieren, unterstellten die Militärs die Kernphysikalische Forschungsgruppe umgehend dem Heereswaffenamt. Sie wollten diese Bombe. Und die Wissenschaftler sollten sie ihnen liefern.

Autorin: Jetzt ist der Zeitpunkt gekommen, an dem ich gern mit dir über die Atombombe sprechen möchte, Wilhelmine. War dir eigentlich von Anfang an klar, dass eure Forschungen auf *die Bombe* hinausliefen?

Wilhelmine: Na, endlich geht's hier um das wirklich Wichtige! Ich habe schon befürchtet, du bleibst bei so banalen Dingen wie Liebeskummer stehen. Also in medias res: Mir war natürlich klar, dass wir den Militärs die Bombe liefern sollten. Und plötzlich sah ich mich vor eine Entscheidung gestellt, wie ich sie nie treffen wollte. Vati hatte für sie Gaskampfstoffe entwickelt. Sollte ich jetzt dazu beitragen, ihnen eine noch viel gefährlichere Waffe in die Hand zu geben?

Autorin: Das war für dich hundertprozentig ausgeschlossen.

Wilhelmine *zögert*: Ich weiß nicht, ob ich jetzt nachträglich für mich die Hand ins Feuer legen könnte. Ich weiß nur, wie froh ich war, als Carl Friedrich mir diese Last von der Seele nahm. Er war felsenfest davon überzeugt, dass man noch Jahrzehnte brauchen würde, um eine Uranbombe, wie wir sie damals nannten, zu bauen, wenn es denn überhaupt jemals möglich sein würde. Man müsste Uran 235 abtrennen und anreichern, wofür man Unmengen Natururan ...

Autorin: Bitte keine technischen Details! Mir geht es ums Grundsätzliche.

Wilhelmine: Auch Heisenberg war überzeugt, dass eine Uranbombe nicht möglich ist, jedenfalls nicht in absehbarer Zeit. Das hat Carl Friedrich mir bestätigt. Das muss so im August 39 gewesen sein.

Autorin: Also noch vor Kriegsbeginn.

Wilhelmine *ungeduldig*: Ja doch! Nach dem Einmarsch in Polen im September hat sich die Frage dann natürlich extrem verschärft. Würden wir mit unseren Forschungen Hitler die Bombe für seinen Krieg liefern? Heisenbergs Meinung damals: »Der Hitler hat jetzt seinen Krieg angefangen. Den wird er in einem Jahr verlieren. In einem Jahr kann man keine Uranbomben machen. Das ist für unser Gewissen relativ ungefährlich.«

Autorin: Leider keine zutreffende Prognose, wie wir heute wissen. Und Weizsäcker?

Wilhelmine: Carl Friedrich sagte: »Die Wissenschaft wird nicht dem Krieg dienen, sondern wir werden den Krieg in den Dienst der Wissenschaft stellen.«

Autorin: Einer seiner vielen geschliffenen Sätze.

Wilhelmine: Das Zauberwort war *kriegswichtig*. Solange wir offiziell an einer Bombe forschten, waren wir kriegswichtig und so lange würde man keinen der beteiligten Wissenschaftler einberufen. Da man die Bombe aber gar nicht bauen konnte, wohl aber eine Maschine zur Energieerzeugung, würden wir in Wirklichkeit an dieser wunderbaren Möglichkeit für die Menschheit arbeiten, finanziert vom deutschen Heereswaffenamt. War das nicht ein genialer Plan? Von dem hat Carl Friedrich schließlich sogar Otto Hahn überzeugt. Auch er wollte seine Mitarbeiter über den Krieg retten, klar. Am Ende unseres Gesprächs sprang er dann allerdings erregt auf und rief: »Aber wenn durch meine Arbeit Hitler eine Uranbombe bekommt, dann bringe ich mich um.«

Nein, Hitler hat die Atombombe zum Glück nicht bekommen, die Amerikaner haben sie gebaut. Und dazu haben die deutschen Wissenschaftler entscheidend beigetragen, ob sie die Bombe nun bauen wollten oder nicht; darüber streiten sich noch heute die Historiker. Denn trotz der Tarnung des neu errichteten Gebäudes neben dem KWI für Physik als *Virushaus* erreichten die Nachrichten, dass die führenden Köpfe der deutschen Naturwissenschaften an der Kernspaltung arbeiten, schon bald die USA und verbreiteten dort Furcht und Schrecken. Die Nazis waren auf dem Weg, eine Bombe von unvorstellbarer Sprengkraft in die Hand zu bekommen! So kam es zu dem berühmten Brief des Pazifisten Einstein an Präsident Roosevelt, in dem er vor der deutschen Atombombe warnte. Besonders misstraute er einem der deutschen Wissenschaftler: Carl Friedrich von Weizsäcker, dem Sohn des deutschen Staatssekretärs im Außenministerium Ernst von Weizsäcker. Einstein sah nur einen Weg, die Welt vor der deutschen Atombombe zu schützen: ein eigenes amerikanisches Nuklearforschungsprogramm. Wir alle wissen, wie es weiterging. Im Manhattan Projekt arbeiteten bis zu 150.000 Menschen unter der wissenschaftlichen Leitung Robert Oppenheimers an der Entwicklung der Bomben, die dann am 6. und 8. August 1945 auf Hiroshima und auf Nagasaki abgeworfen wurden. Die beiden Daten haben sich mir ins Gedächtnis gebrannt, auch weil ich mit meiner Friedensgruppe über viele Jahre am 6. August, dem Hiroshima-Tag, auf dem Rathausplatz in Hamburg eine Mahnwache abgehalten habe. Wir wollten der Opfer gedenken und zum Nachdenken über die Atombombe anregen. Aber wirklich eingetaucht in die Geschichte der deutschen Atombombe, die glücklicherweise Fiktion geblieben ist, aber gleichwohl die Initialzündung für die reale Atombombe war, bin ich erst, als ich für meinen Roman *Warten auf den Anruf* recherchierte. Die Spuren dieser weltgeschichtlich wirkmächtigsten Fiktion im Detail zu verfolgen, war viel spannender als die Spurensicherung in einem Krimi. Zum Beispiel die Spur Carl Friedrich von Weizsäckers: Welche Rolle spielte er wirklich für den Bau der Atombombe?

Autorin: Wilhelmine, eine Frage muss ich dir noch stellen, auch wenn sie dir vielleicht unangenehm ist. Hast du Carl Friedrich uneingeschränkt vertraut?

Wilhelmine *pikiert*: Immer! Wir haben ja auch später ...

Autorin: Moment! Es geht mir nicht um später. Ich meine ganz konkret in Bezug auf die Bombe. Wollte er ihre Entwicklung wirklich heimlich sabotieren, damit die Nazis sie nicht in die Hände bekommen? Auch als sich langsam doch ein Weg abzeichnete, sie herstellen zu können?

Wilhelmine *zieht die Augenbrauen zusammen*: Du bist fürchterlich! Warum musst du mit dem Finger in nur mühsam vernarbten Wunden bohren.

Autorin *insistiert*: Er hat doch selbst herausgefunden, dass aus dem gerade entdeckten Element 93 durch radioaktiven Zerfall ein neues langlebiges Transuran entsteht, dessen Isotop zur Herstellung von atomarem Sprengstoff ebenso geeignet sein müsste wie Uran 235: Plutonium.

Wilhelmine: Ja, das war faszinierend! Und man konnte Plutonium in einer Uranmaschine erzeugen, die mit Natururan betrieben wurde. Einer Maschine, wie wir sie zur Energieerzeugung im *Virushaus* bauten!

Autorin: Das war der springende Punkt.

Wilhelmine: Gut, ich sehe, du lässt nicht locker. Also: Er hat mir von seiner Entdeckung berichtet, als ich ihm im August 1940 zur Geburt seines dritten Kindes gratuliert habe. Ich fand es vom Wissenschaftlichen her einfach großartig, aber ich habe die Bedeutung damals natürlich auch gleich erfasst. »Was passiert, wenn das Heereswaffenamt davon erfährt?«, habe ich ihn gefragt. Na ja.

Autorin: Na ja?

Wilhelmine: Er hat gesagt, und daran erinnere ich mich wortwörtlich, das ist in mein Gehirn eingebrannt: »Ich habe selbst einen Bericht verfasst und darauf hingewiesen, dass dieses Material zur Herstellung eines atomaren Sprengstoffs besonders geeignet wäre. Und ich werde ein Patent dafür anmelden.«

Autorin: Warst du da nicht total geschockt?

Wilhelmine *nach einer langen Pause*: Ich konnte es nicht fassen.

Autorin: Und hast du ihn nicht gefragt …

Wilhelmine *aggressiv*: Natürlich habe ich ihn gefragt. Was denkst du denn?

Autorin: Und? Hat er zugegeben, dass ihm sein Ehrgeiz, sein Wunsch, eine bedeutende Entdeckung für sich reklamieren zu können, wichtiger war als seine angeblichen Skrupel, Hitler die Bombe zu verschaffen?

Wilhelmine: Er hat mir sein Verhalten ganz anders erklärt.

Autorin: Ein genialer Rhetoriker war er zweifellos.

Wilhelmine *unwirsch*: Nein, ich bin noch heute überzeugt, dass er es ehrlich meinte, auch wenn es sich mit unserem Wissen von heute hanebüchen anhört. Aber das ist ja alles …

Autorin: … so lange her, ich weiß. Kannst du es mir bitte trotzdem erklären?

Wilhelmine: Er hat es so ausgedrückt: »Wenn ich Hitler einen Weg aufzeigen kann, an die Bombe zu kommen, wird er nicht mehr an mir vorbeikommen. Er ist ein schrecklicher, aber auch hochbegabter Mann, und er wird einsehen, dass es in einer Welt, in der es Waffen gibt, die die Welt ganz zerstören können, keinen Krieg mehr geben darf. Wir müssen eine stabile Friedensordnung in Europa schaffen. Das werde ich ihm klar machen.«

Autorin: Er wollte Hitler die Bombe verschaffen, um ihn zu einer Friedenspolitik zu überreden?

Wilhelmine: Du schaust mich an, als wäre ich aus einer Irrenanstalt entlaufen. Aber ja, das wollte er! »Hitler muss doch einsehen, dass durch die Bombe auch Deutschland zugrunde geht. Und das kann er ja wohl nicht wollen.« Das waren seine Worte.

Autorin: Und dir ist nicht einmal der Gedanke gekommen, dass Carl Friedrich vielleicht einfach nur sein Wissen in Macht ummünzen wollte?

Wilhelmine: Macht, um etwas Gutes zu bewirken! Ach, es ist sinnlos, jetzt noch darüber zu diskutieren. Er hat es später als die Dummheit seines Lebens bezeichnet, den Führer führen zu wollen. Außerdem ... seine Hoffnung, Einfluss auf Hitlers Politik nehmen zu können, ist sowieso schon im Ansatz gescheitert. Er wurde ja erst gar nicht zu ihm vorgelassen! Und dieser Forschungsleiter im Heereswaffenamt, der warnte Carl Friedrich sogar: »Stellen sie sich vor, dem Führer wird gesagt, dass man eine Uranbombe bauen kann. Dann sagt der Führer, dass die Bombe in einem halben Jahr existieren muss. Und wehe mir und wehe Ihnen, wenn sie dann nicht da ist.«

Die Physiker am KWI durften also erstmal in Ruhe weiter an ihrer Uranmaschine zur Energieerzeugung arbeiten. Die Militärs erhofften sich von ihnen keinen kriegsentscheidenden Beitrag. Das dauerte alles viel zu lange und sie würden ja sowieso bald gesiegt haben. Aus dieser Haltung erklärt sich die schräge Tatsache, dass ein privates Labor, geleitet von Baron von Ardenne, gefördert vom Postminister(!), wesentlich besser für kernphysikalische Forschungen ausgestattet wurde als das Geheimprojekt des Heereswaffenamts am KWI für Physik. Bei Ardenne arbeitete Fritz Houtermans, dessen Leben einen eigenen Roman wert gewesen wäre, wie auch viele andere, die ich nur als Nebenfiguren auftreten lassen konnte. Oh ja, der *Teil II, Wilhelmine, Physik* stellte mich wie kein anderer vor die Herausforderung, die ungeheure Stofffülle zu bändigen, die wesentlichen Handlungsabläufe zu straffen, dabei aber auch das Anekdotische, das für die Lebendigkeit der teilweise spröden Materie sorgte, nicht zu vernachlässigen und den einzigartigen Charakteren, die zwar nicht im Zentrum des Geschehens standen, aber dennoch wichtige Rollen in der Geschichte um den Bau der deutschen Atombombe spielten, zumindest kleine, prägnante Auftritte zu verschaffen. Fritz Houtermans war es, der 1941 einem emigrierenden Physiker eine Geheimbotschaft an die amerikanischen Kollegen mitgab:

Wir versuchen hier angestrengt, darunter auch Heisenberg, den Gedanken an die Herstellung einer Uranbombe zu verhindern. Aber auf die Dauer wird Heisenberg nicht imstande sein, dem Druck der Regierung noch länger standzuhalten. Wenn ihr die Sache schon begonnen habt, beschleunigt sie!

Diese Botschaft und die Warnungen des weltberühmten dänischen Physikers Niels Bohr nach seinem in die Geschichte eingegangen Treffen mit Heisenberg in Kopenhagen schürte die Angst vor der deutschen Bombe weiter.

Autorin: Gebaut wurde die amerikanische Atombombe. Und sie wurde auch eingesetzt.

Wilhelmine *hebt den Zeigefinger*: Das hat Carl Friedrich schon im Februar 39 prophezeit, als gerade mal klar war, dass es bei der Uranspaltung zu einer Kettenreaktion kommt. Jawohl! Schon damals hat er gesagt: »Erstens: Wenn Uranbomben möglich sind, wird es jemanden geben, der sie macht. Zweitens: Wenn Uranbomben gemacht sind, wird es jemanden geben, der sie anwendet. Drittens: Wenn das so ist, wird die Menschheit in den kommenden

Jahrzehnten nur die Wahl haben, entweder die Institution des Krieges zu überwinden oder sich selbst zu vernichten.«

Was soll dieses triumphierende Lächeln auf Wilhelmines Gesicht? Diese in Erfüllung gegangenen Prophezeiungen sind doch wahrlich kein Grund zur Freude! Die mögliche Vernichtung der Welt ist auch nach acht Jahrzehnten nicht durch die *Überwindung der Institution des Krieges* gebannt. Während ich mich hier bei gutem Essen und Trinken mit meinen Romanfiguren vergnüge, toben jede Menge Kriege in der Welt und es gibt inzwischen neun Länder, die Atombomben besitzen: Das *land of the free*, in dem ein narzisstischer Lügner und verurteilter Straftäter erneut an die Macht zu kommen droht; der Norden eines geteilten Landes, in dem ein fetter Diktator sein Volk fast vollständig von der Welt abschottet und verhungern lässt; eine Weltmacht, die ihre Bürger lückenlos überwacht und ihr Wohlverhalten bepunktet und immer imperialistischere Züge zeigt; das größte Land der Welt, das sein Nachbarland unvermittelt angreift, bombardiert, Kinder entführt, möglichst viel annektiert; zwei Länder, die mal eins waren, sich aber jetzt als Erzfeinde sehen und ihre religiösen Fanatiker hemmungslos gegeneinander hetzen lassen; zwei Länder, die gute alte europäische Demokratien sind, aber von nationalistischen Kräften unterhöhlt werden. Und ein Land, das Atombomben hat, sich aber nicht dazu bekennt. Was für ein Befund! Und dann gibt es noch Terroristen verschiedenster Couleur, denen die herkömmlichen Bomben nicht aussagekräftig genug sind, um ihre heilsbringende Ideologie mittels Tötung von möglichst vielen Zivilisten zu verbreiten. Ein fünfzehntausendfaches nukleares Damoklesschwert schwebt über uns, während wir essen, trinken, schlafen, den Müll trennen, auf der Psycho-Couch liegen, uns lieben, hassen, eine digitale Diät machen, ein avantgardistisches Buch lesen, eine spannende Serie gucken, mit schlechtem Gewissen billigfliegen, ein Sabbat-Jahr machen, Kinder kriegen, alte Eltern pflegen, spielen, Romane schreiben et cetera ppppppp …Wann habe ich, das Nachkriegskind, eigentlich angefangen, mich mit der atomaren Bewaffnung zu beschäftigen? Natürlich wusste ich als Kind des Kalten Krieges davon, aber was es bedeutet, im Zeitalter der Atombombe zu leben, ist mir erst durch das Buch *Hiroshima ist überall* von Günther Anders richtig klargeworden. Er diagnostizierte bei den Menschen eine *Apokalypse-Blindheit*, eine Unfähigkeit oder Unwilligkeit, sich die selbstgemachte technische Apokalypse vorzustellen. Wir alle leben in einem Zustand des *Noch-nicht-explodiert-Seins* der Bombe und er fordert uns eindringlich auf, das Eintreten der Apokalypse durch den Kampf gegen die Atombewaffnung zu verhindern. Das wollte ich tun!

Die Autorin versetzt sich zurück in die 80er Jahre. Trotz massiver Proteste aus der Bevölkerung hat der Deutsche Bundestag dem NATO-Doppelbeschluss zugestimmt und die Stationierung von atomaren Mittelstreckenraketen in Deutschland soll beginnen.

Das wühlt mich auf und macht mir Angst. Ich muss mehr tun, als auf Demos mitzulatschen. Und schon bald finde ich Gleichgesinnte in einer Friedensgruppe, in der sich ein Dutzend Angsthasen gegenseitig Mut machen. Als Erstes geben wir uns den anspornenden Namen *Muthasen* und hoffen, dass er auf uns abfärbt. Wir diskutieren, wir ostermarschieren, plakatieren, sammeln Unterschriften für den Krefelder Appell zur Abrüstung, wir malen Transparente, nähen eine eigene Flagge, auf der ein Hase eine Atomrakete wegkickt, aber wir klönen auch viel, trinken Wein, machen Picknicks und Waldspaziergänge, es entstehen langjährige Freundschaften. Ostern 1983 beschließen wir *Muthasen*, dass nomen endlich omen werden soll, und so machen wir uns auf den Weg zu einer Sitzblockade vor der Kaserne in Kellinghusen. Nach durchgesickerten Informationen ist dort die Stationierung von Atomraketen geplant. Als pflichtbewusste Friedensaktivisten haben wir uns am Wochenende zuvor in einem Training auf die Finessen des gewaltfreien Widerstands vorbereitet. Wir wissen jetzt um den juristischen Unterschied zwischen Sitzen und Untergehakt-Sitzen, haben geübt, uns von Polizisten wegtragen zu lassen, uns vor Tränengas zu schützen und vor Blasenentzündungen durch langes Sitzen auf dem frühjahrskalten Boden. Tipp: Telefonbücher mitnehmen! Auf denen sitzen wir nun gemeinsam mit der Gruppe *Grautvor-nix* vor dem Tor 3 der Kaserne, einem Nebeneingang. Alles ist wohlorganisiert. Wir haben die Spätschicht von 18–22 Uhr, Müllbeutel und Verbandszeug liegen bereit, ein Melder versorgt uns mit Nachrichten von den anderen Toren (Tor 4 wollten sie räumen, aber der Feldwebel hatte den Schlüssel vergessen!), ein SPD-Bus kommt und verkauft Schmalzbrote, doch die für später versprochene heiße Suppe kommt nicht. Nach Einbruch der Dunkelheit dringt die Kälte auch durch meine drei Hosen, den dicken Wollpullover und den alten Parka mit dem Anti-Atom-Zeichen auf dem Rücken. Wir stärken unseren

Durchhaltewillen mit dem Absingen Mut machender Lieder wie *Unser Marsch ist eine gute Sache, Wehrt euch, leistet Widerstand, We shall overcome* etc. Als das Ende unserer Schicht naht, ohne dass etwas passiert wäre, atme ich auf. Wir singen fröhlich *We shall go to bed* – und da kommen sie natürlich. Ein Trupp schwarz uniformierter und behelmter Polizisten stürmt aus der Dunkelheit auf uns los. Es ist gespenstisch und ich habe Angst, nackte Angst. Zwei Soldaten öffnen von innen das Tor – und jetzt müsste die Polizei uns doch auffordern, den Weg für den wartenden Militär-Jeep freizugeben! So haben wir es jedenfalls im Training gelernt: Wir müssen die Möglichkeit haben, uns freiwillig zu entfernen, bevor die Staatsorgane uns mit gebotener Rücksicht wegtransportieren. Aber die Wirklichkeit hält sich mal wieder nicht an die Theorie. Die Polizisten packen brutal zu, wir werden geschubst, gezerrt, über den Boden geschleift. Ich will aufstehen und zur Seite gehen, aber der Polizist, der mich gepackt hat, wird von einem nachdrängenden Kollegen auf mich geschmissen. Der schwere Kerl in seiner Lederkluft zerdrückt mich fast, ich bekomme keine Luft mehr, gerate in Panik, versuche, ihn abzuschütteln. Nach mir endlos vorkommender Zeit stützt er sich ab, rollt sich zur Seite und lässt mich aufstehen. Noch benommen stelle ich mich zu den anderen verängstigten *Muthasen* an den Rand. In Nullkommanix ist auch die Gruppe *Graut-vor-nix* beiseite geräumt und der Jeep fährt im hohen Tempo durch das Tor, es wird wieder geschlossen und die Staatsgewalt hat bewiesen, dass sie Herr der Lage ist. Sie wird sich doch von diesen Ostermarschierern (Total naiv oder vom Osten bezahlt!) nicht daran hindern lassen, Massenvernichtungswaffen auf deutschem Boden zu stationieren! An den körperlichen Kontakt mit diesem Polizisten erinnert sich mein Körper noch heute. Die Erfahrung, als Einzelne einem Einzelnen und seiner Willkür ausgeliefert zu sein, war verstörend. Sogar jetzt zieht sich mein Magen wieder zusammen. Oder habe ich doch einfach nur zu viel gegessen? Die Erinnerung daran, wie ich bei der Demo gegen den Bau des Atomkraftwerks Brokdorf mit vielen anderen auf dem Deich laufe und von Polizei-Hubschraubern aus mit Tränengas besprüht werde, ist dagegen nur als Abziehbild für mich aufrufbar und ruft keinerlei Emotionen mehr hervor. Tja, those were the days, my friend, we thought would never end. Sie endeten. Endeten mit einem großen Erfolg. Wir *Muthasen* schafften es, die Pershings aus dem Land zu kicken! Gut, ein gewisser Gorbatschow trug auch dazu bei, dass 1988 der INF-Abrüstungs-Vertrag zwischen den USA und der UdSSR geschlossen wurde. Ein Erfolg des massiven Widerstands der Friedensbewegung, sagten die Friedenstauben und flatterten vergnügt. Keineswegs, sagten die Falken. Wir haben den wirtschaftlich darniederliegenden Warschauer Pakt schlicht totgerüstet. Vielleicht war es die Kombination aus beidem? Wie dem auch sei: Heute gibt es auf der anderen Seite keinen Gorbatschow, mit dem man verhandeln könnte, sondern den skrupellosen Diktator Putin. Russlands Krieg gegen die Ukraine hat das Konzept Abschreckung wiederbelebt. Atomare Abrüstung ist nur noch ein Schatten einer Idee.

Autorin: Wilhelmine, du warst ja in den 80ern sozusagen ein Urgestein der Friedensbewegung …

Wilhelmine: Urgestein? Ich bitte dich! Da war ich noch jünger als du jetzt.

Autorin *beschwichtigend*: Ich meine damit nicht dein Alter, sondern dass du schon in den Anfangsjahren der BRD gegen Atomwaffen gekämpft hast. Du hast ja auch den Göttinger Appell der führenden Atomwissenschaftler gegen die atomare Bewaffnung der Bundeswehr unterschrieben. Das war doch in den fünfziger Jahren ...

Wilhelmine: 1953 war das. Adenauer wollte die deutsche Atombombe und vor allem sein schrecklicher Atomminister Franz Josef Strauß. Carl Friedrich hat mir erzählt, wie der versucht hat, ihre Delegation hochrangiger deutscher Wissenschaftler, die er gnädig zu einem Gespräch empfing, wie Schulbuben abzukanzeln und durch einen veritablen Wutausbruch zu beeindrucken. Das half ihm aber alles nichts. Der öffentliche Druck wurde so stark, dass die Regierung ihr Vorhaben ganz schnell ad acta legen musste.

Autorin: Ich muss gestehen, dass ich mich mit der *Kampf dem Atomtod*-Bewegung der 50er erst beschäftigt habe, als ich für deinen Teil des Romans recherchiert habe. Und da bin ich auch erst auf Carl Friedrich von Weizsäcker gestoßen.

Wilhelmine: Für Carl Friedrich und mich ist die Frage der Verantwortung des Wissenschaftlers ...

Autorin: ... und der Wissenschaftlerin ...

Wilhelmine *unwillig*: Mit solchen Spitzfindigkeiten haben wir uns damals nicht abgegeben. Bei unserem Kampf ging es um die Existenz der Menschheit und um nichts weniger! Und Carl Friedrich hat da ganz Großartiges geleistet.

Autorin: Du hast ihn immer bewundert. Auch als du schon längst mit Karl-August Vonderwied verheiratet warst.
Wilhelmine *braust auf*: Was hat das denn damit zu tun? Carl Friedrich war bis zu seinem Tod mein Freund und Gefährte im Kampf für die Abschaffung der Atomwaffen. Natürlich habe ich ihn bewundert. Er war ein bewundernswerter Mann!
Die Autorin nickt und lächelt.
Ich will mich nicht mit Wilhelmine über ihr Idol streiten, obwohl es in meiner Wahrnehmung durchaus Licht und Schatten in der Persönlichkeit Carl Friedrich von Weizsäckers gibt. Überhaupt ist es Zeit für mich, innerlich Abstand zu Wilhelmine zu gewinnen. Ihr Romanteil *II, Physik* endet mit dem Abwurf der Atombomben und dem Ende des Zweiten Weltkriegs. Da arbeitet sie schon längst nicht mehr für das Heereswaffenamt in Berlin, sondern in Göttingen unter Professor Karl-August Vonderwied, den sie 1946 heiratet und mit dem sie ihr einziges Kind, ihre Tochter Irène, bekommt. In Irènes Teil des Romans, dem *Teil III, Biologie* habe ich Wilhelmine dann nur noch aus der Sicht ihrer Tochter geschildert, als die alte Frau im Seniorenheim, als die Frau, die nie Zeit hatte, Irène Mutter zu sein, und die ihr heute noch mit ihren ewigen Mahnungen über die Verantwortung des Wissenschaftlers und ihren Schwärmereien für den großartigen Carl Friedrich auf den Keks geht.
Die Autorin versucht, sich endlich von Wilhelmine zu lösen. Aber irgendetwas fesselt weiter ihre Aufmerksamkeit.

Wenn ich Wilhelmine möglichst unvoreingenommen betrachte, habe ich mit ihr eine ganz und gar unwahrscheinliche Figur erschaffen: Sie ist die einzige Frau, die als Wissenschaftlerin im Uranverein mitgearbeitet hat, sie hat mit Größen wie Heisenberg, Hahn und Weizsäcker auf Augenhöhe verkehrt, sie ist die erste Frau, die nach dem Krieg auf einen Lehrstuhl für Physik berufen wurde, die erste Professorin, die eine Abteilung am CERN geleitet hat, die einzige Frau, deren Unterschrift den Göttinger Appell ziert, sie ist die erste Frau auf dem Direktorenposten eines Max-Planck-Instituts. Sie ist die Erste, immer die Erste. Das hat mit klassischer realistischer Literatur so gar nichts mehr zu tun, denn es ist höchst unrealistisch. Also: Wie nennen wir das Kind? Feministisch-magischer-Realismus?

Autorin: Ich bereue es nicht, dass ich dich erschaffen habe, Wilhelmine.

Wilhelmine *verstört*: Warum solltest du?

Autorin: Du bist zu erfolgreich für eine Frau.

Wilhelmine: Lächerlich! Es ist alles eine Frage des Willens und harter Arbeit. Die jungen Frauen heutzutage sind ja viel zu weinerlich, jammern endlos über die Hürden auf ihrem Weg, anstatt sie zu überspringen. Es wird euch nichts geschenkt, werte Damen. Holt euch, was euch zusteht!

Autorin: Ich werde den Tipp an die jungen Frauen weitergeben.

Wilhelmine: Und sie sollen sich gefälligst mal an die hard sciences herantrauen und nicht immer nur Sozialgedöns studieren! Was hindert sie denn heute noch, hervorragende Naturwissenschaftler zu werden?

Autorin: Mit Kindern ist das auch heute noch nicht einfach. Von einem Acht-Stunden-Tag kann nicht die Rede sein, das weiß ja niemand besser als du. Da reicht auch ein Kita-Platz nicht. Die Zeit, in der Väter sich genauso um die Erziehung kümmern wie die Mütter, zeichnet sich leider nur als schmaler Streifen am Horizont ab. Und nicht jede hat eine Oma Emma, die ihr den Rücken freihält.

Wilhelmines Körper verliert seine aufrechte, abwehrbereite Spannung. Plötzlich sitzt da eine Greisin am Tisch!

Wilhelmine *kläglich*: Das ist wahr. Und ich ... ich selbst habe als Oma total versagt, sonst hätte Irène ihre kleine Verena wohl nie zur Adoption freigegeben. Das ist ein dunkles Kapitel in meinem Leben, ein ganz dunkles. Aber ich hatte damals die Gastprofessur in Cambridge am MIT ...

Vor Wilhelmines Rechtfertigungs-Suada wird die Autorin durch George bewahrt, der bisher die ganze Zeit in sich versunken vor seiner leeren Tasse gesessen und kein Wort gesagt hat.

George: Am MIT war John ... war er auch mal. Massachusetts Institute of Technology!

George strahlt Wilhelmine an. Offenbar ist er stolz, dieses schwierige Wort in seinem Gedächtnis gefunden zu haben, während er manchmal vergeblich nach den einfachsten Bezeichnungen sucht. Wie heißt noch dieses Ding, mit dem man seine Suppe löffelt? Und worauf trommelt Ringo immer rum? Georges Instrument ist seine E-Gitarre, seine geliebte Fender Stratocaster, das weiß er und das wird er nie vergessen. Glaubt er. Wie er auch glaubt, dass er seine tote Tochter Annika nie vergessen wird. Doch er wird alles vergessen, das weiß die Autorin. Sogar sich selbst.

George habe ich ein schweres Schicksal aufgebürdet. Dabei meinte es das Leben lange Zeit gut mit ihm. 1948 als Thomas Kaufmann in Hamburg-Eimsbüttel als zweiter Sohn eines Schlossers und einer Kriegerwitwe geboren, schafft es der gewitzte Blondschopf dank seiner schnellen Auffassungsgabe und der Förderung durch seinen Klassenlehrer aufs Kaiser-Friedrich-Gymnasium. Dort lernt er in der Oberstufe Michael, Kristian und Arnold kennen, die für ihre gerade gegründete Band *Beating Boys* noch einen Gitarristen suchen. Der Beatles-Fan Thomas handelt seinem älteren Bruder gegen Ratenzahlungen vom Taschengeld dessen Gitarre ab, auf der er schon lange heimlich herumklimpert. Sein Bruder hatte schnell das Interesse an dem Instrument verloren, als er feststellte, wie viel man üben muss, um auch nur ein paar saubere Akkorde hinzubekommen. Thomas dagegen übt unermüdlich, er macht schnell Fortschritte, ihm liegt die Musik einfach im Blut. Bald schon kann er die *Beating Boys* davon überzeugen, sich von dem Stümper, mit dem sie es zuerst versucht haben, wieder zu trennen und ihm eine Chance zu geben. Er erobert sich schnell ihre Anerkennung und die vier werden zu einer verschworenen Clique, werden zu den *Fab four* aus Eimsbüttel: aus Thomas wird George, aus Michael John, aus Kristian Paul und aus Arnold Ringo. Als die *Beating Boys* erste Erfolge auf Schulfesten feiern, hat George seine akustische Gitarre längst gegen eine gebrauchte E-Gitarre ausgetauscht und ist verknallt in Katrin, die schüchterne, unscheinbare Katrin, der von den anderen Jungs in der Klasse wenig Beachtung geschenkt wird. Für George aber hängt der Himmel voller Gitarren, als er sie zum ersten Mal küssen darf. Das Leben ist eine große Lust! Das Einzige, wofür er sein Schicksal bitter anklagt, ist, dass er 1960 erst zwölf Jahre alt war und nichts mitbekommen hat vom Karrierestart der Beatles in Hamburg. Wie einfach wäre es gewesen, nach St. Pauli in den Star-Club zu fahren und seine Idole ganz nah zu erleben! So aber muss er bis 1966 warten, dann ist es endlich so weit und er kann ihnen als frischgebackener Abiturient mit tausenden anderen Fans in der überfüllten Ernst-Merck-Halle zujubeln.

Die Autorin sieht den halbstarken George mit seinem Pilzkopf in der entfesselten Menge vor sich, als erinnerte sie sich an ein Foto.

Dabei habe ich über seine Kindheit und Jugend in *Putzfrau bei den Beatles* nichts erzählt. Im Roman taucht George erst als 68jähriger auf, der den Großteil seines Lebens schon hinter sich hat. Der Teil des Lebens, den er noch vor sich hat, wird zunehmend von seiner Demenz geprägt werden, deren Symptome zum Zeitpunkt der Romanhandlung von der putzenden Schriftstellerin/schriftstellernden Putzfrau Jana ebenso bemerkt werden wie von John, Paul und Ringo, die im Laufe seines Lebens von Schulfreunden und Bandmitgliedern zu Lebensfreunden und Mitbewohnern der gemeinsamen Alten-WG *Yellow Submarine* geworden sind. Irgendwo habe ich mal gelesen, wie wichtig das Wachhalten des biografischen Gedächtnisses bei Demenz Erkrankten ist. Nicht nur für sie selbst. Auch die Pfleger, die sie später nur als alte verwirrte Menschen kennenlernen, sollten ein Bild von der Persönlichkeit bekommen, die der Mensch vor seiner Erkrankung war. Hah! Die Parallele zur Literatur drängt sich hier ja geradezu auf! Auch ich habe versucht, mir Georges Lebenslauf vor seinem Auftritt in meinem Roman zu erschließen, möglichst viele Details aus seinem Leben kennenzulernen, habe mir George als Kind, als Schüler, als jugendlicher Beatles-Fan, als eher zurückhaltender, immer etwas im Hintergrund stehender *Beating Boy* vorgestellt, obwohl all das im Roman selbst nicht direkt in Erscheinung tritt.

Autorin: George, erinnerst du dich noch an das Konzert der Beatles in der Ernst-Merck-Halle? Da warst du doch dabei, oder?

George *mit leuchtenden Augen*: Wie könnte ich ... kann ich nicht vergessen. Wir waren alle ... nur Ringo nicht ... oder?

Autorin: Ich habe gelesen, die Fans hätten so laut gekreischt, dass man von den Songs nicht viel hören konnte.

George: Ja?

Autorin: Hast du auch gekreischt?

George: Nein, nein! Nur die Mädchen. Die haben sich ... *lacht verschämt* ... die Höschen nassgemacht.

Die Autorin wundert sich über die Scham des Frauenarztes Doktor Thomas Kaufmann, alias George. Aber im Moment spricht aus ihm wohl der 18jährige Beatles-Fan, der mit seiner Freundin Katrin noch nicht übers Petting hinausgelangt ist.

Autorin: Katrin auch?

George: Katrin? Also ... ich weiß gar nicht ... war sie überhaupt mit?

Ich weiß es nicht. Es ist auch nicht wichtig, das kann ruhig offenbleiben. Wichtig ist, dass der zurückhaltende George und die schüchterne Katrin irgendwann das Petting-Stadium überwanden und es sogar zu einer für die 68er-Generation ungewöhnlich stabilen Partnerschaft brachten.

Autorin: Wie war das eigentlich: Du hast doch dann in Stuttgart Medizin studiert. Und Katrin?

George: In den Semesterferien war ich immer in Hamburg.

Autorin: Katrin hat also in Hamburg studiert?

George: Ich weiß nicht.

Wenn George es nicht mehr weiß, kann ich jetzt frei über Katrins Werdegang entscheiden. Vielleicht sollte ich aus ihr gegen jede statistische Wahrscheinlichkeit auch eine Wissenschaftlerin machen wie aus vielen anderen weiblichen Hauptfiguren? Doch Katrin ist zwar eine Hauptfigur in Georges Leben, in *Putzfrau bei den Beatles* ist sie nur eine unbedeutende Nebenfigur, über die ich kaum ein paar Sätze verliere. Wichtig ist sie nur in ihrer Bedeutung für George. Ich gönne ihm jetzt einfach mal ganz unfeministisch, dass sie eine Ausbildung zur medizinisch-technischen Assistentin macht und später als Sprechstundenhilfe seine gutgehende gynäkologische Praxis managt. Ich habe George im Roman auch gegönnt, dass die Ehe an beider Arbeitsüberlastung nicht zerbricht, ja, dass sie über viele Jahre die Stunden miteinander meistens genießen. Und dann kommt ihre Tochter Annika zur Welt …

Die Autorin holt tief Luft.

Soll ich George auf Annika ansprechen? Oder quäle ich ihn damit nur? Bei ihrer Geburt ist er so glücklich gewesen! Einen gesunden Wonneproppen, stolze 3,8 Kilo schwer, legte ihm sein Freund und Kollege an der Frauenklinik Finkenau mit einem anerkennenden Augenzwinkern in den Arm. George liebte seine Tochter auf den ersten Blick und bis zu ihrem letzten Atemzug. Da war sie dreizehn Jahre alt und die Möglichkeiten der Medizin, ihren Gehirntumor noch länger am Wachstum zu hindern, waren erschöpft. Ach, George!

Die Autorin verscheucht den großen schwarzen Vogel der Melancholie, der versucht, sie in seine Schwingen einzuhüllen.

Ich sollte mir mein Mitleiden für reale Menschen aufsparen. Oder? Aber meine Empathie speist die Lebensader meiner Romane. Wenn die nicht pulst, nützt die kunstvollste Wortakrobatik nichts. Ich muss mitleiden, auch wenn es mich immer mal wieder aus der Bahn schleudert. Dann brauche ich den seltsamen Trost, den das Hören melancholischer Musik mir bietet. Oft hilft sie mir, wieder ans Werk gehen zu können, ans Hand- und Kopfwerk des Schreibens. Es ist eine ewige Schaukelbewegung zwischen Nähe und Distanz zu den Buchstabenmenschen, das einen trainierten Gleichgewichtssinn braucht, um nicht literaturkrank zu werden. Da hilft, wie bei der Seekrankheit, nur der Blick ins Weite, an den Horizont. Und das Zurückholen des Blicks auf die zu schreibende Szene. Wie kam ausgerechnet ein Gehirntumor als Todesursache für ein Kind in mein Gehirn? Die häufigste Ursache sind schließlich mit Abstand Unfälle, das Auto der Feind Nummer eins für das Leben von Kindern. Doch in meinem Bekanntenkreis ist der Statistik zum Hohn ein Kind an einem Gehirntumor gestorben, an einem bösartigen Glioblastom. Obwohl ich den Jungen kaum kannte, hat sich die Vorstellung, dass seine Eltern hilflos mit ansehen mussten, wie ihr Kind einem erbarmungslos wuchernden Feind in seinem Kopf ausgeliefert war, tief in mich eingefressen. Und seltsamerweise, nachdem sich das Wort Glioblastom unerwünschterweise in meinen Wortschatz geschlichen hatte, erfuhr ich andauernd von Menschen, die ihm zum Opfer gefallen waren: eine ehemalige Kollegin an der Volkshochschule, der Bruder einer Freundin, der Cousin eines Nachbarn, eine geschätzte Historikerin. In einem Film von Andreas Dresen zwingt das Glioblastom einen 44jährigen Vater von zwei Kindern zum *Halt auf freier Strecke,* und auch in das Reich der Literatur brach das Monster ein und holte sich den erst 48jährigen Wolfgang Herrndorf. Warum tauchten all überall in meiner Welt die seltenen Glioblastome auf? Ein typischer Fall von *Man sieht nur, was man kennt und was einen berührt?* So wie ich in der Schwangerschaft plötzlich überall Kinderwagen mit entzückenden Babys sah, die mir zuvor im Stadtbild nicht weiter aufgefallen waren? Wie auch immer. Es ist meiner persönlichen Obsession geschuldet, dass Georges Tochter Annika einem Hirntumor zum Opfer fällt und nicht auf dem Fahrrad in den toten Winkel eines Lastwagens gerät. Womit wir beim unerschöpflichen Thema *Leben und Werk* sind. Gefolgt vom Thema *Werk und Leben,* denn vielleicht führt mein viel zu langes Räsonieren über das Glioblastom dazu, dass es auch in Ihrem Leben, werte Leserin, werter Leser, augenfällig wird?

Die Autorin reißt sich von ihren gedanklichen Abwegen los.

Ich werde George nicht auf seine Tochter Annika ansprechen. In meinem Roman hat sie sowieso nur einen Auftritt als Foto auf seinem Schreibtisch, das Jana regelmäßig abstaubt, und als Name auf einem der vielen Zettel, die in Georges Zimmer herumliegen und ihm bei seinem Kampf gegen das Vergessen helfen sollen. *Grab Annika verlängern* steht darauf. Vielleicht wird er den Zettel rechtzeitig im Wust der vielen Zettel wiederfinden. Vielleicht auch nicht.

Autorin: Wie kommst du eigentlich mit Leander klar, George?

George: Leander? Gut.

Autorin: Na ja, so'n Kind – da ist immer Action, immer was los. Nichts mit beschaulicher Ruhe auf der Rentnerbank.

George *lacht*: Immer Leben in der Bude.

Autorin: Kann auch mal zu viel werden.

George schüttelt den Kopf.

Nein, er hatte von Anfang an kein Problem mit Leanders Auftauchen in ihrer Alten-WG. »Ist doch schön – ein Kind im Haus«, verkündete er fröhlich, während John, Ringo und Leanders Opa Paul sich den Kopf zerbrachen, ob sie Kontakt mit dem Jugendamt aufnehmen sollten, sich fragten, ob das Amt einem abgewrackten Musiker-Großvater ohne Einkünfte, der mit drei klapprigen Oldies zusammenlebt, von denen einer im Rollstuhl sitzt, einer herzkrank ist und einer langsam dement wird, wirklich das Sorgerecht für einen verwaisten Zwölfjährigen übertragen würde? Und was war mit Leanders christlich fundamentalistischen Großeltern väterlicherseits, von denen er weggelaufen war? Würden die sich nicht mit Händen und Füßen dagegen wehren, Leander in einer Gott so ungefälligen Kommune von Alt-Hippies aufwachsen zu lassen? Fragen und Probleme zuhauf, doch George wiederholte nur immer wieder: »Ist doch schön – ein Kind im Haus.« Sicher – er war nicht mehr in der Lage, die komplexe Problemlage zu durchschauen. *Leichte mentale Defizite, noch fähig, seinen Alltag zu bewältigen* würde die Testung bei einer Neurologin ergeben, wenn er denn hinginge. Aber mit seiner unbeschwerten positiven Einstellung gab er den anderen Kraft, sich den Schwierigkeiten zu stellen. Ja, George ist trotz seiner Zurückhaltung, seiner beginnenden Demenz und obwohl er meistens im Hintergrund des Geschehens bleibt, eine wichtige Figur in meinem letzten Roman. Nicht zuletzt rettet er John nach dessen Herzinfarkt durch seine schnelle Herzdruckmassage das Leben!

Autorin: Erinnerst du dich noch an Johns Herzinfarkt?

George: Jaaa ...?

Autorin: Du hast doch mit ihm und Leander eine kleine Session mit Beatles-Songs in eurem Studio gemacht. Ihr habt immer wieder den Refrain gesungen: *Boy, You're gonna carry that weight, carry that weight a long time.*

George: Jaaa ...!

Autorin: Und dann hat John *Once again!* gerufen – und ist zusammengesackt, aufs Schlagzeug geknallt ...

George: Ja! Oh Gott. Das war furchtbar!

Autorin: Du hast aber keine Sekunde gezögert, hast sofort deine Gitarre abgestreift, John auf den Rücken gedreht, seinen Puls gefühlt ...

George: Nichts ... da war kein Puls mehr.

Autorin: ... hast Leander die 112 anrufen lassen und John ganz professionell mit Herzdruckmassage und Wiederbeatmung stabilisiert, bis die Notfallärztin kam.

George: Ja. Klar.
So klar finde ich das gar nicht. Natürlich war George Arzt und er war in seiner aktiven Zeit ein guter Arzt gewesen, aber als niedergelassener Frauenarzt hatte er im Alltag nicht gerade oft mit Wiederbelebungsmaßnahmen zu tun. Trotzdem und trotz seiner Demenz hatte er sie abrufbar parat, als sie gebraucht wurden. Das hat wohl nicht nur mit dem Adrenalin zu tun, das sein Gehirn flutete und es zu Höchstleistungen befähigte, sondern auch damit, dass das Langzeitgedächtnis noch lange intakt bleibt, wenn das Kurzzeitgedächtnis schon einem Sieb gleicht. George wird sich noch an das Konzert der Beatles in der Ernst-Merck-Halle erinnern, wenn er schon vergessen haben wird, wer der junge Mann ist, der ihn gelegentlich besucht. Leander? Pauls Enkel? Ach ja. Wer Paul ist, wird er da noch wissen. Aber das wird erst nach dem Ende meines Romans sein, das muss mich jetzt nicht interessieren.
Giferto: Es interessiert dich.
Autorin: Was? Oh, hallo, mein Lieblingsgeist!
Giferto: Der stets erscheint, wenn du Hilfe brauchst.
Autorin: Ich brauche Hilfe? Das habe ich noch gar nicht gemerkt.
Und doch hast du natürlich recht, Giferto. Ich brauche deine Hilfe, die Hilfe von dem Giferto, der noch einen klaren Geist hat. Ich brauche die Hilfe von dem Mann, auf den ich mich immer verlassen konnte in guten wie in schlechten Tagen. Nur der Geist dieses Gifertos konnte mir auch helfen, als ich mich auf den realen Giferto nicht mehr verlassen konnte, sondern lernen musste, von ihm verlassen zu werden. Er, der nichts weniger wollte, als mich zu ver-

lassen, wurde von einer Macht fortgerissen, die stärker war als er oder als ich und auch stärker als wir beide zusammen.

Die Autorin denkt an einen Silvesterabend, sieht sich und Giferto auf dem Sofa sitzen. Same procedure as every year, James. Vor dem Fenster wurde der Himmel bunt. Goldregen, Silberweide, Blättertanz, brennende Herzen erleuchteten die Dunkelheit. Um Mitternacht das Pling unserer Sektgläser, Umarmung, gute Wünsche:

»Vor allem Gesundheit! Die wird in unserem Alter immer wichtiger.«

»Ach was«, sagtest du. »Vierter Stock ohne Fahrstuhl, das bringt unseren Kreislauf in Schwung. Was kann uns schon geschehen?«

Dein verdammter unerschütterlicher Optimismus, Giferto! Schon im März konnten wir es nach diversen Untersuchungen in der Uniklinik nicht mehr leugnen: Wir waren kein Paar mehr; wir lebten schon seit Längerem in einer Dreiecksbeziehung, in einer Ménage à trois mit Monsieur A. Wann hatte der Kerl sich eingeschlichen? Hinterlistig hatte er sich hinter deinem Alter versteckt. Seine bewährte Strategie. Er weiß aus Erfahrung, dass er dort lange Zeit sicher ist. Ich höre noch den Chor deiner Freunde: Willkommen im Ü70-Club! Ein bisschen vergesslich in letzter Zeit? Geht uns doch auch so. Alzheimer lässt grüßen, ha ha! Monsieur Alzheimer ließ nicht grüßen. Nach der Diagnose trat er aus dem Schatten, in dessen Schutz er uns lange heimlich verfolgt hat. Ständig spürte ich jetzt seine Anwesenheit, abwartend, hinterhältig, zynisch. Warum hatte er sich mir als Monsieur Alzheimer vorgestellt? Wollte er so charmanter, eleganter, zivilisierter erscheinen? Weniger bedrohlich? M. Alzheimer. Aber das M. konnte genauso für Monster stehen. Ein Monster, vor dem ich nicht davonlaufen konnte. Auch Schreien half nicht. Ob Monster oder Monsieur – ich begegnete ihm unausweichlich in deiner geliebten Gestalt. Unausweichlich triumphierte der Kerl im Lauf der Jahre immer mehr über dich, bis ich in deiner Gestalt nur noch ihm begegnete. Ich konnte ihn nicht verbannen. Ich konnte ihn nur in Buchstaben bannen. In Buchstaben über George. Du hast Monsieur A. bis zum Schluss nicht ernst genommen, Giferto, hast dich über meine Angst vor ihm lustig gemacht. Als er in unser Leben eindrang, hast du ihn begrüßt:

»Prost! Auf eine fröhliche Ménage à trois!«

Danach hast du ihn ignoriert. Und das war wahrscheinlich das Beste, was du für dich tun konntest. Ich musste allein mit Monsieur A. fertigwerden. Am Anfang gab er sich ja auch zahm, präsentierte sich als gelegentlicher Desorientierer, der dich auf Irrwege schickte, als liebenswerter Chaot, der dein Arbeitszimmer in ein undurchdringliches Lager beliebiger Gegenstände verwandelte, als harmloser Missweiser, der dir das Tiefkühlfach als Aufbewahrungsort für die Schuhcreme zeigte. Er animierte dich sogar zu erzählerischen Höchstleistungen. Und je surrealistischer sie wurden, desto logischer erscheinen sie dir:

»Warum hast du denn die Teekanne in die Waschmaschine getan?«

»Das hat mir meine Mutter so beigebracht.«

»Schade! Das gute Stück ist in tausend Stücke zerbrochen.«

»Ist eben nichts mehr mit *Made in Germany!* Denk doch an VW! Alles Betrug!«

»Die war aus unserem englischen Service. Stilecht für unseren five o'Clock Tea.«

»Na ja, siehst du! Margaret Thatcher kann man erst recht nicht vertrauen.«

Und dann fegtest du stundenlang die Wohnung, bis dir einfiel:

»Ich muss dringend an meinem Roman weiterschreiben!«

»Schreib doch mal wieder eine Kurzgeschichte«, regte ich hinterlistig an, um nicht mitansehen zu müssen, wie du auf wenigen Seiten einen wirren Plot dem Höhepunkt zutriebst, von wo aus er ungebremst ins Vergessen stürzte. Monsieur A. kicherte dazu leise, doch du warst ein glücklicher Sisyphos und tipptest viele, viele Sätze in deine Datei *neuer Roman.docx*. Manchmal hast du ein paar Seiten ausgedruckt, damit ich sie lese und meinen Senf dazu gebe, wie ich immer meinen Senf zu deinen Texten gab, gerne auch scharfen. Ich las sie und wusste, es wird keinen Roman von dir mehr geben. Nicht mal mehr eine Kurzgeschichte. Ich monierte nur ein paar Adjektive, doch mein allzu süßer Senf trieb mir die Tränen in die Augen.

»Du hast recht«, sagtest du. »Ich muss die Szene noch mal überarbeiten. Diese Adjektive drücken viel zu sehr auf die Tränendrüse.«

Oft hasste ich Monsieur A. aus tiefstem Herzen, doch er wusste sich in deinem Körper sicher vor meinen Mordgelüsten. Du hast ihn mit Gelassenheit und Humor beherbergt und warst dir sicher:

»Ich habe so viele schöne Erinnerungen, da hat der arme Mann schwer zu schleppen, wenn er mir die alle klauen will.«

Er hat sie dir geklaut, Giferto. Die schönen Erinnerungen. Die schlimmen Erinnerungen. Alle Erinnerungen. Sie sind jetzt nur noch bei mir. Wie die kostbare Erinnerung an dein fröhliches Pfeifen beim Abwaschen. O sole mio. Das Rumpütschern im warmen Wasser hat dir immer gut gefallen. Auch als dein Abwaschen nur noch Chaos in der Küche anrichtete, warst du dabei gelöst und glücklich. So war es auch an dem Tag, als ich dir verkündet habe:

»Ich backe eine Schoko-Kirsch-Torte für morgen. Freu dich schon auf den Nachschub an schmutzigem Geschirr!«

Du drehtest dich zu mir um:

»Torte? Ist morgen was Besonderes?«

»Unser Vierzigster.«

Du hast dir die Hände abgetrocknet und bist zum Kalender gegangen. Der Tag, an dem unsere Gedichte uns auf dem Isemarkt miteinander bekannt gemacht haben, war mit einem roten Herz ummalt. Du hast mit einem Bleistift *Blumen!* dazugeschrieben.

»Aber denk daran, dass *Beates Blümchenparadies* schon vor einem Jahr dichtgemacht hat«, habe ich dich erinnert.

»Das weiß ich doch«, hast du kopfschüttelnd erwidert.

Natürlich hast du dann am nächsten Morgen verständnislos vor dem *Paradies* gestanden, zu dem dir der Zugang verwehrt war. Dennoch war unser Frühstückstisch mit Blumen geschmückt, als ich verschlafen in die Küche kam. Verraten hast du mir nicht, in welchem Nachbargarten du die Vergissmeinnicht gepflückt hast. Du hast nur lausbübisch gelächelt.

Ach ...

Schöne Erinnerungen aus der Zeit, als Monsieur A. noch nicht ganz von dir Besitz ergriffen hatte. Später hast du mit dem schmutzigen Geschirr nach für mich nicht sichtbaren Dieben geworfen, die in unsere Wohnung eingedrungen waren, aber nie nach mir, dieser unbekannten alten Frau, die manchmal unvermittelt in der Küche auftauchte und dir einen Kuss in den Nacken gab.

»Das mag ich«, sagtest du »aber ich weiß nicht, ob das meiner Frau recht ist.«

»Die hat nichts dagegen«, versicherte ich dir.

»Dann gestatte ich es gerne.«

Die Autorin sucht sich hilfesuchend nach ihrem Geist-Giferto um, der ihr in all den Jahren mit dem dementen Giferto die größte Hilfe war.

Giferto: Hier bin ich.

Autorin *erleichtert*: Ich hatte schon Angst, dass du ...

Giferto: Mon amour, ich bin immer da, wenn du mich brauchst. Das weißt du doch!

Autorin: Ja, das weiß ich. Ohne dich hätte ich die schwere Zeit nicht durchgestanden. Ich glaube, selbst deine penetranten Mahnungen *Pflücke den Tag!* haben mir geholfen, obwohl ich nach den vielen unruhigen Nächten oft keine Kraft mehr hatte, den Tag zu pflücken mit seinen vielen wurmstichigen Früchten.

Giferto: In denen auch die Süße des Lebens steckt. Man muss sie nur herausschmecken.

Autorin: I try my very best.

Giferto: Darum verlässt du jetzt bitte deinen dementen Giferto und wendest dich wieder deinen Gästen zu. Auch heute gilt: Carpe ...
Autorin: Ja, ja, schon gut! Aber bilde dir nicht ein, dass nur du bei mir bist. Er ist es auch.
Giferto: Mit ihm kannst du aber nicht so schön streiten wie mit mir.
Nein, streiten war überhaupt nicht mehr angesagt, als du immer weiter in deine besondere Welt abgedriftet bist. Gefragt waren meine Geduld und meine Fantasie und meine Empathie. Geholfen haben mir die Erfahrungen mit unseren Kindern, als sie Kinder waren. Eine Schulung in Geduld und in die Fähigkeit, sich in einen andersartigen Zugang zur Welt hineinzuversetzen. Hat mir auch die Literatur geholfen? Unbedingt! Schon lange, bevor Monsieur Alzheimer bei uns einzog, hatte ich Arno Geigers Roman *Der alte König in seinem Exil* gelesen. Ich bewunderte seinen einfühlsamen Umgang mit seinem Vater und wie gekonnt er ein damals in der deutschen Literatur noch eher ungewöhnliches Thema literarisch gestaltete. Seitdem sind, natürlich auch wegen der zunehmenden Vergreisung unserer westlichen Gesellschaften, viele Romane, Erfahrungsberichte und Filme veröffentlicht worden, die sich um die Demenz drehen oder in denen an Demenz erkrankte Menschen eine Rolle spielen. Selbst ins Unterhaltungsgenre hat es die Demenz geschafft. Da geht es dann natürlich um das Frühstadium, um die liebenswert tüdelige Oma oder den Opa mit *Honig im Kopf*. Ein bettlägeriger, inkontinenter, nicht mehr sprechender Schwerstdementer – nein, das ist gar nicht mehr unterhaltsam. Und da lässt sich auch nicht

so locker flockig das Motto rüberbringen: Mit ein bisschen Liebe, Verständnis und Humor geht das doch. Alles ganz easy. Nein, es ist nicht easy. Mir hat sehr John Bayleys *Elegie für Iris* geholfen, die er für seine mit 74 Jahren an Alzheimer erkrankte Frau, die Schriftstellerin Iris Murdoch, geschrieben hat. Geholfen hat mir seine Elegie, gerade weil sich in dieser Nahaufnahme einer Liebesbeziehung zwischen zwei Intellektuellen, in der die Partnerin sich bis zur Unkenntlichkeit verändert, der ganze Schrecken des Verlusts enthüllt. Nur im Angesicht des unverhüllten Schreckens konnte ich auch Zeiten der Leichtigkeit genießen, komische und manchmal glückliche Momente. Und ja, am Ende waren es Liebe, Verständnis und Humor, die mich durch diese Zeit gebracht haben.

Giferto: Und *Carpe diem*.

Autorin: Du nervst!

Giferto: Höchste Zeit sich wieder der Gegenwart zu widmen. Hier und jetzt spielt die Musik!

Autorin: Ich höre keine Musik.

Giferto: Die Beatles warten nur auf dein Zeichen, um der versammelten Festgesellschaft nach dem Fressgelage noch mal richtig einzuheizen.

Stimmt. John und Paul wuseln auf der Bühne rum, stimmen ihre Instrumente und überprüfen die Anlage. Und da macht sich auch George auf den Weg zur Bühne! Ringo ist allerdings noch tief in ein Gespräch mit Jonas Helcken und dessen Schwester Ilka vertieft. Und wo steckt Jonas 7? Meine sorgfältig geplante Sitzordnung befindet sich offenbar gerade in Auflösung. Die meisten meiner Gäste sitzen oder stehen mit den anderen aus ihrem Roman zusammen.

Da strebt zusammen, was zusammengehört. Der Duplik Jonas 7 hat sich allerdings zur Markenfrau Simone gesetzt. Tauschen sie sich über ihre für uns noch in der Zukunft verborgenen Welten aus? Wie lebt es sich in Jonas' Welt geklonter Menschen? Wie lebt es sich in Simones Welt genoptimierter Designer-Menschen? Wo hört die Utopie auf, wo fängt die Dystopie an? Oder wird es nur noch KI-gesteuerte Roboter geben? Aber vielleicht geht zwischen den beiden ja auch etwas ganz anderes ab? Ich werde sie nicht mit meinen unersättlich neugierigen Autorinnen-Augen belästigen, heute Abend nicht und überhaupt nie mehr. Wie ich auch alle anderen meiner Figuren ihrem Leben in den Köpfen der Menschen überlassen werde, die ihnen in meinen Büchern begegnet sind, ihrem Leben, auf das ich keinen Einfluss mehr habe. Farewell, folks! Have a good journey!

Doch einer wartet noch auf die Autorin und sieht sie erwartungsvoll an. Hauke Petersen. Der Mann im Finkenwerder Fischerhemd ihr gegenüber hat seine Tasse Filterkaffee längst ausgetrunken.

Hauke!

Ihn habe ich mir bewusst bis zuletzt aufgespart. Hauke, der Mann, auf den die siebzehnjährige Rena am Anfang meines Romans *Die vier Liebeszeiten* am Fähranleger Neumühlen in Hamburg wartet. Sie hat ihn erst vor einer Woche auf einer Fete kennengelernt und sie haben sich zu einer Fahrradtour entlang der Elbe verabredet. Da wissen sie natürlich noch nicht, dass sie zu einer Tour durch vier Jahrzehnte eines gemeinsamen Lebens aufbrechen werden. Hauke kommt pünktlich, doch den Zauber des Anfangs habe ich mit einem banalen Vorkommnis konterkariert, so dass er Rena mit einem deftigen »Mist!« begrüßt, allerdings gefolgt von einem erklärenden »Ich wollte doch vor dir da sein. Aber ausgerechnet heute habe ich 'n Platten erwischt«. Zum Glück hat die lebenspraktische Rena Flickzeug in ihrer Satteltasche und beide können sich an ihr erstes gemeinsames Werk machen.

Autorin: Hauke, danke, dass du so geduldig auf mich gewartet hast.

Hauke: Och, ich habe ja weiß Gott keine Not gelitten in den letzten Stunden.

Er reibt sich den Bauch und schaut die Autorin mit dem liebevoll spöttischen Blick an, mit dem er auch Rena oft betrachtet hat.

Wie ich diesen Blick liebe! Doch ich sollte ihn jetzt mal distanziert betrachten. Welche Informationen gebe ich im ersten Kapitel *Frühling* über ihn preis? Was erfahren die Leserin und die wenigen Leser en passant, nein nicht im Vorbeigehen, sondern beim Fahrradfahren, auf der Elbfähre und später beim Picknick am Strand aus den ersten Gesprächen zwischen Hauke und Rena? Hauke ist der Sohn eines Elblotsen, seine Mutter eine passionierte Hausfrau, deren Wunsch nach weiteren Kindern unerfüllt geblieben ist. Zum Zeitpunkt des Kennenlernens von Hauke und Rena ist er Student, studiert Germanistik und Politikwissenschaft fürs *Höhere Lehramt* und weiß nach einem Praktikum doch schon, dass er dieses Lehramt um nichts in der Welt antreten will. Wie sehr ich das nachempfinden kann! Auch ich bin voller Idealismus in mein vierwöchiges Praktikum an einer Brennpunkt-Hauptschule gegangen, die man damals noch nicht so nannte, sondern nur raunte »Die liegt im Einzugsgebiet von dieser Hochhaussiedlung.« Das spornte mich erst recht an. Mein Hauptziel war es schließlich, die Schüler zu kritischem Denken zu ermuntern. Ich wollte vom Katheder aus die Welt von ihren Ungerechtigkeiten befreien, nein, ich wollte natürlich den Katheder abschaffen und gemeinsam mit den Schülern analysieren, warum *die Einen im Dunkeln sind und die anderen im Licht*. So würden sie sich später dagegen zur Wehr setzen können und nicht in Apathie versinken, im Alkohol Trost suchen, sich Ersatzbefriedigungen aufschwatzen lassen (Konsumterror!) oder sich von der Springerpresse gegen die aufhetzen lassen, die sie doch aus ihrem Elend befreien wollten: die Studentenbewegung, in der aber längst nicht mehr nur Studenten aktiv waren, sondern die viele junge Menschen erfasst hatte. Ich fühlte mich zwar überhaupt nicht gut vorbereitet durch das Didaktikseminar, in dem ich alles über die *Abstimmungsprozesse bei der Erstellung von Lehrplänen in der föderalen Kultusministerkonferenz* gelernt hatte und wenig über die Umsetzung von Lernzielen in die Praxis, aber so schwer konnte das ja nun alles nicht sein! Optimistisch und lernwillig ging ich zusammen mit meinem Kommilitonen Arno am ersten Tag des Schulpraktikums in das graue Betongebäude und nach langem Irren durch neonbeleuchtete Gänge fanden wir das Lehrerzimmer. Unsere Mentorin, Frau Matzek, begrüßte uns zwischen Tür und Angel und hatte es eilig. Die etwa Fünfzigjährige wirkte abgehetzt und erschöpft und so würde sie auch in den nächsten zwei Wochen wirken. Dass wir ihr höchst lästig waren, versuchte sie gar nicht erst vor uns zu verbergen. Laut unserem Didaktik-Prof sollte nach jeder Unterrichtsstunde ein Gespräch stattfinden, eine kritische Analyse des Unterrichtsgeschehens, aus der wir möglichst viel lernen sollten. Frau Matzek wimmelte uns regelmäßig mit einem geseufzten »Sie sehen ja selbst, was hier los ist!« ab und entschwand ins Lehrerzimmer. Nach zwei Wochen waren Arno und ich uns einig: Von der können wir nichts lernen. Die macht alles falsch. Reiner Frontalunterricht und die Hälfte der Zeit schreit sie rum, um Disziplin herzustellen. Sie geht ja überhaupt nicht auf die Bedürfnisse der Schüler ein! Genau die Art von autoritärem Unterricht, den wir aus tiefstem Herzen ablehnten. Uneinig waren wir uns nur, wie ein guter antiautoritärer Unterricht aussehen sollte. Arno, der überzeugte Anarchist, entschied:

»Die Schüler sollen selbst bestimmen, was sie machen wollen. Funktioniert in Summerhill ja auch!«

Folgerichtig stellte er am Anfang seiner Unterrichtsstunde im Fach Deutsch den Schülern der 9b die Frage »Was würdet ihr denn gerne machen?«. Lange kam gar nichts, dann brüllten die Jungs alles Mögliche in den Raum. Es steigerte sich von Fußballspielen über Ficken, irgendein Arschloch Harro verprügeln bis zum Schule anzünden, das Ganze unter ohrenbetäubendem Gelächter, während die Mädchen nur kicherten oder angewidert die gezupften Augenbrauen hoben. Arnos hilflose Bitten um ernstgemeinte Vorschläge drangen schon rein akustisch nicht durch. Erst als Frau Matzek, die lange still am Rand der Klasse gesessen hatte, den größten Schreihälsen mit ihrem durchdringenden Organ Strafarbeiten androhte, kehrte halbwegs Ruhe ein. Mürrisch machte der eine oder die andere einen Vorschlag und Arno schrieb die drei, die Frau Matzek als nicht völlig ausgeschlossen (die Schulordnung!) abnickte, an die Tafel. In freier demokratischer Wahl kürten die Schüler zum Sieger: Vorbereitung auf die Mathearbeit in der nächsten Stunde. Den Rest der Zeit nutzten die meisten tatsächlich für diese unverhoffte Gnadenfrist und einige halfen sich unter lautstarken Sprüchen wie »Oh Mann, du bist echt der letzte Spacko. Kapierst wirklich gar nichts!« sogar gegenseitig, einige tobten rastlos durch den Klassenraum, einer schoss mit einer Wasserpistole auf seine vor ihm sitzende Mitschülerin. Für Arno interessierte sich niemand mehr, nachdem er zugegeben hatte, er sei leider gar nicht gut in Mathe. Als nutzlos abgetan, saß er bedröppelt hinter dem Lehrerpult und tat mir unendlich leid. Nein, wahrscheinlich tat ich mir selbst leid, denn ich sah mich am nächsten Tag auch schon da sitzen, von den Schülern als Muster ohne Wert aussortiert und von Frau Matzek höhnisch belächelt. Dabei hatte ich mir, anders als Arno, viele Gedanken darüber gemacht, wie man die Schüler für etwas interessieren, sie zur Eigeninitiative ermuntern, ihr kritisches Bewusstsein wecken könnte. Ich las didaktische Ratgeber und erstellte in stundenlanger Kleinarbeit eine Unterrichtseinheit zum Thema *Was ist guter Journalismus?* Ich würde die Klasse in Kleingruppen anhand von Artikeln aus der BILD und der ZEIT Unterschiede in der Machart herausarbeiten lassen, um daraus im Plenum grundsätzliche Kriterien wie Trennung von Bericht und Kommentar, Funktion von Fotos, sachliche oder emotionalisierende Sprache, Personalisierung versus Sachorientierung etc. abzuleiten. Aber nach Arnos Debakel fürchtete ich nur noch, sie würden die Zeitungen zerfetzen, statt sie zu analysieren. Erstaunlicherweise waren sie recht gnädig mit mir und ließen sich widerspruchslos in Vierergruppen einteilen. Das dauerte allerdings durch ewige Diskussionen, wer mit wem und mit wem auf gar keinen Fall, endlos lange, das Lesen der Artikel sprengte endgültig meinen geplanten Zeitrahmen, doch dann diskutierten sie durchaus lebhaft – allerdings schenkten sie meiner Aufgabenstellung nicht die geringste Beachtung. Sie ereiferten sich ausschließlich über den Inhalt der Artikel. Die ZEIT wurde schnell zur Seite gelegt. Langweilig! Wen interessierten diese Ostverträge? Aber die BILD war wichtigen Geheimnissen über den Bundeskanzler auf der Spur. Der Brandt ist ein uneheliches Kind! Frahm heißt der in echt! Boah, und wie der fies guckt auf dem Foto! Sieht man ja gleich, dass mit dem was nicht stimmt. Der will ja auch Deutschland an die Russen verkaufen, weiß man ja, hat mein Alter auch gesagt. Meine schüchterne Frage »Hat die Redaktion vielleicht mit Absicht ein fieses Foto von Willy Brandt ausgesucht?« ignorierten sie souverän und am Ende der Stunde konnte ich als Lernerfolg meiner Unterrichtseinheit vorweisen: BILD ist voll die geile Zeitung! Arno brach nach dem Schulpraktikum sein Lehrerstudium ab. Ein halbes Menschenleben später traf ich ihn auf einer meiner Lesungen wieder. Aus dem Ex-Anarchisten war ein gefragter Restaurator antiker Möbel geworden, der glücklich war, damals die richtige Entscheidung getroffen zu haben. Ich brauchte noch etliche Semester länger, um mir einzugestehen, dass ich keine gute Lehrerin werden würde, jedenfalls nicht an allgemeinbildenden Schulen, eingezwängt zwischen die oft widerstrebenden Ansprüche der Schulbehörde, des Lehrplans, der Eltern und der Schüler. Durch den ewigen Kampf um Motivation und Disziplinierung hätte ich mich wahrscheinlich langsam, aber sicher in eine erschöpfte und verbitterte Frau Matzek verwandelt. Das wollte ich auf keinen Fall. Zum Glück fand ich aber genau die richtige Aufgabe für mich. Ich unterrichtete an der Volkshochschule Erwachsene, die aus allen Teilen der Welt kamen, in der neuen Sprache, in der sie sich in Zukunft würden zurechtfinden müssen. Die Menschen, die in meinen Kursen saßen, wollten Deutsch lernen. Ich musste sie nicht motivieren und erst recht nicht disziplinieren. Ich konnte meine ganze Kraft darauf konzentrieren, ihren Wunsch zu erfüllen. Eine wunderbare Aufgabe! Doch, doch, ich glaube, ich kann mit mir zufrieden sein, wenn ich auf meine zwanzig Jahre als Dozentin an der VHS zurückblicke. Da hat die notorische Selbstzweiflerin in mir keine Chance mich zu triezen. Ich werde keine Asche auf mein Haupt schütten, mir allerdings auch keine Kränze flechten. Ich habe anständige Arbeit abgeliefert und war vielen Menschen beim Erwerb der deutschen Sprache dienlich und beim Eingewöhnen in die Merkwürdigkeiten der fremdartigen deutschen Umwelt. Das war's. Nicht mehr und nicht weniger. Mein Herz schlug aber immer für die Literatur. Auch als ich noch 98 Prozent meines Einkommens durch die Deutschkurse generierte und zwei Prozent durch mein Schreiben, habe ich mich als Autorin verstanden. Nur innerlich, natürlich. Erst als ich schon das zehnte Buch veröffentlicht hatte, traute ich mich auch, es auf dem Anmeldezettel bei einem neuen Arzt unter Beruf einzutragen.

Autorin: Hauke, ich habe dir ja nicht nur mein Lehramtsstudium untergejubelt, sondern du durftest dir dann ebenfalls mit VHS-Kursen dein Leben als Autor finanzieren ...

Hauke: Zum Teil! Du vergisst, dass ich später eine gutverdienende Frau hatte. Professor Doktor Rena Reese hat als treusorgende mater familias das meiste zum Unterhalt für uns vier beigetragen.

Autorin: Stimmt. Daran habe ich jetzt nicht gedacht. Du hast es schlauer gemacht als ich. Ich musste mich ausgerechnet in einen Hungerleider verlieben, der sich auch so brotlosen Künsten wie Literatur und Fotografie verschrieben hat.

Die Autorin lauscht, ob Giferto heranrauscht, doch mit so billigen Provokationen kann sie ihn offenbar nicht locken.

Hauke: Tja, ich habe das mit Rena damals bei unserer ersten Fahrradtour an der Elbe strategisch durchgeplant. Physikstudentin? Die könnte mich später locker miternähren. Die verführ ich jetzt mal mit meinem gut gefüllten Picknickkorb.

Ich liebe Haukes trockenen Humor. Darin finde ich dich wieder, Giferto. Auch in seinen blauen Augen, seiner Glatze, wo früher mal ein blonder Lockenkopf war, seiner schlanken Gestalt, seiner norddeutschen Wortkargheit, seinem spitzbübischen Lächeln, seiner Liebe zum Wasser.

Autorin: Du bist auch ein Meermann wie Giferto.

Hauke *sieht sich um*: Giferto?

Autorin: Nein, den wirst du hier im Saal nicht finden. Er ist keine Figur aus meinen elf veröffentlichten Romanen. Giferto ist mein Lebensgefährte.

Hauke: Verstehe. Gefährte. Von althochdeutsch *giferto*, der Fahrtgenosse.

Die Autorin staunt, wie etymologisch bewandert Hauke ist.

Verblüffend! Er hat sofort durchschaut, warum ich der Romanfigur, die ich mir heute Abend zum Gefährten erkoren habe, den nicht gerade weitverbreiteten Namen Giferto verpasst habe.

Hauke: Habe ich noch mehr Ähnlichkeiten mit deinem Giferto?

Autorin: Du schreibst Gedichte ...

Hauke: Nur noch selten.

Autorin: Du stammst aus einer maritimen Familie. Du bist als junger Mann zur See gefahren. Du bist ein passionierter Segler. Du liebst das Wattenmeer. Mit anderen Worten: Du bist ein Seebär.

Hauke: Okay. Punkt für dich.

Autorin *eifrig*: Du bist ein Atomkraftgegner, Friedensaktivist, Umweltschützer ...

Hauke: Warte!

Er kramt in einem Jutebeutel, der über seiner Stuhllehne hängt, zieht etwas hervor und reicht es der Autorin. Sie liest auf der abgestoßenen Pappe:

Pass der Freien Republik Wendland. Gültig für das ganze Universum und solange sein Inhaber noch lächeln kann.

Die Autorin kann es noch und tut es auch.

Hauke: Wusst ich's doch, dass ich dir damit eine Freude machen kann.

Autorin: Oh ja. Danke!

Der Pass versetzt mich nicht zurück ins Wendland, sondern ins Dithmarscher Watt, wo er sich auch für Rena und Hauke als sehr nützlich erweisen sollte. Sie ankerten mit ihrem Jollenkreuzer *Rubiintje* vor der Vogelschutzinsel Trischen. In der Nacht zuvor hatte Rena Haukes Liebe zum schaukelnden Element von Herzen verflucht, denn der Wind hatte in der Nacht aufgebrist und brachte die Welt ins Wanken. Rena war seekrank statt liebeskrank und das ermangelte jeglicher Poesie. Sie hasste die Seefahrt, das Meer, den Wind und Hauke. Ja, auch Hauke, ihren Verführer zum balkenlosen Medium! Erst als die Ebbe die *Rubiintje* im Morgengrauen wieder auf dem festen Wattboden aufsetzte, berappelte sich ihre erschütterbare Liebe, lädiert nur ihr Magen, kamillenteereif. Bei der nächsten Flut schulterte Hauke den schweren Eisenanker und zog das Boot näher an die wellenbrechende Insel heran. Doch leider lag die *Rubiintje* jetzt im Vogelschutzgebiet. Ankern streng verboten! Das stört doch keinen großen Geist, fand Hauke wie der Held seiner Kindheit *Karlsson vom Dach*. Doch einen gab es, den das gewaltig störte. Kaum war das Wasser wieder abgeebbt, stapfte ein kleiner Mann in khakifarbenen Shorts heran: der Herr der Insel, der Vogelwart.

»Sie ankern im Vogelschutzgebiet!«

»Oh! Dann ist meine Seekarte wohl veraltet, da ist das noch gar nicht eingezeichnet«, gab Hauke sich zerknirscht.

Das beeindruckte den Vogelwart kein bisschen. Hauke als Schiffsführer sei dafür verantwortlich, aktuelles Kartenmaterial mitzuführen. Er könne gegen ihn Anzeige erstatten und das werde er auch tun, wenn das Boot bei der nächsten Flut nicht sofort verschwinde. Er würde jetzt gerne mal Haukes Ausweis sehen.

Hauke stieg in die Kajüte hinab, während Rena versuchte, den Vogelwart zu begütigen. Sie erzählte ihm von ihrer unruhigen Nacht, ihrer Seekrankheit und dass ihr Mann nur ihretwegen das Boot so nah an die schützende Insel gezogen habe. Der Vogelwart hörte sich ihre Worte mit unbewegter Miene an, wich ihrem Blick aus und ließ seinen kritisch über das Boot wandern. Plötzlich hellte sich seine Miene auf. Er ging zum Heck und betrachtete den Aufkleber auf dem Außenborder: *Texaco raus aus dem Wattenmeer!* Als Hauke wieder aus der Kajüte kletterte, strahlte der Vogelwart ihn an:

»Willkommen auf Trischen! Für Gegner der Ölverpester ist hier immer ein Ankerplatz frei!«

Hauke war so verblüfft über den plötzlichen Stimmungsumschwung, dass es ihm die Sprache verschlug. Er reichte dem Vogelwart wortlos statt seines Personalausweises den *Pass der Freien Republik Wendland*. Damit gewann er endgültig das Herz des jetzt gar nicht mehr grimmigen Mannes. Peter Todt hieß er, das weiß ich noch, obwohl mich mein Namensgedächtnis sonst oft im Stich lässt. Die Szene hat sich so ähnlich auf unserem ersten Segeltörn abgespielt. Peter Todt, der hartnäckige Kämpfer für den Naturschutz und gegen Tiefflüge der Bundeswehr über die Kolonien brütender Brandseeschwalben, lud uns zu einem Rundgang auf *seiner* Insel ein, bewirtete uns in seiner auf Stelzen errichteten Hütte mit Tee und Rum und erkletterte mit uns sogar die

Trischenbake, ein urtümliches Seezeichen, ein riesiges Stahlei auf einem hohen Gerüst, in dem sich ein Rettungsraum für Schiffbrüchige befand mit einer Holzpritsche, Wolldecken, Notproviant und einem Erste-Hilfe-Kasten.

Die Autorin gibt Hauke den *Pass der Freien Republik Wendland* mit einem wehmütigen Lächeln zurück.

Die Trischenbake, einer Verschrottungsaktion entgangen, leistet heute als Aussichtsturm auf der Seehundstation in Friedrichskoog letzte Dienste. Und der an der Küste legendäre Vogelwart Peter Todt hatte zwar den Augenkrebs überlebt, der ihn zum einäugigen Herrn über Trischen machte, aber später starb er dement im Altersheim. Als er schon nicht mehr sprechen konnte, soll er noch das Kriäh der Seeschwalben nachgemacht haben.

Autorin: Weißt du eigentlich, ob jemals Schiffbrüchige auf der Trischenbake Zuflucht gefunden haben?

Hauke: Nein. Niemals.

Autorin: Schade. Jetzt, wo der Meeresspiegel steigt, wäre sie vielleicht doch noch mal nützlich.

Hauke: Ich fürchte, gegen die Folgen der Erderwärmung können wir nicht mit Rettungsbaken im Wattenmeer ankämpfen. Aber gut, dass du mich an die Klimakatastrophe erinnerst. Ich sollte endlich mal wieder das Motto beherzigen, das zu Hause auf meiner Teetasse steht. Geschenk von meinem Sohn übrigens, weil ich ihn mit dem Spruch als Kind so oft genervt habe: *Nur action bringt satisfaction*. Also werde ich mich mit meinem *Opas for Future*-Pappschild am Freitag mal wieder unter die Kids mischen.

Autorin: Wie schön, dass du nie aufgehört hast, ein Öko-Spinner zu sein! By the way: Bisher habe ich nur was von *Omas for Future* gehört. Offenbar bist du auch da wieder deiner Zeit voraus.

Hauke: Opas ist ein bisschen Wunschdenken. Noch bin ich der einzige Opa, der da mitläuft. Meine Geschlechtsgenossen brauchen immer ein bisschen länger als die Frauen, das kenn ich schon. Gebt uns nicht auf!

Autorin: Never! Auch wenn die Schnecke des Fortschritts in Sachen Emanzipation des Mannes kriecht und kriecht. Kein Wunder, dass die jungen Mütter heute ungeduldig werden, weil die Väter immer noch nicht den gleichen Anteil an der Erziehungsarbeit übernehmen ...

Hauke: Erziehungsarbeit. Schreckliches Wort.

Autorin: Wieso? Das ist doch Arbeit!

Hauke: Nee, irgendwie nicht.

Autorin: Wenn ein anderer Mann das sagen würde, würde ich ihm heftig widersprechen, frei nach dem Motto: Du hast ja keine Ahnung. Aber das kann ich von dir schlecht behaupten. Du hast die Hauptlast der Erziehungsarbeit für eure beiden Kinder getragen.

Hauke *verzieht das Gesicht*: Last. Arbeit. Die Worte stören mich. Natürlich war es manchmal reichlich anstrengend mit den Kindern, klar. Und ich finde auch, dass man das, was man jetzt neudeutsch *Care*-Arbeit nennt, ganz anders würdigen und auch bezahlen müsste. Das ist nicht der Punkt. Aber das Wort *Erziehungsarbeit* trifft nicht den Kern der Beziehung zwischen Eltern und Kindern. Genauso wenig wie das Wort *Beziehungsarbeit* das trifft, was zwischen zwei Menschen geschieht, die sich lieben.

Autorin: Oh ja, das Wort hasse ich auch! Aber ... fällt dir denn ein Wort für die Beziehung zwischen Eltern und Kindern ein, das das ganze Spektrum von Liebe über Sorge, Freude, Nerverei, Narretei, Krankenpflege, Spiel und Spaß, Schulstress und Lerngenuss, bekochen, betüddeln, bewundern bis zu profanen Dienstleistungen umfasst?

Der Autor Hauke Petersen und die Autorin grübeln einträchtig. In ihren Köpfen ploppen mögliche Wörter auf, werden gewogen und für zu leicht befunden. Schließlich lächeln sich beide resigniert an.

Autorin: Wir werden es heute wohl nicht mehr ergründen, was?

Hauke: Das fürchte ich auch.

Die Autorin wird plötzlich von einem Gähnanfall heimgesucht. Sie hält sich die Hand vor den Mund und entschuldigt sich.

Autorin: Sorry, aber normalerweise liege ich um diese Uhrzeit schon längst im Bett. Und ehrlich gesagt, so langsam bin ich auch etwas erschöpft von dem langen Abend und den vielen Gesprächen und ...

Hauke *augenzwinkernd*: ... dem vielen Essen.

Autorin *hält sich den Bauch*: Oh ja, das reicht für die nächsten Tage mit.

Hauke: Also ich finde, du hast doch prima durchgehalten. Ich meine, für dein ...

Autorin: Ja, ja, ich bin nicht mehr die Jüngste, ich weiß.

Hauke: Ein *Dinner 70* ist nun mal keine Club-Nacht 20.

Autorin: Wem sagst du das.

Hauke: Dir. Und ich sage dir noch was: Niemand zwingt dich, bis zum Ende dabeizubleiben. Jetzt kommt sowieso nur noch Tanz und Tollerei. Und vielleicht warten deine Gäste sogar darauf, endlich unter sich zu sein?

Autorin *pikiert*: Ja, ja, ihr werdet mich gleich los! Aber ein Allerletztes muss ich noch von dir wissen. *Richtet ihren rechten Zeigefinger wie eine Pistole auf Hauke.* Was war das damals eigentlich mit deiner Liaison, oder wie ich das nennen soll, mit dieser französischen Überfliegerin, wie hieß sie noch gleich?

Hauke *zögernd*: Janine. Janine della Chiasa.

Die Autorin lässt den Namen in sich nachklingen und taucht noch einmal in die Vergangenheit ab.

Dieser ungewöhnliche Name kam mir beim Schreiben meines Romans *Die vier Liebeszeiten* nicht zufällig in den Sinn. Ich habe ihn analog zum Namen des Mannes gebildet, den ich unter ganz ähnlichen Umständen kennengelernt habe wie Hauke Janine. In seiner Welt ist Janine della Chiasa die Organisatorin des Science-Fiction-Festivals Utopia in Poitiers. In meiner Welt war es Bruno della Chiesa. Anders als die große, schlanke, brünette Janine war Bruno ein übergewichtiger kleiner Mann mit Zauselbart, aber in seiner Persönlichkeit und seinen Kompetenzen noch viel faszinierender als ich es Janine zugeschrieben habe. Es wäre sonst zu unglaubwürdig geworden, wie es ja oft mit der Realität ist. Dass Bruno literarische Texte aus zwanzig(!) Sprachen übersetzt (Janine habe ich gerade mal sechs zugestanden), würde ich nicht glauben, wenn ich nicht erlebt hätte, wie er sich auf dem Festival mit Autoren aus aller Welt mühelos in deren Muttersprache unterhielt. Aber auch das ist nur ein ganz kleiner Ausschnitt seiner Fähigkeiten, die ihn später an die OECD und nach Harvard führten, wo er *Director for Global Education* wurde und so weiter und so fort; man kann sich auf Wikipedia darüber informieren und staunen. Für mich wurde er auf dem *Utopia*-Festival zum Retter. Ich saß auf dem Podium der Veranstaltung *Weibliche Science-Fiction in Europa* und sollte Auskunft geben über die Lage in Deutschland. Während die anderen Frauen auf dem Podium versierte Science Fiction-Autorinnen waren, die fundiert die Situation in ihrem Land schilderten, war ich komplett ahnungslos. Wie, um alles in der Welt, mochte es wohl bestellt sein um die weibliche Science-Fiction in Deutschland? Bruno della Chiesa, der nicht nur moderierte, sondern auch die Beiträge aller Teilnehmerinnen ins Französische übersetzte, raunte mir zu, ich solle einfach irgendwas über meinen Roman *Duplik Jonas 7* erzählen, was ich mit bebender Stimme tat. Nach der Veranstaltung gratulierte mir ein Reporter von *Le monde* zu der profunden Analyse, die Bruno aus meinem Gestammel gemacht hatte! Zum Glück war der einzige deutsche Muttersprachler im Publikum der SF-Superstar Andreas Eschbach. Er zwinkerte mir am nächsten Morgen beim Frühstück zu und meinte, über die weibliche deutsche SF könne man ehrlicherweise nur sagen, dass es sie leider nicht gebe. Das war 1998. Ich hoffe, dass es inzwischen besser um den Frauenanteil in diesem Genre bestellt ist, aber ich weiß es nicht. Ich werde wohl auch kaum noch mal in die Verlegenheit kommen, darüber Wissen vorzutäuschen. Und ich werde wohl auch nicht wieder wie damals beim festlichen Abschlussdinner an einem Tisch mit Michel Houellebecq sitzen. Dummerweise erzählte ich das gelegentlich einem meiner Verleger.

Seitdem scheint es für ihn meine hervorstechendste literarische Qualifikation zu sein. Doch zurück zu Janine della Chiasa, meinem fiktiven weiblichen Pendant zu Bruno della Chiesa. Sie rettet Hauke aus einer ähnlich peinlichen Situation wie Bruno mich bei der Podiumsdiskussion – und er verliebt sich in sie. Einige Zeit danach begleitet die attraktive Janine ihn als Übersetzerin auf einer Lesereise für seinen ins Französische übersetzten Roman *Klon Jacob 8* durch Frankreich, und in einer Nacht im Hotel entlädt sich die erotische Spannung zwischen dem alternden norddeutschen Schriftsteller und der faszinierend jungen temperamentvollen Französin in dem, worin sich erotische Spannung gewöhnlich entlädt.

Die Autorin amüsiert sich bei der Erinnerung an die unvermeidliche Reaktion vor allem ihrer Leserinnen auf diese Szene.

Selbstverständlich gingen viele davon aus, dass ich hier von einem eigenen Seitensprung erzähle. Das fanden sie mutig und ehrlich. Dabei hat gerade diese Szene mit mir nicht das Geringste zu tun und beruht rein auf literarischem Kalkül.

Giferto: So, so. Und das soll ich glauben?

Autorin *lässt sich ihre Freude über sein Erscheinen nicht anmerken*: Glaub, was du willst!

Giferto: Ich bin auf dein Wort angewiesen. Da geht's mir nicht besser als deinen Leserinnen.

Autorin: Ach komm, als du die Szene in meinem Roman gelesen hast, in der Hauke Rena diese eine wilde Nacht mit Janine gesteht, hast du nur irgendwas an der Satzstellung moniert, wenn ich mich recht erinnere.

Giferto: Wie sich das Klein Fritzchen eben so bei einem Schriftstellerpaar vorstellt. Nein, ich habe gesagt: Endlich bricht mal was diese entsetzliche Harmonie zwischen Rena und Hauke, das war ja schon nicht mehr auszuhalten.

Autorin: Stimmt. Genau das war der Grund für Haukes einmaligen Sprung an Janines Seite.

Hauke: Hallo! Werte Autorin! Darf ich dazu auch mal was sagen?

Autorin *leicht verwirrt*: Natürlich. Klar. Wieso? Ich meine, wieso nicht?

Hauke: Ach, ich weiß nicht. Du hast auf mich plötzlich so abwesend gewirkt, hast durch mich hindurchgeschaut, als wäre deine Aufmerksamkeit durch etwas anderes gefesselt. Oder durch einen anderen?

Ertappt! Dieser Hauke ist mir aber auch zu empathisch geraten. Er hat ein geradezu unheimliches Gespür dafür, was in mir los ist.

Autorin: Nein, nein, keineswegs. Ich bin ganz bei dir. Was wolltest du sagen?

Hauke *vertrauensvoll*: Diese Nacht mit Janine, die du mir angedichtet hast, na ja ... für mich war das schon schön, aber Rena hat so darunter gelitten ... also, im Nachhinein betrachtet ... das war es alles nicht wert.

Autorin: Ihr Leiden war aber reichlich hausgemacht. Sie hat sich während deiner Lesereise völlig reingesteigert in ihre Fantasien von Janine, der jungen schönen Superfrau, für die du sie auf der Stelle verlassen würdest. Nach drei Jahrzehnten würdest du plötzlich entdecken, dass sie, Rena, kein liebenswerter Mensch ist, eure Liebe ein Irrtum, vergeudete Lebenszeit, die Kinder egal ...

Hauke: Das muss schrecklich für sie gewesen sein. Es war völlig absurd! Nichts und niemand könnte mich jemals von Rena trennen.

Nur der Tod. Der lauert zu dem Zeitpunkt schon in deinem Herzen. Aber das weißt du nicht und das musst du auch heute Abend nicht wissen.

Hauke: Du musst Rena verstehen. Auch wenn sie als angesehene Astrophysikerin in der Welt etwas darstellte, im Kern ist sie immer das verunsicherte verlassene Kind geblieben. Kein Wunder, bei der Kindheit, die du ihr verpasst hast!

Autorin: Schon gut. Es ist sinnlos, sie jetzt gegen mich zu verteidigen. Ich kann es nicht mehr ändern. Außerdem, mein Lieber, willst du nur davon ablenken, dass es schließlich deine Affäre mit Janine war, die sie wieder in das Verlies ihrer Verlustängste gestoßen hat.

Hauke: Für mich war das mit Janine einfach nichts Ernstzunehmendes und ich wollte es Rena auch verschweigen. Um sie zu schonen, das Übliche halt. Ich habe ihr locker flockig von meiner Lesereise erzählt, von Janine, die alles so toll gemanagt hat, bewundernswerte Frau, habe ich sogar gesagt, fürchte ich, na ja. Dann habe ich die Angst und das Misstrauen in Renas Augen gesehen und wusste: Ich muss die Wahrheit sagen.

Autorin: Die Szene mit deinem Geständnis »Eine Nacht. Eine Nacht hat es gegeben«, die ist mir aber gut gelungen, findest du nicht? Das war doch saukomisch, wie du zu ihr gesagt hast … Was hast du noch gesagt?

Hauke: Weiß ich nicht mehr. Außerdem: Eine gute Schriftstellerin gibt ihre Figuren nicht der Lächerlichkeit preis.

Autorin: Tue ich ja gar nicht! Im Gegenteil! Ich habe euch den Weg zum Humor gewiesen, um euch aus der selbstgestrickten Tragödie zu befreien.

Hauke: Also gut. Ich habe zu Rena gesagt »Die erotische Spannung zwischen Janine und mir hat sich entladen, mein alterndes Ego konnte sich aufrichten ...«

Autorin *grinst*: In dem Moment ist dir klar geworden, was für ein verfängliches Sprachbild dir da über die Lippen gerutscht ist.

Hauke: Ich musste natürlich kichern und habe irgendwas gesagt wie »Was für ein peinlicher Ausdruck, verzeih!«, woraufhin Rena auch anfing zu kichern, sich in eine hysterische Mischung aus Lachen und Weinen hineinsteigerte und schließlich hervorstieß: »Ich verzeihe dir. Aber nur den Ausdruck!«

Autorin *befriedigt*: Sie hat dir später auch das Ausgedrückte verziehen.

Hauke: Vor allem hat sie mir, nachdem ich mir stundenlang den Mund fusselig geredet habe, endlich geglaubt, dass nichts uns auseinanderbringen kann, schon gar keine Janine della Chiasa. Nur der Tod ...

Die Autorin hebt schnell die Hand.

Dem Tod will ich heute Abend keinen Auftritt gewähren. Der wird Rena und Hauke noch früh genug auseinanderreißen, viel früher als er mir dich entrissen hat, Giferto, aber die Endgültigkeit bleibt; es bleibt die nicht zu füllende Lücke.

Wehmütig schaut die Autorin Hauke an.

Er weiß nicht, dass er niemals ein *Opa for Future* sein wird, weil er zur Zeit der *Fridays for Future*-Bewegung schon lange in seinem Grab ruhen wird. Nur als Figur in diesem Roman kann ich ihm diesen alternativen Lebensweg eröffnen. In seinem Herkunftsroman *Die vier Liebeszeiten* ruht er längst unter einem Grabstein mit dem Epitaph WIE LIEBLICH DU BIST, DU LIEBE IN WOHLLÜSTEN, einem Zitat aus der Hohelied Salomons, das Rena gleichwohl gegen die Friedhofsverwaltung erkämpfen musste. Angeblich war es pietätlos, der Wohllüste Gestorbener zu gedenken. WIE LIEBLICH DU BIST, DU LIEBE wurde ihr als angemessen vorgeschlagen. Rena hat sich erfolgreich gegen die Kastration der Liebe gewehrt und ich habe Hauke und Rena natürlich auch nicht ohne Sex ihre vier Liebeszeiten erleben lassen. Dabei war mir immer bewusst, dass Sexszenen zu den Hochrisiko-Herausforderungen in der Literatur gehören. Wie schnell wird man zur Kandidatin für den *Bad Sex in fiction Award*! Schiefe Metaphern lauern überall, und bei der Gratwanderung zwischen einer technischen Sprache für banale körperliche Vorgänge und einer romantisierenden Pornographie kann man schnell abrutschen. Dazu kommt noch die leidige Frage der Erzählperspektive. Wer beschreibt? Die nicht anwesende Beobachterin? Oder die Protagonisten selbst, die dafür meist viel zu involviert ins Geschehen und Erleben sind? Wie nah gehe ich an sie heran, wie viel Diskretion wahre ich? Ich habe viel der Fantasie meiner Leser überlassen in der Überzeugung, dass Andeutungen Assoziationsräume öffnen und ausstatten können, die durch eine explizite Beschreibung kahl und nüchtern wirken. Ich habe mich aber auch nicht gescheut, über Sex im Alter zu schreiben, ein Thema, das viele meiden wie der Teufel das Weihwasser. Rena und

Hauke am Morgen seines sechzigsten Geburtstags – da geht noch was besinnlich Sinnliches ab, da lieben sich zwei mit der gespeicherten Wärme des Frühlings in ihren Blicken, mit der Erinnerung an die Hitze des Sommers, im Herbst ihres Lebens ohne hitzige Hast, in vertrautem Glühen, in immer neuer Offenbarung. An diese Wohllüste wird sich Rena erinnern, wenn sie an Haukes Grab steht, aber es wird sie nicht trösten, sondern ihre verzweifelte Sehnsucht nach ihm nur anfachen. Rena wird nach Haukes Tod eine in Trauer versunkene Frau sein, wird zwar noch Oma werden, aber ob sie jemals zu einer lebenslustigen *Oma for Future* wird, ob sie aus ihrer alle Fasern ihres Wesens durchdringenden Trauer wieder auftauchen kann – ich weiß es nicht und will es auch gar nicht wissen.

Hauke: Äh ... ich hoffe, du bist nicht beleidigt, aber ich würde jetzt gern zu Rena rübergehen?

Er wirft einen sehnsüchtigen Blick zu seiner Frau, die in ein inniges Gespräch mit ihrer Oma Anna vertieft ist.

Nein, ich bin nicht beleidigt, im Gegenteil. Ich freue mich, dass ich euch für ein paar Stunden wiedervereinigen kann, ich gönne es euch von Herzen. Verbringt noch ein paar unbeschwerte Stunden miteinander, unwissend, was die Zukunft für euch bereithält.

Autorin: Geh nur! Meinen Segen hast du.

Hauke: Na denn. War nett, dich mal kennenzulernen.

Autorin: Ganz meinerseits.

Hauke *im Aufstehen*: Eigentlich eine reizvolle Idee von dir, die Figuren deiner Romane zu einem gemeinsamen Dinner einzuladen. Mal sehen, vielleicht mach ich das mit meinen auch mal. Am besten auch zu meinem Siebzigsten.

Autorin: Warte nicht zu lange!
Hauke stutzt.
Hat er den existenziellen Unterton bei meiner Warnung gehört? Ahnt er vielleicht, dass er seinen Siebzigsten nicht erreichen wird?
Die Autorin bemüht sich um ein unbeschwertes Lächeln.
Nur eine dieser allgemeinen Floskeln, Hauke, geh, geh zu deiner Rena, geh und seid glücklich ihr beiden, in Ewigkeit. Amen.
Die Autorin fühlt sich auf einmal zu Tode erschöpft.
Wann wird es meiner Schöpferin, der Frau, an deren Fäden ich hier als die Autorin herumhampele, belieben, mir den existenziellen Faden abzuschneiden? Dümmste aller Fragen! Wieso schießt mir die in den Kopf! Wirklich ein Zeichen, langsam Schluss zu machen. Soll ich die Tafel offiziell aufheben? Noch eine kleine Abschiedsrede halten? Bloß nicht! Dann werde ich bloß rührselig. I'm leaving the table. I'm out of the game.
Die Autorin blickt sich im Saal um.
Meine Figuren haben sich schon verteilt, stehen plaudernd und in kleinen Grüppchen herum, ein paar Raucher stehen draußen auf der Terrasse, Schwester Martha ist offenbar schon gegangen. Auf der Bühne stimmen meine Beatles noch einmal ihre Instrumente und werden gleich den Saal rocken. Ringo winkt mir einladend zu. Nein, ich werde nicht die *Geriatric Dancing Queen* geben, meine Kräfte schwinden, ein Zeichen zu verschwinden, schnell und ohne Aufhebens. Das Völkchen hier braucht mich nicht mehr, wird mich nicht vermissen.

Die Autorin lauscht in sich hinein. Nichts. Keine Schwingung. Keine Resonanz. Keine Stimme.

Autorin: Giferto?

Nichts.

Autorin: Giferto!

Nichts.

Autorin: Giferto, du kannst mich doch jetzt nicht im Stich lassen. Es heißt doch, am Ende holen die Toten uns ab und geleiten uns ...

Giferto: Wohin? Ins Jenseits? Du willst mir doch jetzt nicht mit diesem Schmonzes kommen? *Ihr sterbt mit allen Tieren und es kommt nichts nachher.* Da waren wir uns doch mit dem alten Brecht einig, oder?

Autorin *kleinlaut*: Ja, schon, aber ...

Giferto *ärgerlich*: Außerdem bist du weder auf dem Weg ins Jenseits noch auf dem Weg ins Nichts, sondern nur auf dem Weg ins Bett. Dahin begleite ich dich gerne.

Die Autorin lächelt, während sie durchscheinend wird und langsam verblasst.

Paul tritt an den Bühnenrand, sieht sich vergeblich suchend nach der Autorin um, zuckt die Achseln und testet ein paarmal das Mikrofon mit lauten und leisen Yeahs. Schlussendlich hebt er die Hand und ruft in den Saal:

The beat goes on!

ENDE

Alphabetische Gästeliste

Anke (Anke Roland), Tisch 2
undurchsichtige junge Frau mit lila Strähne im Haar kommt als Pflegerin zu **Schwester Martha** nach Hause ...
Bis der Mord sie scheidet ...

Anna (Oma Anna), Tisch 3
Bäuerin aus Pommern, flieht 1945 mit der Witwe ihres gefallenen Sohnes gen Westen. Sie zieht später deren Tochter **Rena** groß.
Die vier Liebeszeiten

Ariane (Ariane Nommensen, geb. Löpersen), Tisch 4
Rabenforscherin, die ein schwieriges Verhältnis zu ihrer Mutter, der feministischen Bestsellerautorin **Lena** Löpersen hat.
Wir kennen uns nicht

Armin, Tisch 3
Astronom, alleinerziehender Vater, Segler, zeigt Vera die Schönheiten des Wattenmeers und überzeugt sie behutsam von der
Möglichkeit der Liebe

Benjamin, kommt nicht zum *Dinner 70*
Bruder von **Simone**. Liebt seine Schwester nicht nur brüderlich, obwohl sie kein *Markengenom* besitzt.
Unter Markenmenschen

Cornelia, kommt nicht zum *Dinner 70*
attraktive Rivalin der passionierten jungen Seglerin **Sonja.**
Auf einem gemeinsamen Törn weckt sie deren Eifersucht.
Sonjas Logbuch

Emma (Emma Hartkopf), Tisch 2
ist die brave Ehefrau des Chemikers Erich Hartkopf, der
als Assistent Fritz Habers Giftgas für den Ersten Weltkrieg
entwickelt. Sie kann daran nichts Falsches finden.
Warten auf den Anruf

George (Thomas Kaufmann), Tisch 6
war früher Frauenarzt, hat früh seine Tochter verloren. Er
wird langsam dement.
Putzfrau bei den Beatles

Hauke (Hauke Petersen), Tisch 6
Schriftsteller, Segler, passionierter Vater, Öko-Aktivist.
Liebt **Rena** fast vier Jahrzehnte lang. Leider raucht er zu
viel.
Die vier Liebeszeiten

Ilka (Ilka Helcken), Tisch 3
Schwester von **Jonas** Helcken und **Jonas 7**, kämpft gegen
die Duplikhaltung. Sie will Jonas 7 zur Flucht verhelfen.
Duplik Jonas 7

Irène (Irène Vonderwied), Tisch 5
Tochter von **Wilhelmine** und Enkelin von **Emma**. Als
Studentin ist sie nach der Geburt eines Kindes überfor-

dert. Später als Stammzellforscherin bereitet ihr das Töten menschlicher Embryonen Unbehagen.
Warten auf den Anruf

JANA (Jana Jessen), Tisch 4
verdient ihren Lebensunterhalt als Putzfrau bei den vier Alt-68ern **John**, **Paul**, **Ringo** und **George**. Aber eigentlich möchte sie einen Roman schreiben.
Putzfrau bei den Beatles

JONAS (Jonas Helcken), Tisch 1
junger Mann aus der Zukunft. Bei einem Unfall werden seine Augen zerstört. Aber sein Vater hat für einen Duplik gesorgt:
Duplik Jonas 7

JONAS 7, Tisch 5
Duplik (Klon) von **Jonas** Helcken. Lebt in einem *Hort* mit anderen Dupliks. Nach der Übertragung seiner Augen auf **Jonas** Helcken ist er zunächst blind.
Duplik Jonas 7

JOHN (Michael Mann), Tisch 2
herzkranker emeritierter Physikprofessor, der gern zynisch das Zeitgeschehen kommentiert.
Putzfrau bei den Beatles

LEANDER, Tisch 4
flieht vor seinen christlich-fundamentalistischen Großeltern zu seinem unbekannten Großvater **Paul**. Er will bei

den *Beatles* bleiben. Doch da hat das Jugendamt ein Wörtchen mitzureden.
Putzfrau bei den Beatles

LENA (Lena Löpersen), Tisch 1
feministische Bestsellerautorin, Mutter von **Ariane**, lebt im Alter vereinsamt in ihrer Villa, flieht auf die Hallig, von der sie stammt.
Wir kennen uns nicht

MARTHA (Schwester Martha), Tisch 1
grantige ehemalige Oberschwester; jetzt selbst pflegebedürftig, fühlt sich bedroht von ihrer Pflegerin **Anke**.
Bis der Mord sie scheidet ...

MONIKA (Monika Priefalla), Tisch 4
Zwillingsschwester von **Sabine**, Biobäuerin mit zwei Kindern, fühlt sich von **Sabine** missachtet.
Blind Copy – Das bin nicht ich

PAUL (Kristian Tugendhat, Kris Untugend), Tisch 5
hat in vielen Bands gespielt, aber nie eine Solo-Karriere gemacht. Plötzlich taucht sein ihm unbekannter Enkel **Leander** bei ihm auf.
Putzfrau bei den Beatles

RENA (Rena Reese), Tisch 3
Astronomin, liebt Hauke durch alle vier Liebeszeiten, den Frühling, Sommer, Herbst und ... im Winter bleibt sie mit ihrer Liebe allein.
Die vier Liebeszeiten

Ringo (Arnold Behringer), Tisch 1
war früher Lehrer und *Krüppel*-Aktivist, ist im Rollstuhl um die Welt gereist und glaubt immer noch an deren Verbesserungsfähigkeit.
Putzfrau bei den Beatles

Rosa (Röschen Klapproth), Tisch 2
Großmutter der Autorin. Sie war in der Weimarer Republik mit dem Organisator der illegalen *Schwarzen Reichswehr* verlobt und deckte die Fememorde ihres Bruders Erich an vermeintlichen Verrätern.
Die Schwarze Rosa

Sabine (Sabine Benckendorf), Tisch 3
Gehirnforscherin, wurde, ohne es zu wissen, als Versuchsperson für die Zwillingsforschung benutzt. Später sucht und findet sie ihre Zwillingsschwester **Monika**.
Blind Copy – Das bin nicht ich

Simone, Tisch 5
ist eine *Wildwüchsige* in einer Gesellschaft von genetisch designten Markenmenschen.
Unter Markenmenschen

Sonja, Tisch 6
18jährige Segelbegeisterte, die auf einem Törn ins nordfriesische Wattenmeer vor ganz andere als seglerische Herausforderungen gestellt wird.
Sonjas Logbuch

VERA, Tisch 4
Lektorin, will sich nach einer demütigenden Beziehung nicht mehr an einen Mann binden. Auf einem Segeltörn gelingt es **Armin**, ihr Vertrauen zu gewinnen.
Möglichkeit der Liebe

WILHELMINE (Wilhelmine Vonderwied, geb. Hartkopf) Tisch 6
Emmas Tochter und **Irènes** Mutter, arbeitet als Physikerin mit Heisenberg und von Weizsäcker an der Kernspaltung. Sie will aber keine Atomwaffe für die Nazis herstellen.
Warten auf den Anruf

ROMANE

Bis der Mord sie scheidet ...
Bund-Verlag, Köln 1990

Duplik Jonas 7
Georg Bitter Verlag, Recklinghausen 1992
dtv, München 1996, 24. Auflage 2023
Verlag duotincta, Berlin 2017, E-Book, aktualisierte Fassung
isid.de, Hörbuch, Sprecher Matthias Ernst Holzmann, 2021

Sonjas Logbuch
Patmos Verlag, Düsseldorf 1997

Möglichkeit der Liebe
Fischer, Frankfurt/M 1998, 2. Auflage 2015

Unter Markenmenschen
Fischer, Frankfurt/M 2002, 2. Auflage 2015
Verlag duotincta, Berlin 2020, aktualisierte Fassung

Die Schwarze Rosa
Zu Klampen-Verlag, Springe 2005
Verlag duotincta, Berlin 2019, aktualisierte Fassung

Warten auf den Anruf
Achter-Verlag, Acht 2009

Blind Copy – Das bin nicht ich!
Achter-Verlag, Acht 2013

Die vier Liebeszeiten
Plöttner Verlag, Leipzig 2013
Verlag duotincta, Berlin 2016, 2. Auflage 2018

Wir kennen uns nicht
Verlag duotincta, Berlin 2016

Putzfrau bei den Beatles
Verlag duotincta, Berlin 2018

In eigener Sache
Bücher haben **einen** Preis!
Unabhängig & die Zukunft

Wir als unabhängiger Verlag wollen mit unserem Programm die vorherrschenden, ewiggleichen und algorithmengesteuerten Pfade der Buchlandschaft mit aller Kraft, allem Enthusiasmus und mit Deiner Unterstützung verlassen. Hierbei setzen wir auf engagierte AutorInnen, unabhängige Buchhandlungen und mündige, neugierige LeserInnen.

Gerade die Garanten der Vielfalt – unabhängige Buchhandlungen und unabhängige Verlage – kämpfen derzeit um eben diese Vielfalt. Dabei stets zu Schutz und Trutz an unserer Seite: die Buchpreisbindung. Für Dich als LeserIn – und damit als AkteurIn innerhalb einer einzigartigen Kulturlandschaft – macht das die Sache einfach. Egal ob online oder im Laden, egal ob große Kette oder unabhängige Buchhandlung:

Überall gilt derselbe Preis für das Buch Deiner Wahl!

Und sollte Deine Buchhandlung um die Ecke unverzeihlicherweise einmal einen Titel aus unserem Programm oder ein anderes Buch nicht vorrätig haben, dann ist es in der Regel über Nacht lieferbar und liegt am nächsten Tag zur Abholung für Dich bereit – ganz ohne Prime-Gebühren oder munteres Paketesuchen in der Nachbarschaft. Kauf lokal! Denn unabhängige VerlegerInnen brauchen unabhängige BuchhändlerInnen.

Mehr Infos unter
www.duotincta.de/kulturgut-buch

Birgit Rabisch
Die Schwarze Rosa
264 Seiten, Paperback

Die Schwarze Reichswehr – illegale Truppen, offiziell geleugnet, aber während der Weimarer Republik heimlich von Teilen der Reichswehr und der Regierung unterstützt.

1923 planen die paramilitärischen Einheiten dann den Marsch auf Berlin. Im Zentrum der Ereignisse findet sich Rosa wieder, deren Verlobter Paul Schulz Organisator der Schwarzen Reichswehr ist und ihren Bruder Erich tief in deren Machenschaften verwickelt.

Wie konnte es dazu kommen? Rabisch schildert einfühlsam, wie aus der lernbegierigen Tochter einer armen Weberfamilie eine junge Frau wird, die den nationalistischen Welterklärungen ihres Verlobten verfällt und die schließlich sogar die Femmemorde ihres Bruders rechtfertigt. Ein Roman, der zu einer persönlichen Aufarbeitung wurde, denn die Schwarze Rosa war Birgit Rabischs geliebte Großmutter, von deren Vergangenheit sie erst nach deren Ableben erfuhr.

100% Literatur
www.duotincta.de

Birgit Rabisch
Unter Markenmenschen
154 Seiten, Paperback

China 2018 – Geburt der ersten gentechnisch veränderten Menschen. Eine Welt der „Markenmenschen" aus dem Gen-Design-Labor rückt immer näher. In einer solchen Welt schreibt die junge Simone, eine wildwüchsige „No name", ein Tagebuch, in dem sich eine von Körperkult, Markenfetischismus und Perfektionswahn beherrschte Gesellschaft offenbart. Sexualität wird als pragmatische Triebabfuhr organisiert, Kinder im Labor marktgerecht gestaltet – und die Liebe? Als in Simone, der verachteten Außenseiterin, ein genetisch nicht optimiertes Kind heranwächst, sieht sie sich in einem schweren Konflikt gefangen.

Einfühlsam schildert das Buch, wie einsam sich jemand fühlt, der nicht gen-optimiert ist. Greenpeace-Magazin, Buchtipps

100% Literatur
www.duotincta.de

Birgit Rabisch
Putzfrau bei den Beatles
168 Seiten, Paperback

50 Jahre 1968! Ein Grund zu feiern? Ja. Ein Grund zu kritisieren? Durchaus. Ein Grund zu lachen? Oft. In „Putzfrau bei den Beatles" heuert die junge Möchtegern-Schriftstellerin Jana als Putzfrau auf dem „Yellow Submarine" an, um mit Ringo, George, John und Paul in die Vergangenheit ab- und in der Gegenwart wieder aufzutauchen. Doch nichts ist, wie es scheint, und dann entert auch noch ein Zwölfjähriger das Boot, der behauptet, Pauls Enkel zu sein ...

Die Begegnungen, Konflikte und Krisen zwischen der Generation '68 und ihren pragmatischeren Nachkommen werden von Birgit Rabisch seit längerem thematisiert, zuletzt auch in ihren Romanen „Die vier Liebeszeiten" und „Wir kennen uns nicht".

Die Autorin schafft es gekonnt und kurzweilig, die zwangsläufig aufkommenden unterschiedlichen Denkweisen der Akteure in unterhaltsamer, humorvoller, abwechslungsreicher, aber auch in nachdenklicher Art und Weise zu erzählen. Herausgekommen ist für mich eine wunderbare Geschichte, von der ich begeistert bin.

Harold Krämer, Beatles-Museum Siegen

100% Literatur
www.duotincta.de

Birgit Rabisch
Wir kennen uns nicht
206 Seiten, Paperback

Mutter und Tochter – eine oft konfliktreiche Beziehung, die seit der Antike nicht nur in der Literatur für Sprengstoff sorgt. Die Beziehung zwischen Lena und Ariane ist geprägt von der Unfähigkeit, sich in die Welt der jeweils anderen einzufühlen. Vieles bleibt unausgesprochen, beide lügen sich an und fühlen sich missverstanden im Labyrinth der gegenseitigen Täuschungen.

Die Mutter Lena, eine ehemalige feministische Bestsellerautorin, lebt vereinsamt in ihrer großen Villa. Die Tochter Ariane fühlte sich als Kind von ihrer Mutter vernachlässigt und als leicht erkennbare Figur ihrer Romane bloßgestellt. Ariane arbeitet als Verhaltensforscherin über „Lügen und Tricksen unter Raben".

Mutter und Tochter erzählen von einer gemeinsamen Vergangenheit, die völlig unterschiedlich erlebt wurde und immer mehr auch ein Porträt des aktuellen Konfliktes zwischen der Generation 68 und ihren pragmatischeren Erben wird. Dabei vermengen sich gelebtes Leben und literarische Fiktion, während in der Gegenwart das Gespinst aus vermeintlichen Gewissheiten nach und nach zerlöchert wird.

100% Literatur
www.duotincta.de

Birgit Rabisch
Die vier Liebeszeiten
252 Seiten, Paperback

Die Bundesrepublik 1970 – Zeit der Umbrüche, Zeit der Aufbrüche – der Wind eines politischen Frühlings weht durch das Land. Auch die Liebe zwischen Rena und Hauke blüht im Mai dieses Jahres auf. Der Frühling ist aber nie die einzige Jahreszeit der Liebe ... Die Geschichte von Rena und Hauke geht weiter, entfaltet sich dort, wo die gängigen Liebesromane mit einem Happy End ausklingen und gibt dem Leser die Gelegenheit, eine gelingende Liebe durch ihre vier „Liebeszeiten" hindurch zu erleben: vom Zauber des Anfangs bis zur Auseinandersetzung mit Alter und Tod. Wie beiläufig zeichnet Birgit Rabisch dabei ein Porträt der 68er-Generation jenseits politischer Klischees. Nicht zuletzt ist der Roman eine Hommage an die norddeutsche Landschaft und das Wattenmeer, das im Wandel der Gezeiten Kraft und Gleichmut schenkt.

100% Literatur
www.duotincta.de

Birgit Rabisch
Duplik Jonas 7
191 Seiten, E-Book

Jonas Helcken droht nach einem schweren Unfall zu erblinden, doch ihm werden die Augen seines Dupliks Jonas 7 eingepflanzt. Als künstlich erzeugte Zwillinge dienen die Dupliks „ihren" Menschen als lebende Ersatzteillager. Sie werden isoliert in Horten gehalten und ahnen nichts von ihrer Bestimmung. Angestachelt von seiner Schwester kommen Jonas Helcken allerdings Zweifel an der Rechtfertigung der Duplikhaltung und die beiden schmieden einen verwegenen Plan ...

Wie sieht eine Gesellschaft aus, in der alles erlaubt ist, wenn es nur der Gesundheit des Menschen dient? Mit knapp 200.000 verkauften Exemplaren präsentiert Birgit Rabisch einen Roman zum Thema Gentechnologie, der in einer Zukunft spielt, die sich bereits in unsere Gegenwart neigt:

In „Duplik Jonas 7" bringt das ein Kinderreim auf den Punkt: „Eins, zwei, drei, du bist frei / bist du arm, stirbst am kranken Darm, / bist du reich, heilt dich Dupliks Leich'." Reich sind natürlich nicht die Kinder, sondern deren Eltern ... [Es] kommen hier nur Menschen als Empfänger von Organen in Frage, deren Eltern vor der Geburt dafür gesorgt haben, dass es Klone ihrer Kinder gibt. Diese Entscheidung der Autorin ist ebenso wichtig wie auf den ersten Blick überraschend. (Frankfurter Allgemeine Zeitung)

100% Literatur
www.duotincta.de

MIX
Papier aus verantwortungsvollen Quellen
Paper from responsible sources
FSC® C105338